高等院校移动商务管理系列教材

移动金融
Mobile Finance

（第二版）

叶蜀君◎主编　宋晨晨◎副主编

经济管理出版社
ECONOMY & MANAGEMENT PUBLISHING HOUSE

图书在版编目（CIP）数据

移动金融/叶蜀君主编. —2 版. —北京：经济管理出版社，2017.1
ISBN 978-7-5096-4828-5

Ⅰ.①移… Ⅱ.①叶… Ⅲ.①移动通信—通信技术—应用—金融业—研究—中国
Ⅳ.①F832-39

中国版本图书馆 CIP 数据核字（2016）第 316350 号

组稿编辑：勇　生
责任编辑：勇　生　王　聪
责任印制：杨国强
责任校对：超　凡

出版发行：经济管理出版社
　　　　　（北京市海淀区北蜂窝 8 号中雅大厦 A 座 11 层　100038）
网　　址：www.E-mp.com.cn
电　　话：（010）51915602
印　　刷：玉田县昊达印刷有限公司
经　　销：新华书店
开　　本：720mm×1000mm/16
印　　张：17.5
字　　数：324 千字
版　　次：2017 年 4 月第 2 版　2017 年 4 月第 1 次印刷
书　　号：ISBN 978-7-5096-4828-5
定　　价：35.00 元

·版权所有　翻印必究·
凡购本社图书，如有印装错误，由本社读者服务部负责调换。
联系地址：北京阜外月坛北小街 2 号
电话：（010）68022974　　邮编：100836

编委会

主　任：张世贤

副主任：杨世伟　勇　生

编委会委员（按照姓氏拼音字母排序）：

陈　飚　高　闯　洪　涛　吕廷杰　柳永坡　刘　丹

秦成德　沈志渔　王　琦　叶蜀君　勇　生　杨国平

杨学成　杨世伟　张世贤　张润彤　张　铎

专家指导委员会

主　任： 杨培芳　中国信息经济学会理事长、教授级高级工程师，工业和信息化部电信经济专家委员会秘书长，工业和信息化部电信研究院副总工程师
副主任： 杨学成　北京邮电大学经济管理学院副院长、教授
委　员（按照姓氏拼音字母排序）：
安　新　中国联通学院广东分院院长、培训交流中心主任
蔡亮华　北京邮电大学教授、高级工程师
陈　禹　中国信息经济学会名誉理事长，中国人民大学经济信息管理系主任、教授
陈　飏　致远协同研究院副院长，北京大学信息化与信息管理研究中心研究员
陈国青　清华大学经济管理学院常务副院长、教授、博士生导师
陈力华　上海工程技术大学副校长、教授、博士生导师
陈鹏飞　北京嘉迪正信（北京）管理咨询有限公司总经理
陈玉龙　国家行政学院电子政务研究中心专家委员会专家委员，国家信息化专家咨询委员会委员，国家信息中心研究员
董小英　北京大学光华管理学院管理科学与信息系统系副教授
方美琪　中国人民大学信息学院教授、博士生导师，经济科学实验室副主任
付虹蛟　中国人民大学信息学院副教授
龚炳铮　工业和信息化部电子六所（华北计算机系统工程研究所）研究员，教授级高级工程师
郭东强　华侨大学教授
高步文　中国移动通信集团公司辽宁有限公司总经理
郭英翱　中国移动通信集团公司辽宁有限公司董事、副总经理
何　霞　中国信息经济学会副秘书长，工业和信息化部电信研究院政策与经济研究所副总工程师，教授级高级工程师
洪　涛　北京工商大学经济学院贸易系主任、教授，商务部电子商务咨询专家

移动金融

专家指导委员会

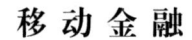

姜奇平	中国信息经济学会常务理事，中国社会科学院信息化研究中心秘书长，《互联网周刊》主编
赖茂生	北京大学教授、博士生导师
李　琪	西安交通大学电子商务研究所所长、教授、博士生导师
李正茂	中国移动通信集团公司副总裁
刘　丹	北京邮电大学经济管理学院副教授
刘腾红	中南财经政法大学信息与安全工程学院院长、教授
柳永坡	北京航空航天大学副教授
吕廷杰	北京邮电大学经济管理学院院长、教授、博士生导师
马费成	武汉大学信息管理学院教授、博士生导师
秦成德	西安邮电大学教授
乔建葆	中国联通集团公司广东省分公司总经理
沈志渔	中国社会科学院工业经济研究所研究员、教授、博士生导师
汪　涛	武汉大学经济与管理学院教授、博士生导师
王　琦	北京邮电大学副教授
王立新	北京邮电大学经济管理学院MBA课程教授，中国移动通信集团公司、中国电信集团公司高级营销顾问
王晓军	北京邮电大学继续教育学院副院长
谢　华	中国联通集团公司人力资源部人才与培训处经理
谢　康	中山大学管理学院电子商务与管理工程研究中心主任、教授
谢进城	中南财经政法大学继续教育学院院长、教授
徐二明	中国人民大学研究生院副院长、教授、博士生导师
徐升华	江西财经大学研究生部主任、教授、博士生导师
杨国平	上海工程技术大学继续教育学院副院长、教授
杨培芳	中国信息经济学会理事长、教授级高级工程师，工业和信息化部电信经济专家委员会秘书长，工业和信息化部电信研究院副总工程师
杨世伟	中国社会科学院工业经济研究所教授，中国企业管理研究会副理事长
杨学成	北京邮电大学经济管理学院副院长、教授
杨学山	工业和信息化部副部长、党组成员
叶蜀君	北京交通大学经济管理学院金融系主任、教授、博士生导师
张华容	中南财经政法大学工商管理学院副院长、教授、博士生导师
张继平	中国电信集团公司副总经理、教授级高级工程师
张润彤	北京交通大学经济管理学院信息管理系主任、教授、博士生导师
张世贤	中国社会科学院工业经济研究所研究员、教授、博士生导师

前　言

随着移动互联网的深入渗透，我们的生活、工作和娱乐的移动化趋势越来越明显，移动商务成为不可阻挡的商业潮流。尤其是"互联网+"战略正在推动数字经济与实体经济的深度融合，"大众创业，万众创新"方兴未艾，我们有理由相信，移动商务终将成为商业活动的"新常态"。

在这样的背景下，有必要组织力量普及移动商务知识，理清移动商务管理的特点，形成移动商务管理的一整套理论体系。从2014年开始，经济管理出版社广泛组织业内专家学者，就移动商务管理领域的重点问题、关键问题进行了多次研讨，并实地调研了用人单位的人才需求，结合移动商务管理的特点，形成了一整套移动商务管理的能力素质模型，进而从人才需求出发，围绕能力素质模型构建了完整的知识树和课程体系，最终以这套丛书的形式展现给广大读者。

本套丛书有三个特点：一是课程知识覆盖全面，本套丛书涵盖了从移动商务技术到管理再到产业的各个方面，覆盖移动商务领域各个岗位能力需求；二是突出实践能力塑造，紧紧围绕相关岗位能力需求构建知识体系，有针对性地进行实践能力培养；三是案例丰富，通过精心挑选的特色案例帮助学员理解相关理论知识并启发学员思考。

希望通过本套丛书的出版，能够为所有对移动商务管理感兴趣的人士提供一份入门级的读物，帮助大家理解移动商务的大趋势，形成全新的思维方式，为迎接移动商务浪潮做好知识储备。

本套丛书还可以作为全国各个大、专院校的教材，尤其是电子商务、工商管理、计算机等专业的本科生和专科生，相信本套丛书将对上述专业的大学生掌握本专业的知识提供非常有利地帮助，并为未来的就业和择业打下坚实的基础。除此之外，我们也期待对移动商务感兴趣的广大实践人士能够阅读本套丛书，相信你们丰富的实践经验必能与本套丛书的知识体系产生共鸣，帮助实践人士更好地总结实践经验并提升自身的实践能力。这是一个全新的时代，希望本套丛书的出版能够为中国的移动商务发展贡献绵薄之力，期待移动商务更加蓬勃的发展！

目　录

第一章　导论 ………………………………………………………………… 1
　　第一节　移动金融概述 …………………………………………………… 3
　　第二节　移动金融的发展过程 …………………………………………… 7
　　第三节　移动金融带来的变革 …………………………………………… 16

第二章　移动金融基础 ……………………………………………………… 21
　　第一节　移动金融的价值链 ……………………………………………… 22
　　第二节　移动金融的技术支撑 …………………………………………… 34

第三章　移动支付 …………………………………………………………… 45
　　第一节　移动支付概述 …………………………………………………… 46
　　第二节　移动支付平台 …………………………………………………… 55
　　第三节　移动支付业务流程 ……………………………………………… 65
　　第四节　移动支付商业模式 ……………………………………………… 69

第四章　移动银行 …………………………………………………………… 81
　　第一节　移动银行概述 …………………………………………………… 83
　　第二节　移动银行业务构成 ……………………………………………… 98
　　第三节　移动银行系统架构 ……………………………………………… 102
　　第四节　移动银行系统运作流程 ………………………………………… 108

第五章　移动证券 …………………………………………………………… 117
　　第一节　移动证券概述 …………………………………………………… 120
　　第二节　移动证券交易系统 ……………………………………………… 131
　　第三节　移动证券经纪业务 ……………………………………………… 136
　　第四节　移动证券业务平台与业务流程 ………………………………… 146

第六章 移动保险 …… 161
第一节 移动保险概述 …… 163
第二节 移动保险业务平台 …… 168
第三节 移动保险实务 …… 176
第四节 移动保险营销与管理 …… 185

第七章 移动金融风险与安全 …… 193
第一节 移动金融风险与安全概述 …… 195
第二节 移动金融的业务风险 …… 197
第三节 移动金融的技术风险 …… 200

第八章 移动金融法律与监管 …… 223
第一节 移动金融法律与监管环境 …… 225
第二节 移动金融法律制度 …… 233
第三节 移动金融监管 …… 247

参考文献 …… 257

第一章 导论

学习目的

知识要求 通过本章的学习，掌握：

- 移动金融的概念
- 移动金融的特点
- 移动金融的应用类型
- 移动金融的发展现状

技能要求 通过本章的学习，能够：

- 解释移动金融的产生背景
- 了解移动金融的发展趋势
- 正确认识移动金融在发展过程中存在的问题
- 深入分析移动金融对个人及企业的影响

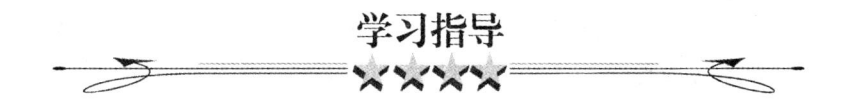

学习指导

1. 本章内容包括：移动金融的概念、特点和应用类型介绍；移动金融的产生、发展现状和趋势；移动金融对企业发展及人们工作与生活的影响。

2. 学习方法：本章是全书的开篇，为深入学习之后的章节奠定基础。学习本章时应结合案例和现实生活中的实际应用，理解移动金融的概念和特点，体会移动金融带来的崭新生活方式。

3. 建议学时：2学时。

移动金融

引导案例

马小姐的一天

一大清早,马小姐就迅速起床开始梳洗打扮了。作为一名都市白领,马小姐希望自己每天都保持精致而得体的妆容。坐到梳妆台前,马小姐发现眼影基本用光了,到处翻来翻去又找不到该品牌化妆品专柜的贵宾九折卡。想起当初花了 2000 多元办的卡只用过一次,她不由得大呼冤枉。这么一折腾,上班已然误了点儿,这当儿正是堵车高峰期,开车绝对不行,打车也是打不到了。马小姐只好穿越两条街跑着去公交站,一摸口袋,却没有零钱……

对于一个最重视形象气质的都市丽人来说,有什么比在公交站台抓耳挠腮找不到硬币更让人囧的事情呢?讷讷开口跟逛早市的阿婆请求换零钱,却遭人白眼,无奈之下只好挑了一张面值最小的 20 元投进投币口,马小姐还是觉得心疼。几番波折终于到了公司,马小姐却恨不得找块豆腐撞撞,公交车拥挤挤掉了卡包,什么出勤卡、电费卡、煤气卡、银行卡统统消失……

度过一个混乱的早晨,到了午饭时间,这时马小姐才想起饭卡也在卡包中一同遗失了。看着同事们纷纷奔食堂而去,想起即将要补办的各类证件,马小姐头开始疼了。下班之后来到化妆品专柜,想买那款眼影又苦于现金不够。马小姐正烦恼着,一抬头突然看见了隔壁办公室的王先生。他笑吟吟地问:"你为什么不用手机刷卡?"

手机还能刷卡?

手机当然能刷卡!

只需用手机轻轻掠过 POS 终端机即可轻松实现日常生活消费,这种事情让马小姐惊叹不已。这不是神话,使用中国电信的翼支付功能就能让您轻松实现生活便捷"一卡通"。电信用户只需要更换一张 UIM 卡,无须换卡换号,即可搭乘公交,缴纳各类费用,还可以 POS 提现,相对于带磁条的银行卡来说,翼支付更方便快捷,且安全又有保障。

王先生陪马小姐来到电信营业厅,赶在工作人员下班之前办理了一张翼支付 UIM 卡并充值,又亲自带着马小姐体验了一把。俩人潇洒地用手机刷卡上了公交车。来到商场的化妆品专柜,服务人员告诉马小姐,专柜早已与翼支付联盟,只需拿手机轻轻一刷,专柜会员信息会立刻显示出来,以后再也不用烦恼丢了贵宾卡不能打折了。

回到家中,马小姐觉得神清气爽,索性打听清楚哪些卡可以被翼支付代替后统统将它们作废! 这可真是一机在手,天下无忧! 晚上,马小姐捧着手机看到王先生发来的问候信息，回想这一天发生的事情，露出欣慰的笑容……

资料来源：改编自都市"白骨精"的八小时生活. 北方新闻网（www.northnews.cn），2010-10-22.

➡ 问题：

1. 你体验过案例中提到的"一机在手，天下无忧"的手机刷卡方式吗？它会给我们的生活带来怎样的影响？

2. 除了案例中提到的手机支付，在现实生活中你还听说过哪些移动金融应用类型？

第一节 移动金融概述

随着移动终端设备的普及以及移动通信技术的成熟和广泛商业化，人们越来越多地利用手机等通信终端进行充值缴费、查询银行账户、办理转账汇款、申购赎回基金、进行股票交易、实现移动投保和理赔，等等。这些活动就属于我们要讨论的移动金融。

一、移动金融的概念

移动金融（Mobile Finance）是指借助移动通信网络技术，使用移动通信终端所进行的有关金融服务的总称。其中，移动通信网络技术是进行移动金融的核心技术，包括全球移动通信系统（Global System of Mobile Communication，GSMC）、通用分组无线服务系统（General Packet Radio Service，GPRS）、第三代无线通信系统（3G）等移动通信系统，以及无线保真技术（Wireless Fidelity，Wi-Fi）、蓝牙技术（Bluetooth）、无线射频识别技术（Radio Frequency Identification，RFID）等无线网络技术；而移动通信终端是进行移动金融的前提，包括智能手机、个人数字助理（Personal Digital Assistant，PDA）、掌上电脑等。可以说，移动是手段，金融是目的，移动金融将金融服务与移动通信相结合，具有成本低廉、随身便捷的优势，能够使人们不受时间和空间的限制享受优质的金融信息和服务。

由于移动金融在我国的发展还处于比较初级的阶段，尚无权威性官方定义，人们对其认知并不十分透彻，在概念上常常把移动金融与时下日渐成熟的网络金融相混淆，或者说不能明确分辨二者的区别。网络金融（Network Finance）指的是在国际互联网上实现的金融活动，它不同于传统以物理形态存在的金融活动，而是存在于电子空间中，其存在形态是虚拟化的、运行方式是网络化的，它是互联网广泛应用的产物，是适应电子商务发展需要而产生的网络时代的金融运行模式。随着移动互联网的快速发展，出现了通过移动终端进行金融服务的形式——移动金融。从某种角度上讲，移动金融可以看作是移动电子商务（电子商务的一个新兴分支）的一项行业应用模式，即移动电子商务在金融领域的应用。由于移动设备通常隶属于个人，可以为其所有者随时随地提供信息和服务，因而移动金融服务的提供者们可以将其目标市场定位到个人；而传统的基于互联网连接的网络金融服务只能将市场细分到一个个的小群体（如一个家庭或一台电脑的使用者群体），而非个人。从这一点来说，移动金融是网络金融发展的高级形式。移动金融对基于互联网的网络金融进行整合与发展、扩展与延伸，将各种金融业务流程从有线网络向无线网络转移和完善，属于更加领先的金融服务平台，是一种新的突破，代表了金融服务的发展方向。

二、移动金融的特点

（一）移动性

移动性或称便利性。这是移动金融区别于传统金融实体网点服务与网络金融服务的最显著特点，也是移动金融的最大卖点。移动金融就是针对那些不在电脑前却有联网需求的细分市场而产生的。由于手机等移动终端设备便于人们携带，可随时与人们相伴，这就满足了现代人在纷繁紧凑的工作和生活中对移动金融服务的需求。通过移动通信设备，金融机构提供的服务内容可在任何时间、任何地点到达顾客手中，消除了时间和空间的限制；移动终端用户也可以在任何时间、任何地点通过无线通信技术从事有关金融活动，例如可以在上下班途中、堵车时、等电话时完成相关金融产品的下单和支付等活动，明显降低了交易成本，提高了交易效率。

（二）可识别性

可识别性也可称为服务终端的私人性。指的是用户的个人配置不但容易被分辨，而且易于收集和处理。与个人计算机（Personal Computer，PC）的匿名接入不同的是，手机用户在一开始注册手机号码时，其填写的有关个人信息档案已经储存在了手机的内置卡上，也就是说，一个移动终端是具有唯一标识的，它可以确定一个用户的身份，甚至可以作为一个人的信用认证来使用，其具体应用如移动银行、移动支付等。

（三）精准性

基于上述"可识别性"，即移动终端设备与用户之间一一对应的关系，移动金融服务提供者可以很容易地确定每个手机用户的身份，从而可以更好地发挥主动性，为不同客户提供定制化的服务，实现基于目标个体的精准营销。开展具有个性化的移动金融服务活动要依赖于无线服务提供商拥有的客户信息数据库，数据库中一般应存有活跃客户和潜在客户的尽可能详细的个人信息，如生日信息、职业、收入状况、风险偏好、前期购买行为等。这样，利用无线服务提供商提供的人口统计信息和基于移动用户当前位置的信息，移动金融服务提供者就可以通过个性化短信息服务进行更有针对性的广告宣传和业务提醒与办理。当然，定制化、个性化的服务会涉及消费者隐私问题，因此服务提供者要明确实现精准化、给客户带来好处与侵犯客户隐私、强迫客户接受服务之间的界限，消费者也可以通过改变安全与隐私设定来屏蔽自己不需要的服务。

（四）定位性

移动金融服务提供者可以通过移动运营商无线网络和手机内置 GPS 接收机为用户提供与位置相关的服务。移动金融服务提供者一旦可以了解某用户的地理位置情况，就能与该用户进行信息的交互。这种定位性也是为了给用户提供个性化、精准化的贴身服务，使移动金融具有传统金融或网络金融所无可比拟的优势。例如当某家银行的 VIP 客户接近该银行营业网点时，该银行可以用短信或彩信的形式向其发出针对贵宾客户的专享服务活动信息，或是最新理财投资产品简介，等等。移动金融定位服务可通过短信、彩信、交互式语音应答、无线应用通信协议、流媒体（如手机电视）等方式加以承载，而且能和具体的业务进行捆绑，手机用户可自主选择接收感兴趣的金融信息或进行相关金融信息定制。

（五）广泛性

我国幅员辽阔，地区发展不平衡，金融机构的实体网点往往难以覆盖不发达地区特别是边远地区；而网络金融受制于电脑价格偏高、有线网络和居民上网习惯，无法涵盖那些从未拥有过个人电脑，收入处于中低层次，或是经常处于移动工作状态的人群。移动金融能够借助无线通信技术和手机的高普及率，弥补商业银行实体网点不足和基于互联网的网络金融所无法回避的问题，满足民众的金融需求。因而移动金融的用户（包括潜在用户）具有广泛性的特点。

三、移动金融的应用类型

就目前的技术和业务发展状况而言，移动支付、移动银行、移动证券和移动保险业务是移动金融应用的主要领域。本书第三章至第六章将对这些应用类型加以详尽介绍。我们先对其进行一个简单、初步的了解。

（一）移动支付业务

移动支付业务是一种允许移动用户使用其移动终端对所消费的商品或服务

进行账务支付的服务方式，包括手机订购、手机缴费、刷手机消费等业务。目前，使用手机进行移动支付已经在很多领域开展。由于移动支付具有操作简单、支付快捷、手机终端携带方便且私人性强等优势，必将在为相关产业带来巨大商业价值的同时大幅提升用户的消费体验，对加速我国零售及公共服务产业的信息化进程具有非常重要的意义。

现阶段移动支付市场主要有两种形式：一是通过手机话费直接扣除，因为受到金融政策管制的限制，目前只能提供微支付和小额支付解决方案；二是通过手机将信用卡与银行卡进行绑定，支付过程中直接从用户的银行账户扣款，这种情况下移动支付对于移动运营商而言仅相当于一般的移动数据业务。随着移动支付技术的不断发展，手机直接大额支付将是移动支付系统一个引人关注的发展方向。

（二）移动银行业务

移动银行业务是利用以手机为代表的移动终端设备办理有关银行业务的简称。作为一种结合了货币电子化与移动通信的崭新服务，移动银行业务不仅可以使人们在任何时间、任何地点处理多种金融业务，而且极大地丰富了银行服务的内涵，使银行能以便利、高效且较为安全的方式为客户提供创新服务。

移动银行业务可以为用户提供以下几类服务：一是查缴费业务，包括账户查询、余额查询、账户的明细、转账、银行代收的水电费、电话费等；二是购物业务，是指客户将手机信息与银行系统绑定后，通过移动银行平台直接购买商品；三是理财业务，包括炒股、炒汇等。移动银行业务以小额支付为主，这种服务极大地方便了人们的日常生活。

（三）移动证券业务

移动证券业务是指证券行业以移动通信网络为媒介为客户提供证券服务的一种移动金融业务类型。客户可以通过手机证券业务随时随地查询沪深股市A、B股和基金等产品的实时行情，浏览股市资讯、专家股评和Level 2深度数据，接收股市异动提醒，及时准确把握证券市场脉搏，并通过客户端软件提供的在线交易功能进行实盘操作，掌握股市先机。

移动证券作为一项全新模式的证券应用服务，其优势在于：首先，移动证券用户在开市时间可随时随地交易，不受空间限制，克服了传统的网上交易受空间局限的缺点。其次，可视化操作不容易出错，且发生错误后可以方便快捷地更正，不需要拨电话；可以及时查询委托情况，具有账户预设、银证转账等功能。再次，与传统的电话委托、网上交易等远程交易方式相比，移动证券更具安全性，其信号及携带的信息不易被窃取，交易信息的内容只会被股民和证券营业部的电脑系统所见，任何第三方的个人或设备都无法破译加密的数据；

而且系统的数据在专用的内部网络上传输,外界互联网上的各种不安全因素无法侵入本系统。最后,移动证券还具有操作界面简单实用等特点,可以实时传送财经资讯和在线交易,超越了短信炒股和WAP炒股(WAP即无线应用通信协议,其全称为Wireless Application Protocol),实现了手机炒股质的飞跃。

(四) 移动保险业务

移动保险业务是指保险公司通过移动终端设备,利用移动通信技术,为客户提供移动投保、移动理赔、保险信息查询等创新服务的业务形式。

保险业可以通过让业务"移动"起来以提升自己的竞争力,例如,利用便捷、安全的投保流程来吸引客户购买相关险种。一方面,手机用户进行移动投保可以避免因投保地域限制和保险公司营业时间限制带来的不便;另一方面,保险代理也可以随时随地根据需要查询各种规定、标准、保单、客户信息等,并能够直接进行业务处理和操作。此外,在移动信息系统中可以规范整个保险业务的标准操作规程(Standard Operation Procedure,SOP),并能够要求代理人按照SOP规定进行业务操作,这样,不同的用户都能够接受到一致的服务内容。随着移动保险业务的发展,这种以"移动"和"在线"形式完成保险交易的能力创造了保险行业新的竞争者,如移动保险代理人,他们可以为保险代理人的客户提供更加个人化的、有针对性的服务。

第二节 移动金融的发展过程

移动金融的产生和发展绝非偶然,社会经济的发展,移动通信技术的进步,移动通信网络与互联网融合的驱动等因素为移动金融生根开花提供了适宜的土壤和生长环境。本节将讨论移动金融产生的原因,发展过程中存在的问题,以及移动金融未来发展的方向。

一、移动金融的产生

经济发展的全球化、企业经营范围的扩大、人们政治经济文化生活的需要和现代交通基础设施建设的进步,都使得人员流动性不断增强,这样必然产生移动通信的需求;移动通信技术的成熟和广泛商业化,为移动金融提供了通信技术基础;功能强大、价格相对便宜的移动通信终端的普及,为移动金融提供了有利的发展条件。这些都是移动金融产生的驱动因素。

以我国的情况为例:一方面,我国幅员辽阔,地区发展不平衡,很多地区经济发展水平相对滞后、人均收入水平较低，因而金融机构的实体网点往往难以覆盖不发达地区特别是边远地区，导致这些地区金融服务供给严重不足，进一步制约当地经济发展和民众生活水平提升；与此同时，网上金融受制于电脑价格偏高和居民上网习惯，发展迟滞。移动金融能够借助无线通信技术和手机的高普及率，弥补商业银行实体网点不足的问题，满足边远地区民众的金融需求。在城市，尽管金融机构网点覆盖不是问题，但随着人们对金融服务需求的增长，银行网点排队等现象相继出现，影响了客户的金融服务体验。移动金融作为一种新兴的服务方式，可以在任何时间、任何地点，借助移动通信终端向客户提供随身、便利、高效、安全的金融服务，从而极大提升客户满意度。

另一方面，我国智能手机和移动互联网的用户体验不断改善为移动金融提供了物质准备。虽然多年前就出现了手机银行业务，但是 2G 时代手机上网速度慢，阻碍了客户增长。随着产业技术进步和运营商竞争程度的加剧，网络接入的软硬件环境在不断优化，3G 网络开启了新时代，即使是使用 WAP 形式的手机银行，速度也比以前快得多了，更不用说出现了智能手机后，移动上网更加便捷。同时，移动通信资费下降明显，移动网络接入费用不断减低，用户的无线上网门槛随之降低。

现实情况表明，以手机和移动通信网络承载金融服务是大势所趋，各家金融机构和移动运营商也早已认定了这一点，积极抓住移动金融这一契机，打造自己的竞争优势。移动金融的产生不仅有利于更加充分地发挥移动通信网络和移动终端设备的潜力，而且会进一步催生新的金融服务内容来满足受众需求。

二、移动金融的发展现状

从全球范围来看，目前欧洲和亚太地区是移动金融比较发达的地区。下面选取一些有代表性的国家，对其移动金融的发展状况分别加以介绍。这些在移动金融领域走在前列的国家，其成功经验值得我国学习和借鉴。

（一）国外移动金融的发展

欧洲的芬兰和英国，亚洲的韩国和日本，在移动金融应用方面领先于全球其他地区。

1. 移动金融在芬兰

（1）芬兰移动金融的发展。早在 20 世纪 90 年代后期，芬兰的网上购物、网上银行业务和网上支付等电子商务服务就已十分普及。进入 21 世纪，芬兰又由于手机普及率高，具有移动金融发展的基础条件。

芬兰首都赫尔辛基在 2002 年就已经开始向人们提供通过手机支付停车费的服务。驾车者在火车站、码头和机场停车时，只要用手机拨通该地段的停车收费专用电话号码，开车离开时再拨相应的停车终止电话号码，便完成了停车交费程序。检查人员随时可以通过 WAP 服务抽查停车者是否如实履行了交费手续。

从 2002 年 2 月起，在赫尔辛基乘地铁等公交工具出行的乘客，只需用手机发出短信代码给指定服务商，即会得到购票信息反馈，并可在 1 小时内乘坐地铁、有轨电车及部分公共汽车，票款计入购票者每月的电话账单。到 2004 年 11 月，手机购票服务进一步扩展到购买赫尔辛基地区的短途火车票。

2002 年 3 月，芬兰最大电信运营商索内拉公司开始向首都居民提供手机付款服务。凡加入索内拉公司移动支付系统并设立了"移动账户"的顾客，在指定的数十家商店购物时，只需将有关付款信息发给索内拉公司，然后向商店出示货款已付的反馈信息，即可拿走所购买的商品。如果顾客将手机遗失，可通过短信或电话冻结自己的"移动账户"。不仅如此，芬兰其他城市也开展了类似服务。甚至芬兰的一些自动售货机、擦鞋机和高尔夫球场售球机，也实现了手机付费。

2004 年 5 月，芬兰国家铁路局在全国开始推广电子火车票。乘客不仅可以通过路局网站购买车票，还可以通过手机短信订购电子火车票。上车后，只要出示手机上的订票反馈短信及个人身份证，列车员将有关信息输入售票器，核实无误后，便可打出一张验票收据给乘客。

可以说，移动金融已经广泛进入了芬兰人的生活。人们可以通过手机了解投保信息，查询实时汇率；股民也可随时随地通过手机了解股市行情，进行股票交易。

（2）芬兰移动金融的成功经验。主要有以下三点：

①抓住新技术发展的机遇，积极发展信息产业，加大对高新技术的投入，为信息与通信产业的发展创造了有利环境。

②重视信息化教育，培养企业急需的信息、电子等领域的高科技人才，同时注重对每一位公民的信息化培训。

③在大力发展信息与通信产业的同时，利用高新技术对传统工业进行改造，加速产业结构的升级，为移动金融发展铺平道路。

2. 移动金融在英国

（1）英国移动金融的发展。作为英国最大的移动运营商，沃达丰的网络覆盖了包括英国在内的 32 个欧洲国家和地区。这就为发展移动金融奠定了非常好的基础。该集团曾于 2000 年 1 月发布了无线数据通信战略，并首先在澳大利亚开始了"VERSION1.0"的移动互联网服务。同年 12 月在新西兰又开通了类似服务。2001 年 7 月该集团在 2.5 版本中增加了综合信息以及移动商务、移动金融等功能。

在条形码应用上，英国数家主要移动通信公司推出了一项有助于将手机转变为个人条形码读取器的计划。该计划的支持者表示，用户只需将照相手机对准印刷在广告或产品包装上的二维条形码，便能获得更多信息，或立刻下载优惠券。此举可能催生出首个由手机推动的大型广告市场。

（2）英国移动金融的成功经验。主要有以下两点：

①移动网络公司通过资助用户购买手机的方式获得用户，由于每部手机上都有网络公司的标志，网络公司会十分重视手机及网络质量来确保自身声誉，这为移动金融发展提供了网络及终端技术方面的保证。

②运营商们即使在同一个赛区竞技也会采取风格迥异的销售渠道和策略，提供有价值的、个性化的服务，有效提高用户忠诚度，同时使自身收入最大化。

3. 移动金融在韩国

（1）韩国移动金融的发展。韩国移动通信运营商不断的技术革新和日益扩展的网络容量及传输速度，为移动金融服务创造了条件，而这些增值服务又反过来对推动移动通信市场整体的发展起到了不可或缺的作用。近年来，在韩国已经有越来越多的移动用户通过手机实现POS支付、购买地铁车票、进行汇款……移动金融在韩国正日渐风行。早在2001年，SK电讯就推出了名为"MONETA"的移动支付品牌服务。起初，"MONETA"是一种"理财帮手"的多功能卡，通过与信用卡机构合作，凡持卡用户均可轻松在公共汽车及地铁等实现电子化支付。此后，SK对无线和有线业务系统又进行了整合，构建了名为"NATE"的多媒体互联网公用平台，使用户能随时随地通过手机、PDA、车载电话和PC等终端设备进行信息沟通。由此，将金融服务移植到了手机上。用户只要将具有信用卡功能的手机智能卡安装到手机上，就可以在商场购物时用手机刷卡结算、在内置有红外线端口的ATM上提取现金，在自动售货机上买饮料，还可用来支付交通费用。随后，SK电讯又整合了手机汇款服务，实现了电子汇款，并同时推出了140万部手机进行配合。由于"MONETA"具有良好的密码保护功能，即使不慎将手机丢失，账户也不会被别人盗用。整个商务交易过程信息都是安全的。

其后，韩国第二大移动运营商KTF在2002年6月也推出了名为"K-merce"的移动支付服务，并投放了近80万部手机支持这种服务。这种注重技术创新和产业链衍生相配合的做法，产生了良好的效果，很快使手机成为日益普及的金融支付工具。

2005~2006年是移动互联网在韩国发展的重要里程碑。2005年完成了

WiBro 服务提供商的筛选和认证，至此，获得了快速发展。截至 2010 年，用户数约 850 万人，产品规模约 7 万亿韩元，附加值约 3.9 万亿韩元。

移动金融服务是韩国移动互联网的主要服务内容之一，包括手机网络采购、移动银行、移动转账支付与贷款申请等。目前，韩国几大运营商在信息通信部的协调下正合作开发移动商务的行业信息安全技术标准，为下一步共同开拓市场奠定了基础。

韩国几大运营商目前经过几次网络升级以后，网络带宽都达到 2.5G 的水平，数据传输速度已提高到 2.4Mb/s，足以满足绝大多数用户音像、游戏下载的要求。这不仅使韩国的移动通信增值服务成为移动通信市场发展的重要动力之一，而且为 3G 的发展奠定了基础。因此，韩国较早启动了 3G 的运营服务。韩国在 3G 的移动增值业务中，偏重实时性信息服务，例如实时股价、手机银行、电子转账等移动金融业务。

在韩国移动商务与移动金融的发展中，十分注意标准化工作。针对很多人身边都带着好几部手机，但需要同时使用多款充电器的情况，韩国的 SK Telecom、KTF 和 LG 三大移动服务供应商开始了"标准化行动"，规定在今后推出的手机中将全部采用统一的充电和数据接口。这意味着今后只买一款充电器，就可以在所有的手机上使用。

（2）韩国移动金融的成功经验。主要有以下四点：

①信用体制比较完善，是全世界贯彻网络实名制和手机实名制最彻底的国家之一，这也使其成为移动金融网络安全程度最高的国家之一。

②手机二维码技术已得到广泛应用，在一个侧面为移动金融发展提供了便利环境。

③政府在政策上持鼓励态度，由政府主导的大型信息化项目以及相关支持政策的出台，还有良好的市场环境都为移动金融发展提供了沃土。

④运营商以共赢的心态与产业链上其他的成员共谋发展，相对公平的竞争带来移动金融产业链成员的积极性和创造性，推动着移动金融的快速发展。

4. 移动金融在日本

（1）日本移动金融的发展。日本最大的移动服务提供商 NTT DoCoMo 公司，早在 2000 年即成功地推出了移动互联网服务。其最初的移动服务包括语音和壁纸等，在 2005 年移动互联网站传统货物的销售首次实现了突破。不仅移动商务市场规模比 2004 年猛增四成，而且移动互联网商务销售收入达 7240 亿日元（合 63 亿美元），超过了移动内容服务的收入。

日本的 3G 业务，还是年轻消费群体占主导。他们容易接受新鲜事物，拥有最先进的终端，喜欢尝试新技术，进行新体验。年轻人的消费需求与其他年龄段的用户也有明显的区别，他们更注重娱乐性，也愿意为其支付相关的费用。DoCoMo的用户统计数据显示，3G的用户群比起2.5G更为年轻、更为男性化，50%以上的3G用户年龄不足30岁而且男性用户占60%以上。

纵观日本移动金融快速发展的最大特点就是走进了平民百姓的日常生活。正是这一点，使日本获得了最坚实的客户资源基础。

（2）日本移动金融的成功经验。主要有以下三点：

①3G手机的服务覆盖区域广泛，已接近2G手机的覆盖区域，用户认知度和使用率都很高，为移动金融的活跃发展提供了支持。

②运营商和终端手机制造商密切配合，深入了解本土消费者的使用习惯和兴趣所在，致力于为用户打造更便捷的金融生活。

③NTT DoCoMo公司能够对手机制造者的工艺、手机销售、通信标准和内容网站进行全面控制，如此强大的控制力度有利于移动金融服务质量的保证。虽然这在其他国家不能完全复制，但它所提供的为大众服务的商业模式是值得借鉴的。

（二）国内移动金融的发展

1. 我国移动金融发展的特点

我国的移动金融起源于2001年，是以手机支付的形式出现的，当时运营商开始推广"通过手机短信接入方式支付"，很多手机用户都体验过。比如，我们在网上购买一款电脑杀毒软件，其中就有手机支付方式——输入手机号码后确认付款，接着手机会收到一个短信密码验证，输入后就完成交易。目前这种支付方式还是使用最为广泛。但是这种方式只能是小额支付，大金额的支付运营商并不支持。其后，国内出现第二种手机支付方式"手机WAP网站"。很多WAP上的商家通过自己的支付方式与手机用户完成交易。但是这种方式发展也比较缓慢，主要制约因素是当时第二代无线通信（2G）网络速度比较慢，用户会失去耐心。最近一两年，国内又发展出远程支付和近端交易。远程支付的典型应用则通过手机里面的交易平台完成远程交易转账或付款。近端交易的典型应用则刷卡手机，各大运营商都在推广。伴随着手机支付的发展，移动金融的其他应用形式，如移动银行、移动证券、移动保险等业务类型也应运而生。我国移动金融发展有如下一些特点：

（1）迅猛的发展势头。与前述那些发展移动金融的典型国家相比，我国的移动金融起步晚，发展相对滞后，但其后续发展势头非常迅猛。以移动支付为例，2005年我国移动支付市场整体规模还只有3.4亿元，到2010年这个数字达到了202.5亿元，比2009年增长了31.1%；艾瑞咨询公司研究预计2011年移动支付市场将迎来更加强劲的增长，2012年移动支付交易规模有望超过

1000亿元。而在手机终端设备的使用方面，工信部数据显示，截至2011年5月底，我国手机用户总数突破了9亿人；同时，我国网民规模已达4.57亿人，其中手机网民约为3亿人，占网民总数的66.2%，较2009年底增加6930万人；智能终端和手机上网的数量已经超越了笔记本电脑和固定电脑上网的数量。2011年第一季度，中国移动互联网市场规模达64.4亿元人民币，同比增长43.4%，环比增长23%。分析人士指出，智能手机是推动我国手机网民数急速增长的重要原因。根据易观国际（Analysis International）集团的统计数据，在2009年我国仅售出了2100万部智能手机，而这个数字在2010年几乎增长了两倍，达到6200万部。预计到2011年末我国智能手机销售量将达到9500万部。

（2）多样的跨界合作方式。现阶段我国移动金融的开展主要是由移动运营商和金融机构合作进行的，二者开展移动金融业务时采取的合作方式主要分为三种：一是建立合资公司进行专门的移动支付运营，如中国移动和中国银联合资的联动运作；二是建立战略合作关系，如中国联通和中国银联的合作；三是由第三方支付平台推动的运营商和银行的合作，目前主要是各类公共事业费用的收取。从2011年9月开始，根据中国人民银行公布的《非金融机构支付服务管理办法》，即使不与银行合作，运营商照样能大规模开展手机支付业务。此前，运营商因为没有金融牌照，长期以来在推广手机支付领域时都要和银行合作。例如，中国移动为了大力发展手机支付业务，就以398亿元人民币巨资认购浦东发展银行20%股权。中国电信和中国联通亦分别与国内大型国有银行签署战略合作协议以开拓手机银行、移动支付、电子商务（电商频道）等领域。

（3）清晰易辨的受众特征。我国使用移动金融服务的受众是以年轻人、时尚人士、高学历和高收入人群为主的。这部分人群占到了全部受众群体的95%。他们往往对新技术、新事物有着强烈的好奇心，渴望新技术能给自己的生活带来变化，而且他们具有较高的消费能力和积极的消费心理。由于移动金融起步时期的应用充满了娱乐、时尚和生活的意味，因而受到了上述人群的广泛关注。目前在我国华南和东南沿海地区，通过无线上网接受金融服务的现象日益增多，这也是移动金融的应用在不断丰富的表现，包括手机搜索、手机钱包、手机理财、手机炒股等，都让许多人跃跃欲试。

2. 我国移动金融发展中面临的问题

移动金融虽然被人们普遍看好，但其目前尚处于幼年阶段，面临着市场、体制及安全环境等方面的制约。

（1）市场有待培育。一方面，受经济发展不平衡、消费习惯差异以及宣传普及不足等因素影响，我国大部分地区特别是农村和边远地区民众对移动金融服务优越性了解不够，消费意识和消费市场有待培育。另一方面，手机界面操作比较复杂，这也影响了移动金融市场的培育。例如，在移动支付过程中，支付系统与用户之间的信息（用户手机号、银行账号、商户代码、业务码等）交换，必须由人工录入（短信、语音等方式）。用户须记住各种操作的命令字。因此对于用户来说，其操作相对于银行卡烦琐，延长了交易时间。此外，开通手机钱包的用户一般要更换新 STK 卡，这也给将所有信息存在 SIM 卡上的用户在开通移动支付业务时造成了不便，一定程度上也阻碍了移动金融业务的推广。因此，有必要对移动支付系统进行改造升级，增加其业务种类、改善业务承载的通信方式、简化用户的终端操作。

（2）政策法规和标准有待突破。目前，银行业、电信行业分属不同的监管体系，根据监管要求，商业银行无法借助移动通信公司网点向客户提供手机汇款、手机取现等业务。而国外成功的经验表明，良好的政策法规环境有利于促进移动金融业务的快速普及。另外，在移动金融的发展过程中，标准瓶颈同样会制约推广的力度和速度。例如，多种移动操作系统分属不同的运营商，或是使用不同的通信协议，而多个系统间实现相互操作并非易事，这就导致多数移动金融应用仅限于地区性的网络和特定的终端设备。工信部通信发展司政策标准处表示，多种标准并存给移动金融大规模应用带来障碍。因此，尽快制定相关标准同样是移动金融业务发展的关键所在。

（3）应用环境有待完善。首先，移动金融的配套基础设施不到位，例如，终端 POS 机在商户、厂家的投放数量和覆盖面严重不足，制约了移动金融便民惠民作用的发挥；其次，移动金融尚缺乏全面的安全渠道，如目前的移动终端设备缺乏足够的内存和运算能力来运行大多数病毒扫描程序和入侵检测程序，这就给移动金融安全埋下了隐患，不利于移动金融的推广和发展（有关移动金融的安全问题，本书第七章将作详细介绍）；最后，移动金融人才比较匮乏。移动金融需要大量掌握现代信息技术和金融理论与实务的复合型人才，现阶段相关人才的短缺成为制约移动金融发展的诸多因素中最紧迫的一个问题。因此，亟须通过开展学科专业教育与普及教育、整合教育资源、进行专项培训等方式，加强对移动金融人才的培养。

三、移动金融的发展趋势

移动金融的发展虽然整体上还处于起步阶段，但随着用户认知度的逐渐提高，移动金融的巨大潜力开始逐步显现。移动金融的发展前景十分广阔，具体来说，其发展趋势体现在如下五个方面：

（一）移动终端设备的性能将进一步提高

移动终端设备的重要性在移动金融中是不言而喻的。为了使交互界面更加友好，未来移动终端设备（主要指智能手机）的显示屏将进一步拓宽，分辨率提高，加入语音网络导航功能，简化数据输入方式。智能手机厂商会努力使其设备越来越像个人数字助理（Personal Digital Assistant，PDA），而PDA厂商会将电话功能加入到其设备中，使其更像智能手机。所以说虽然今后的移动终端设备集成了越来越多的功能，但并不容易出现某种终端设备一统天下的格局。

（二）移动金融安全将成为社会热点问题

随着我国3G牌照正式发放以及手机应用的快速增长，手机应用的安全性问题日益突出，将引起全社会的高度重视。相对于传统金融业务和网络金融业务来讲，移动金融的安全性更加脆弱。如何保护用户的账户、密码等私密信息不受侵犯，如何保障移动终端的安全问题，如何防范无线基础设施和移动网络中存在的风险，都是迫切需要解决的问题，同时也成为软、硬件厂商在移动金融安全问题上获取商机的一个突破口。

（三）手机二维条形码及RFID技术将大范围应用

手机中将集成嵌入式二维条形码阅读器，通过手机拍照功能对二维条形码进行扫描，就能迅速获取条形码中存储的信息。这项功能将在传统商业与移动无线网络商业之间架起桥梁。二维条形码目前主要应用于电子票务和物流领域，随着移动金融的快速发展，二维条形码将被应用到更多的行业和领域中。而作为条形码的无线版本，RFID（无线射频识别技术，将在第二章介绍）技术具有防水、防磁、耐高温、使用寿命长、读取距离远、标签数据可加密、存储容量大等优点。目前RFID已开始应用于零售和物流产业，今后将会有更多产业应用此技术。

（四）移动金融增值服务与新产品将不断涌现

目前的移动金融服务大多是通过移动运营商和金融机构的合作，推出基于智能手机平台的移动金融客户端。下一步将会利用运营商在网络、应用平台、营销渠道、客户服务等方面的资源优势，把电子书、搜索、地图等功能整合进移动金融服务中，针对用户开发更丰富的增值服务应用以及各类移动支付辅助服务。在未来，移动运营商和金融机构将在手机支付和无线商务领域深入合作，结合双方资源构建移动电子商务应用环境，为客户提供全方位的移动商务解决方案。例如，在手机支付上，未来的产品可能是由移动运营商推出带有支付功能的电话卡，客户在购买时就可以绑定各家银行的账号，最大程度地方便客户，而不是像现在这样每家银行都同运营商推出一张卡。

（五）移动运营商和通信设备制造商将调整其营销策略

移动运营商和通信设备制造商已经在数据通信设备和运营许可证上投入了巨额资金，未来他们将围绕移动互联网进行大规模宣传，竭尽全力唤醒消费者的意识，并使其接纳这种通信方式。与此同时，移动运营商和通信设备制造商将不会把营销手段只定位在消费者身上，而是会向企业用户转移。随着大批商业应用服务投入运营，可以预见到企业用户会是一群非常有挖掘潜力的营销对象，所以那些成功调整了营销策略的移动运营商和通信设备制造商将可以提高单位用户平均收入（Average Revenue Per User，ARPU）并赢得更大的市场份额。

第三节　移动金融带来的变革

移动金融对社会的影响是多角度的，在这里我们主要讨论它对于企业发展及人们工作与生活的影响。

一、移动金融对企业发展的影响

移动金融的发展为企业提供了良好的机遇，能够帮助企业提高自身竞争力，获得竞争优势。表1-1列举了移动金融对企业发展的具体影响。需要说明的是这里提到的"企业"，指的是包含移动运营商、金融机构、软硬件提供商、商家在内的所有参与移动金融活动的企业。

表1-1　移动金融对企业发展的影响

影响	具体描述
带动新型信息企业的崛起	移动金融的发展要求相关软、硬件的支持，要求更高级的信息处理器和网络传输速度，这就带动了一系列软、硬件和移动电子产品的发展。一批新型信息企业主动顺应市场发展的潮流而迅速崛起，力求抢占市场先机并进一步巩固自己的市场地位
满足用户个性化需求，增强企业竞争力	基于移动金融的精准性和定位性特征，相关企业能够迅速了解、分析并满足用户的个性化需求，通过提高用户对产品和服务的感知价值来增强自己的竞争能力
形成企业独特的地理位置优势	移动金融服务提供者一般都拥有定位服务技术，通过这种技术可进行位置查询，可结合地理资源条件对受众进行分析，因此可以为商机评估及选址问题提供决策参考。若企业出于某种原因需要设立实体网点，那么依靠定位技术选定的店址能最大程度地方便和满足顾客
降低企业管理和服务成本	一方面，移动金融将信息传递数字化，形成即时的沟通，能实现企业内信息低成本共享，从而可以裁减中间管理人员，降低管理成本；另一方面，实体网点是需要人工、房屋、水电等各种费用的，用户通过手机办理业务与去实体网点办理业务相比，前者能使企业大大节约服务成本

续表

影响	具体描述
降低企业生产成本	移动金融为人们进行采购支付提供了便利，从而加速产品以及原材料的流动，由此缩短了产品的生产周期，进而降低了企业的固定成本。由于每一项产品的生产成本都涉及固定成本的支出，所以移动金融的出现会通过产品生产周期的缩短带来企业生产成本的下降
推动企业产品创新	产品研发者可以利用移动网络技术进行即时快速的市场调研，了解最新的市场需求，以形成新的创意和构想，或对正在开发过程中的产品进行适当调整，从而取得竞争优势
树立企业的良好形象	率先参与移动金融活动的企业将在同行中树立进取的形象，展现创新的精神。能够提供多样化的产品、灵活的折扣条件、友好的用户访问界面和完善的技术支持的企业必将获得良好的社会口碑
增加用户黏性，使企业能有效地维持客户群	国际上的成功经验表明，移动金融业务是"捆绑用户"的有效手段。在新的市场竞争形式下，移动金融业务的重要意义就在于增加用户黏性，帮助企业维护现有客户，同时积极发展新客户。从长期来看，具有规模优势的移动金融业务必将逐步带来新的收益增长点

二、移动金融对人们工作与生活的影响

移动金融已走进了人们的生活，正在改变着人们的工作方式、消费方式、沟通方式甚至思维的方式。表1-2列举了移动金融给人们工作和生活带来的一些主要变革。

表1-2 移动金融对人们工作与生活的影响

影响	具体描述
办公方式更加灵活，工作效率得以提高	在移动金融环境中，相关金融业务无论在何时何地都能进行及时沟通和办理，如查询客户信息和相关标准、接受客户订购移动业务、与公司总部保持联系，等等。这就使那些执行独立任务的管理人员可以方便地选择自己喜欢的工作地点和工作方式，从而提高了工作效率
信息传播更为容易	移动金融主要通过移动通信网络来进行，这实现了真正的大众传媒作用。移动信息传播具有双向性的特点，人们可以根据自己的需要提出疑问、获取信息，不受时空限制
消费方式逐渐改变	现代人身上拥有种类繁多的卡，对这些卡的携带和管理都不方便，而移动支付的出现可以使手机取代公交卡、饭卡、储蓄卡、信用卡、会员卡、社保卡等，实现多卡合一、一机多用，改变了人们原有的消费方式
生活质量得到改善	发展移动金融是构建数字生态系统的重要组成部分，移动金融有利于创造一个更方便、更安全的数字生态环境，极大地改善人们的生活质量
一种适应信息经济时代的先进文化将逐渐形成	作为移动金融发展基础的移动通信网络和移动服务技术正在全球广泛使用，作为先进生产力的代表，技术发展将对社会文化和精神文明产生深刻影响；网络改变着人与人之间的交往方式，也就必然对文化的发展产生深远影响。随着移动金融的发展，一种新的适应网络时代和信息经济的先进文化将逐渐形成

移动金融

本章案例

移动金融带来的方便

最近,我的一位朋友向我推荐了某银行的"移动金融"相关业务。怀着半信半疑的态度,我开通了这项业务,打算尝试一下究竟有没有朋友描述得那么好。这些日子下来,还别说,移动金融真让人受益匪浅!下面就讲几个小片段给大家听听。

一、和排队说再见,我成了银行的VIP(高级客户)

我有三大怕:一怕礼拜天挤公交,二怕满大街找厕所,三怕银行排长队。每次去银行给客户转账都要排队,除了干巴巴的着急之外毫无办法,有时候还真是挺耽误事情的。前几天,我又拿着文件去给一家客户转账,而且那天正好是周末,我一进银行,不禁倒吸一口凉气——大厅的椅子上坐满了人,而且站着的还有不少人!我看了看手表发现来不及了,对方要求必须在20分钟内转账成功,我摸了摸额头心想这该怎么办呀,要是耽误了公司大事,这个月奖金可就泡汤了。正在我如热锅上的蚂蚁一般焦躁之时,突然想起我不是开通了移动金融业务了嘛,嘿,这就好办了!我赶紧掏出手机,直接登录到手机银行系统,在"转账汇款"菜单下找到"银行汇款"菜单,选择"转出默认账户",输入收款人账号、姓名、汇款金额后,再输入口令卡密码和验证码,确认后,一键成功!不用排队,不用出办公室,一部手机就可以自由转账。我真是享受到了VIP的待遇!

二、马虎媳妇丢手机,账户安全有保障

我给媳妇也开通了这家银行的移动金融服务,可是刚开通不久,马虎大意的媳妇就把手机"孝敬"给小偷了,回家后眼泪一把、鼻涕一把地向我诉说委屈,而且最担心手机上的银行信息,账户里的钱要是被坏人拿走该怎么办呢,那可是我们小两口这些年来的积蓄啊!我拍拍她的头,看着她已经变色的脸,忍不住笑了起来,我说:"知道事情的严重性就行,以后可不能这么马虎了。不过,我们的移动金融业务是很安全的,只要输入三次错误密码,就会被锁住,而且账户信息不在手机中存储,即使别人使用你的手机,也无法获取账户信息,所以不用怕。"媳妇听了我的话不禁破涕为笑。我擦了擦她的大花脸,不过我们还是尽早去注销原有的移动金融业务,待换卡后再重新开通。媳妇点点头,拉着我一起跑出家门。

三、"老古董"遭遇信息闭塞,移动金融显身手

公司老王是个"老古董",对于新鲜事物从不关心,要不是公司的业务需要,他连互联网都不会去使用。最近,在我的撺掇下,他才开通了移动金融业务,但是他却不喜欢用,总撇撇嘴说:"还是自己到银行、到交易大厅去直接查的好,什么移动金融啊,有待考验。"可是就在上个礼拜,老王出差在外上网不方便,给我打电话过来说:"老弟啊,我在出租车上呢,最近我那基金变化太快,你帮我查询一下,马上告诉我,拜托了!"我哈哈大笑说:"你这不是舍近求远嘛,还是让你手里的移动金融来服务你吧!"接着我告诉老王如何用手机查询基金状况,老王在电话那边激动地叫了起来:"太棒了!太棒了!高科技真好!"确实,这个"移动"的基金查询功能,让人查得全面、查得方便。对于一个老基民,无论在公车上、地铁里、路上还是家里,都可以通过手机查询基金市场行情,实时关注所钟爱的基金,把握每一分每一秒的财富。

自打使用了移动金融服务,我和身旁的人们都享受到很多的便利和快捷。移动金融,就像有句流行广告语说的那样:"我看行!"

资料来源:改编自我与手机银行不得不说的故事.口碑理财网(www.kblcw.com),2010-8-23.

问题讨论:

1. 结合本章所学知识,分析案例中人物的经历体现了移动金融的哪些特点?
2. 如果你是案例中"某银行"的高层管理者,你会采取哪些措施更好地开展移动金融业务呢?

本章小结

本章是全书的导论,对移动金融进行了总体介绍。移动金融是指借助移动通信网络技术,使用移动通信终端所进行的有关金融服务的总称,从某种角度上讲,也可以把移动金融看做是移动电子商务在金融领域的应用。移动金融不同于网络金融,它是对网络金融进行整合与发展、扩展与延伸,是网络金融发展的高级形式,代表了金融服务的发展方向。移动金融具有移动性、可识别性、精准性、定位性和广泛性的特点。其应用类型主要有移动支付、移动银行、移动证券和移动保险。

移动金融的产生基于社会经济发展对需求的推动,基于移动通信技术进步的推动,是移动通信网络与互联网融合的直接结果。目前移动金融在全球范围内得到了快速发展,但在不同的国家也呈现出了差异,一般而言欧洲和亚太地区是现阶段移动金融运行较好的地区。相对而言我国的移动金融起步较晚,但后续发展势头迅猛,当然,发展的过程中也面临一些亟待解决的问题。毫无疑问,移动金融有着十分广阔的发展前景。

移动金融

移动金融的迅猛发展,对企业的经济活动和人们的工作和生活都产生了深刻的影响。企业必须抓住这样一个契机来培育自己的竞争优势;人们也应该重视移动金融并积极投身其中,这样才跟得上时代步伐并从中得益。

本章复习题

1. 何谓移动金融?它具有哪些特点?
2. 现阶段有哪些移动金融的应用类型?试举例说明。
3. 移动金融的产生是偶然的吗?你如何看待其兴起背景?
4. 移动金融为我们的生活带来怎样的影响?你认为它的发展趋势如何?
5. 结合自己或亲友的实际经历,谈谈你对移动金融的认识。

第二章 移动金融基础

学习目的

知识要求 通过本章的学习,掌握:

- 移动金融价值链的概念
- 移动金融价值链的架构
- 移动金融的支持性技术

技能要求 通过本章的学习,能够:

- 了解移动金融价值链的发展情况
- 分析移动金融价值链各环节成员的价值增值情况与发展战略
- 熟悉移动通信网络技术、移动应用平台与移动通信终端的概况

学习指导

1. 本章内容包括:移动金融价值链的概述、架构,以及价值链成员的竞争与合作;移动金融的技术支撑,包括移动通信网络技术、移动应用平台与移动通信终端。

2. 学习方法:独立思考,抓住重点;与同学讨论移动金融价值链各成员如何更好地发展;了解开展移动金融所需要的技术基础。

3. 建议学时:3学时。

移动金融

引导案例

一位中国移动公司职员的日记

2010年5月4日　星期二　多云

今天是世博园接受参观者持平日票入园的首日，而中国移动为上海世博会打造的另一大亮点——世博手机票，也在今天正式登上世博的舞台。

早晨我们早早地来到了工作地点——手机票亭，一切准备就绪，我们兴致勃勃地等待着手机票游客的到来，当然我们希望游客用手机票，但并不希望游客来找我们，因为手机票有问题才会到票亭来。10点左右，有几位外国友人向我们这里走来，我们热情地迎了上去，经过一番手舞足蹈的对话后，我们了解到，客户购买了手机票并换了射频手机卡（RFID-SIM卡），但由于手机不适配，客户只带了手机卡。了解情况后，首先我们将客户的手机卡放在我们先前备好的测试手机里，检查出客户的卡里有已购票记录，于是我们将手机放在联机检票的终端上查出确有手机票，最后我们再进行脱机检票，将客户卡里的手机票删除，然后我们为客户兑换了实体票。

看着客户手机票问题满意解决，我们都发自心底的开心。欢迎更多的客户使用中国移动手机票，只要手机轻轻一刷，就能轻松入园参观，我们移动人的热情服务随时等待您。

资料来源：改编自刘媛.手机世博票首次应用.新华日报，2010-05-17.

问题：

1. 案例中"世博手机票"的问世，除了需要中国移动公司的参与之外，还需要哪些主体的参与和推动？
2. 结合本案例，思考相关技术的支持对于发展移动金融有何重要意义？

第一节　移动金融的价值链

移动金融价值链是移动金融中一个非常重要的概念，它形象地反映了贯穿于移动金融服务全过程的价值传递结构。移动金融价值链与移动技术的发展有着密切的联系，移动技术的更新换代催生了新的服务类型，引入更多的参与者，并促进原有参与者的组合分化，从而改变价值链的规模和结构。本节主要讨论移动金融价值链的相关内容，移动金融的技术基础将在下一节进行介绍。

一、移动金融价值链概述

理解移动金融价值链，有助于我们清楚地认识移动金融产业发展的脉络。下面依次介绍移动金融价值链的概念和发展情况、价值链的架构，以及价值链成员的竞争与合作。

（一）移动金融价值链的概念

价值链这一概念是哈佛大学商学院教授迈克尔·波特（Michael E. Porter）于1985年在《竞争优势》一书中提出的，其含义是：从价值形成过程来看，企业从创建到投产经营所经历的一系列环节和活动中，既有各项投入，同时又显示价值的增加，从而使这一系列环节连接成一条活动成本链。波特认为，"每一个企业都是在设计、生产、销售、发送和辅助其产品的过程中进行种种活动的集合体。所有这些活动可以用一个价值链来表明。"

价值链理论认为，企业的发展不只是要增加价值，而是要重新创造价值。在价值链系统中，不同的经济活动单元通过协作共同创造价值，价值的定义也由传统的产品本身的物质转换扩展为产品与服务之间的动态转换。现代交易的完成，不仅涉及供需两方，还有为交易实现提供服务的第三方。信息技术的发展逐渐打破了企业、行业发展的界限，使不同行业融合发展，共同参与某一交易活动。因此，在移动金融活动中，企业的价值增长不再单纯取决于企业自身或某一方，而是需要处于价值链不同环节的企业或个人协调努力，实现多方共赢。

移动金融价值链就是指直接或间接通过移动平台进行金融产品和服务的创造、提供、传输和维持，并从中获取利润的过程中形成的价值传递的链式结构，也就是移动金融服务实现过程中的价值传递结构。移动金融价值链的架构包括主干链、支付链和支撑链，后文中将对各部分结构进行详细阐述。

需要说明的是，移动金融价值链不同于一个企业或一个行业的价值链。企业价值链是企业通过一系列活动进行价值创造构成的，这些互不相同但又相互关联的生产经营活动，构成了一个创造价值的动态过程；行业价值链是指一个特定的企业价值链所从属的行业内更大的业务流，行业价值链可以帮助企业找到沿产品生命周期向前或向后发展的机会，从而提高企业的效率，改进产品的质量。而移动金融价值链使不同类型的企业打破行业界限，使同处一条价值链中的企业之间保持战略合作的关系，而不仅仅是一种简单的供需关系。企业之间的竞争不再是企业单体之间的竞争，而是企业所处的价值链之间的竞争。以价值链为基础的移动金融生态系统必须借助于信息管理系统才能最终形成良性循环，将金融机构、移动运营商、第三方支付机构、移动终端设备厂商、商业机构、用户等参与者全部纳入管理资源之中，使相关金融业务流程更加紧密地集成在一起，进而提高对用户的快速响应能力，并使各参与者得以分享价值链运行过程中各个环节所带来的价值增值。

（二）移动金融价值链的发展

移动金融价值链的构建，是伴随移动电子商务价值链的发展逐渐初具雏形并不断演进的；而移动电子商务价值链又是伴随移动电话技术的变革而不断发展变化的。移动电话技术的更新换代催生了新的服务类型，引入更多的参与者，并促进原有参与者的组合和分化，从而改变价值链的规模和结构。自20世纪80年代中期以来，移动电话技术主要经历了三次重要的变革：20世纪80年代中期出现的模拟技术（1G）、20世纪90年代初期和中期出现的数字技术（2G），以及20世纪末期的新突破——无线网络高速数据传输技术（3G）。相应地，移动电子商务的价值链也就经历了三个主要阶段：第一代价值链、第二代价值链和第三代价值链。

1. 第一代价值链

第一代价值链（如图2-1所示）是比较简单的，主要组成部分有四个：无线服务提供商、终端设备制造商、中间服务提供商与最终用户。其中，无线服务提供商负责建立和运营无线传输模拟信号的无线网络平台，为电子信号实现无线传输提供最基本的网络条件；终端设备制造商是生产用户使用的终端设备的经济实体；中间服务提供商为终端设备制造商提供安装在终端设备上的应用程序，包括系统集成、增值转接、专业分销等，将无线服务提供商的各种服务传递给最终用户；最终用户就是利用无线终端设备享用无线服务提供商提供的各种服务的个体。第一代移动电子商务价值链由于技术的局限性大而存在很多缺陷，例如信号是模拟的，稳定性差；手机价格昂贵，辐射大；移动服务比较单一，以语音服务为主，不能提供数据业务；保密性低，等等。这些局限使得移动金融的出现尚缺乏技术基础。

无线服务提供商 → 终端设备制造商 → 中间服务提供商 → 最终用户

图2-1　第一代价值链

2. 第二代价值链

数字技术的出现促使原来移动电子商务价值链中参与者的组合分化和新参与者的介入，并改变了参与者之间的价值分配关系。第二代价值链（如图2-2所示）由五部分构成：内容服务提供商、无线服务提供商、基础设施服务提供商、终端平台和应用程序提供商与最终用户。这里，新介入了内容服务提供商、基础设施服务提供商以及终端平台和应用程序提供商，这是原来价值链参与者组合分化的结果，更是技术创新的结果。内容服务提供商为整个价值链提供移动服务的具体内容；基础设施服务提供商从无线服务提供商中分离出来，其实就是无线服务提供商将原有的基础设施服务部分外包给基础设施服务提供商来做；终端平台和应用程序提供商是将终端设备制造商和中间服务提供商整合而成，进行终端设备应用程序的开发。由于第二代移动电话技术是以数字技术为动力的，可以提供数字语音和简单的数据服务，这便给移动金融的出现及其价值链的构建创造了条件，例如，有关金融信息的发布者便作为内容服务提供商，提供并整合内容为用户服务。

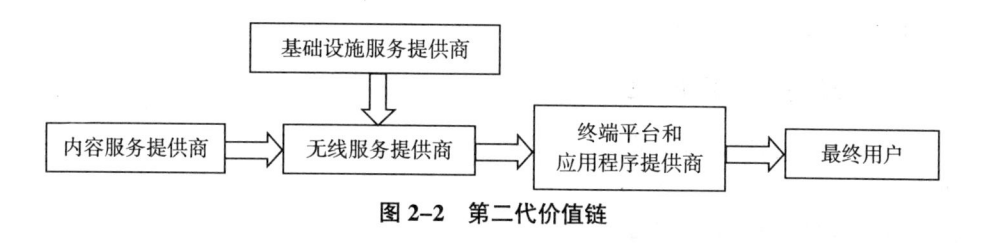

图 2-2 第二代价值链

3. 第三代价值链

第三代价值链（如图 2-3 所示）与之前相比又发生了重要变革，这是由于新一代无线高速数据传输移动通信技术的出现得以提供各种多媒体数据服务，由此催生了大量新的应用。其组成主要包括六部分：内容和应用服务提供商、门户和接入服务提供商、无线网络运营商、支持性服务提供商、终端平台和应用程序提供商与最终用户。在内容和应用服务提供商与无线网络运营商之间出现了门户和接入服务提供商，这是网络服务内容扩展的必然结果。因为门户和接入服务提供商的存在，使得内容和应用服务提供商不用考虑网络接入问题，只需重点关注提供的内容形式和类型；而无线网络运营商只需为用户提供无线通信平台，而无须研究内容和应用服务提供商提供的具体内容应该如何实现，因此使得价值链上各环节的分工更为高效。而新出现的支持性服务提供商与第一代价值链中的中间服务提供商是不同的，中间服务提供商主要业务是提供应用于终端设备上的应用程序，而第三代价值链中支持性服务提供商提供的是使移动电子商务得以顺利进行的支持性服务，如付费平台的建立、付费支持、安全保证等，可以说这是从无线网络运营商的业务范围中分化出来的业务。所以无线网络运营商可以专注于自己的无线网络构建和无线网络运营，将相关业务外包给其他主体，降低了风险，突出了核心竞争力。

移动金融

内容和应用服务提供商 → 门户和接入服务提供商 → 无线网络运营商 → 支持性服务提供商 → 终端平台和应用程序提供商 → 最终用户

图 2-3 第三代价值链

通过以上对比可以看出，移动电子商务价值链的发展是由简单向复杂、由纯技术服务向增值服务转变的过程。在移动电子商务价值链发展到第三个阶段之后，移动金融作为移动电子商务的一项行业应用模式开始大行其道。可以将移动金融价值链的构建看作是移动电子商务价值链在金融业（如银行、证券、保险业）的具体呈现方式，例如第三代移动电子商务价值链中的支持性服务提供商反映在移动金融价值链上，就是指第三方支付机构、银联，以及为移动运营商提供其他支持性服务的机构等。

二、移动金融价值链架构

移动金融价值链的架构由三部分组成，分别为主干链、支付链和支撑链架构。

（一）移动金融主干链架构

主干链意味着整个移动金融价值链中最核心的主体部分，可以理解为移动金融价值链的"躯干"，它代表了当今应用中最普遍的形式。如图 2-4 所示，移动金融主干链主要由三方参与者构成，即作为内容与服务提供商的金融机构（含银行、证券公司、保险公司）、移动运营商和最终用户。

作为内容与服务提供商的金融机构（银行、证券公司、保险公司）→ 移动运营商 → 最终用户

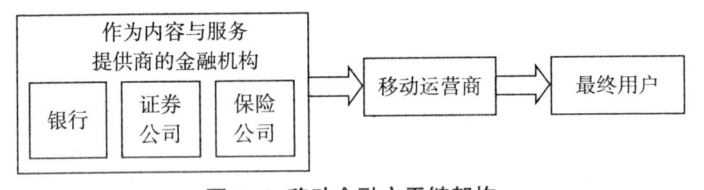

图 2-4 移动金融主干链架构

1. 金融机构

移动金融主干链中的"金融机构"主要是指银行、证券公司、保险公司，它们作为内容与服务提供商，参与提供手机理财、手机查询银行账户明细、移动转账与汇款、移动支付、手机买卖外汇、移动炒股、手机办理保险等移动金融的业务。在这些业务中，金融机构若想占据重要位置，就要考虑把握价值链核心资源和竞争力。如银行在移动支付中采用手机号码同银行卡、信用卡绑定的策略，并为移动支付平台建立一套完整灵活的安全体系，牢牢掌握个人用户

与商家的资源。

2. 移动运营商

移动运营商是指拥有移动网络直接为广大用户提供通信等移动服务的实体，在国内主要指中国移动、中国联通、中国电信等。移动运营商在价值链中具有特殊的优势，其主要任务是搭建移动金融服务平台，为移动金融的信息传输、资金流动提供安全的渠道，并尽快开发出能增加用户使用量及建立用户忠诚度的业务。可以说，移动运营商是连接用户、金融机构和服务提供商的重要桥梁，在推动移动金融业务的发展中起着关键性的作用。

3. 最终用户

最终用户指的是持有移动终端并使用移动服务的个体。他们是移动金融业务的最终使用者，关心该业务是否能提供安全的保护机制、简便的操作界面和丰富多彩的应用。用户的多寡是衡量移动金融业务的重要指标，也是该业务成败的关键所在。用户为购买的内容或服务进行支付，是移动金融价值链条上的受益主体，一切移动支付平台的建设必须有助于提升用户的兴趣，满足用户快速、简便、个性化需求。移动支付是否安全、交易流程是否烦琐、操作是否简便等问题，对用户使用移动金融相关业务习惯的养成都具有重要的影响。

（二）移动金融支付链架构

移动金融的各项应用形式，不论是移动银行、移动证券，还是移动保险等业务活动，都离不开支付这一环节和手段，因此在讨论移动金融价值链架构时，着重研究移动金融支付链结构是非常必要的，它相当于移动金融价值链的"主动脉"。

如图 2-5 所示，移动金融支付链的构成要素包括：承载支付功能的金融机构（含银行、信用卡组织、银行合作组织）、移动运营商、第三方支付平台、

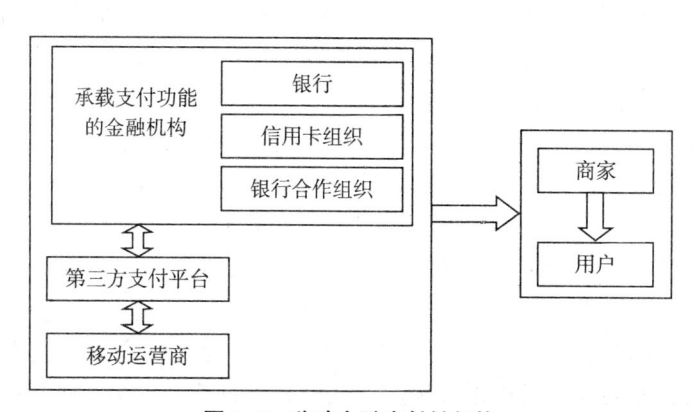

图 2-5　移动金融支付链架构

与金融机构和第三方机构进行合作的商家以及用户。其中，商家和用户是移动支付的需求方，金融机构、第三方机构和移动运营商是移动支付的供给方。支付链各环节参与者在其中的角色和作用如下：

1. 承载支付功能的金融机构

移动金融支付链中承载支付功能的"金融机构"指的是银行、信用卡组织以及银行合作组织（银联）。目前移动金融处于初步启动的阶段，上述三种个体在移动金融支付链中都是承载着买卖双方的清算与结算、商家或消费者个体账户管理以及承担货币金融风险等方面的职能，作用基本相同，功能基本相似，所以在此以统一的"金融机构"的身份作为支付链中重要的参与者体现。

面对移动运营商、服务提供商不断推出手机银行、移动POS等各项业务，金融机构应积极应对，在降低经营成本的同时，增加收益、提高核心竞争力。它面临三项任务：第一，金融机构是用户手机号码关联的银行账户管理者，它需要保证用户的消费过程安全通畅。金融机构与移动运营商共同搭建平台，前者需要侧重于移动支付业务的安全性，而后者更加关注通信方式和通信服务。金融机构凭着经营电子货币的丰富经验，将能为支付平台建立起一套完整、灵活的安全体系。第二，金融机构作为清算中心，管理着数据处理支持平台的资源以及用户及商家资源。第三，金融机构间需要加强合作与沟通，实现"无缝"通信。

2. 第三方支付平台

第三方支付平台作为金融机构与移动运营商之间的衔接环节，在移动金融的发展进程中发挥着十分重要的作用。独立的第三方移动支付平台具有整合移动运营商和银行等金融机构的资源并协调各方面关系的能力，能为手机用户提供丰富的移动支付业务，吸引用户为应用支付各种费用。例如，在欧洲最早推广和提供移动支付服务的并不是那些主流的移动运营商，而是像瑞典Paybox公司这样的第三方移动支付应用平台提供商。使用该公司服务的用户，不论是哪家移动运营商，也不管其个人金融账号属于哪家银行，只要在该公司登记注册取得账号，就可以在应用平台上享受到丰富的移动支付服务。在我国也已经涌现出上海捷银信息技术有限公司、北京泰康亚洲科技有限公司、广州金中华通信服务有限公司等一批第三方移动支付系统集成和服务提供商，它们都积极致力于整合移动运营商和金融机构的资源，为用户提供移动金融及支付服务。

3. 商家

对于商家而言，一种新鲜的付款模式可能会为其带来更多追求时尚的顾客，在提供服务的同时又可以安全、方便地进行收费。于是，越来越多的商家纷纷与金融机构和第三方机构进行合作，期望通过部署移动支付系统，使支付过程对消费者透明；期望支付方案便利和迅速，能即时得到支付；期望能减少支付的中间环节，降低经营、服务和管理成本，拓宽支付渠道（可以和更多的银行进行支付清算），获得更高的用户满意度，以此来获得在移动金融支付链中的价值增值。但是，由此带来的软硬件设备增加或升级，以及通信成本等，对商家的参与可能造成抑制因素。因此，在其发展移动支付的初期，必须有相应的优惠（如减免软、硬件设备价格），以及提供比传统支付优惠的支付费率，以激发其参与的热情。

4. 移动运营商和用户

移动运营商和用户的解释见前述主干链。目前，移动运营商能提供语音、短信息、无线应用通信协议（WAP）等多种通信方式，并能为不同级别的移动支付业务提供不同等级的安全服务。

（三）移动金融支撑链架构

为移动金融业务活动提供的支撑主要包括移动运营支撑、移动终端支撑和规则支撑三方面，如图2-6所示。这些支持性活动的参与者不直接参与移动金融业务过程，他们要么处于移动金融业务活动的后台，为交易实现提供软、硬件的支持；要么为移动金融业务的开展提供政策环境，营造出良好的移动金融产业的市场人气和使用氛围。因而他们构成了移动金融的支撑链，发挥着特殊的功能。

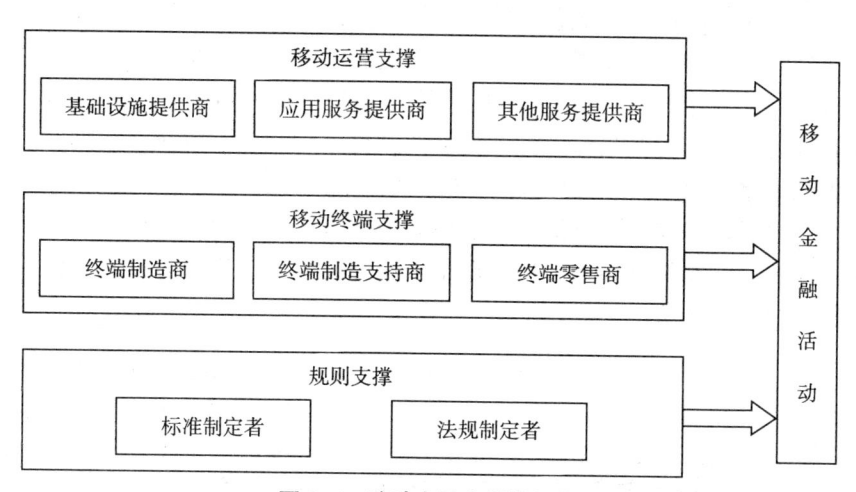

图 2-6　移动金融支撑链架构

1. 提供移动运营支撑的价值链参与者

虽然移动运营商拥有自己的电信网络，而且在价值链中功能强大，但是要想保证其正常运营，仍然离不开一些支撑企业。为移动运营商提供支撑服务的企业主要包括：基础设施提供商，是指为网络运营商提供相关硬件设备和软件平台的企业；应用服务提供商，是指通过网络为企业、个人提供配置、租赁和管理应用等外包服务的专业化服务公司；以及为网络运营商提供安全、信任、网管、支付、网络维护、计费等方面服务的提供商。

2. 提供移动终端支撑的价值链参与者

提供移动终端支撑的企业主要是指：终端设备的制造商，为终端设备制造商提供配件、系统平台和应用软件的支持商，以及终端设备的零售商。各参与者通过销售自己的商品来创造价值，而移动终端设备的使用者是该价值链条上利润的最终来源。

3. 提供规则支撑的价值链参与者

主要包括标准制定者和法规制定者。标准制定者一般是电信行业中的领袖企业，具有强大的影响力，因此制定出行业标准后，能够被其他企业认可并执行；而法规制定者则为行业发展制定法律法规，宏观管理整个价值链的合理运营，在我国指政府的相应部门，如信息产业部、地方政府、各地通信局等。移动金融可以说是一个金融增值业务与移动通信增值业务中间的一个交叉地带，在不同国家有不同政策，相应地有不同的运营模式。如果在移动金融价值支撑链上缺少了规则制定者这一环，缺少了有关部门的明文规定，价值链上的某些成员就有可能为谋求一己私利而无视整个市场秩序和规范，从整体和长远的角度看，这会在价值链中造成恶性的价值增值阻碍，损害终端用户的利益，不利于移动金融产业的健康发展。因此，可以说规则制定者们是推动并维护移动金融健康发展的"家长"，他们既是所有涉足移动金融领域的企业所进行的游戏规则的制定者，同时又是保障游戏能够按照秩序顺利进行的执法裁判，能起到制定相关法律法规以及进行有效监管的双重作用。

综上所述，移动金融价值链的整体架构体现为：在对移动运营、移动终端和相关标准、法规的支撑下，由移动金融服务的供给方向需求方进行价值传递的过程，如图2-7所示。

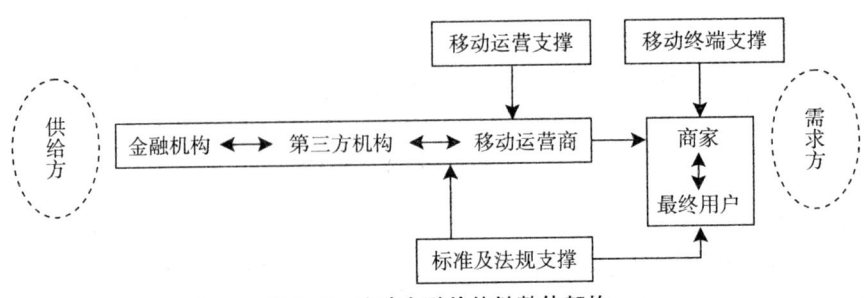

图2-7 移动金融价值链整体架构

三、移动金融价值链成员的竞争与合作

在移动金融产业富有巨大潜能的价值链中,各个环节的成员之间的关系错综复杂,他们既有竞争中的矛盾,也有合作中的共赢。理解价值链各环节的价值增值情况,有助于深入思考各环节成员的发展战略。

(一)移动金融价值链各环节的价值增值

在移动金融价值链上,各参与者各司其职,并在其中分享着价值链运营过程中各环节所带来的价值增值。

1. 金融机构的价值增值

金融机构从移动金融价值链中实现的价值增值主要来自以下几个方面:因使用便利性提高而增长的业务量、用户账户的储蓄、每笔移动金融业务中的利润分成、现有银行卡的激活、减少营业网点建设和人力资源成本投入、因价值链各成员通力合作而降低的金融风险,等等。

2. 移动运营商的价值增值

移动运营商从移动金融价值链中实现的价值增值主要来自以下几个方面:服务提供商的佣金,基于语音、文本信息、无线应用协议的移动金融业务给运营商带来的数据流量收益,刺激用户产生更多的数据业务需求从而促进其他移动互联网业务的发展,稳定现有客户并吸纳新客户从而促进企业竞争力的提高。

3. 第三方机构的价值增值

由于第三方机构缺乏商家和用户基础,也缺乏部署移动支付的条件,必须与移动运营商和金融机构密切合作才有生存空间。所以第三方机构从移动金融价值链中实现的价值增值主要来自两个方面:一是从移动运营商、金融机构和商家获取设备和技术使用许可费;二是从移动运营商、金融机构和商家提取签约用户使用移动支付业务的佣金。

4. 商家和最终用户的价值增值

商家和最终用户的价值增值,是由于享用了移动金融服务而带来的便捷性、即时性与安全性,中间环节减少,商家的管理成本与用户的购买成本降低,满意度得以提升。

5. 技术提供商的价值增值

技术提供商(包括移动运营支持商与移动终端设备提供商)的价值增值显然是与移动运营商直接挂钩的。移动金融是3G时代的"撒手锏"业务,技术提供商们若想在竞争中赢得一席之地,就要把握时代主流,和移动运营商结成战略同盟,为移动运营商提供更安全、便捷的"一揽子"技术解决方案,并进

行终端设备的有效捆绑。

6. 规则制定者的价值增值

规则制定者在移动金融价值链上的价值增值体现在，通过制定行业标准与相关法律法规、规范市场秩序、调节链条中的利益相关企业、对下游用户进行正面宣传等方式，有效地营造更好的移动金融业务使用氛围和市场人气。一方面可以在消费者面前树立并提高管制部门的良好的公众形象，另一方面有助于今后移动金融发展到更高阶段时实施更高效的监管，节约监管成本。

(二) 移动金融价值链成员的发展战略

移动金融价值链各成员呈现出既竞争又合作的态势，而合作是一个基本前提。一方面，因为在移动互联网时代，合作才能共赢，移动金融市场具有较大的市场规模，足以容纳价值链各环节的参与者；另一方面，移动金融还处于发展初期，客户和市场的培育先期投入较大，这也需要价值链各成员的共同参与。在合作中，根据不同成员的参与动机、实施的定位与面临的挑战，形成不同的发展战略。

1. 移动运营商的发展战略

相对于其他的参与者来讲，在移动金融发展初期，移动运营商由于其掌握网络资源和客户资源的优势，处于移动金融价值链的核心，是连接价值链上下游企业的纽带。移动运营商在价值链中的核心地位会在移动金融发展中持续相当长的时间，其原因在于：第一，移动运营商已经在移动网络的运营中积累了丰富的预付费和后付费业务的运营经验，这些经验为移动支付方式的选择提供了很好的借鉴。第二，移动运营商对移动金融生态系统可以起到控制作用。这是因为移动运营商对内容和服务提供商的接入要给予评估认证，对他们的服务进行有效的管理，保证服务质量；而且移动运营商在移动金融的安全保障和风险防范方面也起着联系和枢纽的作用。第三，从技术上讲，随着SIM卡技术的发展，越来越多的功能可以被设计在智能卡中；以CDMA为代表的新一代移动网络可以提供更高的带宽；WAP正在被更广泛地认可和应用；蓝牙、射频等技术也带来移动金融应用的新高潮。虽然这些技术都还未达到最成熟阶段，但它们所展现的商业前景是诱人的，所以移动运营商能在很大程度上影响移动金融发展的方向。

因而，如何充分利用自己的优势，在商业模式、合作伙伴和特色服务等方面做文章，就成为移动运营商发展的战略重点。为此移动运营商应该在以下几方面做努力：首先，建立良好的客户服务体系，确保服务质量，同时为扩大移动金融市场的整体规模，在提供终端和服务时要采取鼓励性的价格政策，提供多样性的无线数据服务以促进流量的提高。其次，与金融机构形成伙伴关系，一方面可以分享合作伙伴的客户群，增加盈利；另一方面可以尽早发现用户需求，对市场进行有效细分，开发有影响力的新应用。最后，运营商不应满足于仅仅做银行的支付通道，而是要深入移动金融的核心，例如开展预付费服务，使用户把资金预存入手机来进行各项划款消费，这种方式下运营商能够从用户那里获得巨量的沉淀资金。

2. 金融服务提供商的发展战略

金融服务提供商，包括银行、证券公司、保险公司等金融机构与第三方非金融机构支付公司，它们提供了金融行情信息、支付服务、交易安全认证等服务，是移动金融价值链的关键环节。长期来讲，金融服务的边界会模糊，因为价值链上除金融机构之外的其他成员有可能逐渐实现某种金融服务的功能，如移动运营商可能开展预付费服务等，这实际上是一种变相的储蓄服务。在我国，何时会出现此种局面取决于金融管制的开放和金融市场的竞争状况。金融服务提供商在发展战略上应该做到以下几点：首先，与多家运营商结成伙伴关系，不限制其用户只使用一家运营商的移动金融服务，必要时甚至可以考虑向运营商付费来确保网络畅通以实现客户的高度满意；其次，以商家和消费者的信任为自身追求的宝贵资源，加大力度提供安全性保障，例如可以自己拥有和维护一套 WAP 网关以直接提供安全性和用户管理；最后，善于建立移动金融业务的品牌，并且应注重对真正的资产（服务和客户关系）建立品牌，而非仅仅局限于移动终端的某种新形式，只有这样品牌才能拥有灵魂和核心价值。

3. 软、硬件提供商的发展战略

移动金融的软、硬件提供商包括应用管理系统厂商、支付系统提供商、安全组件厂商以及终端设备和智能卡厂商等，这些来自不同领域的厂商对移动金融的发展都有独特的贡献，但同时又没有哪一家厂商可以统揽所有方面，所以只有通过合作才能充分发挥各自的优势。具体来讲：应用管理系统厂商要与移动运营商建立合作伙伴关系，因为运营商控制了网络上的具体应用，而且有权选择第三方应用管理商；支付系统提供商要适应多种业务场景，确保与原有支付系统无缝连接，与运营商和银行建立良好关系；安全组件厂商应该走标准化道路，且应该积极影响和推动标准化的进程；终端设备和智能卡厂商要重塑自身，增加附加值，扩展其增值服务，同时关注终端应用的便捷性和趣味性，以维持老用户和吸引新用户。

第二节 移动金融的技术支撑

移动金融的发展有赖于现代通信技术的支撑。现代通信技术的范围很广,本节主要是对与移动金融最为相关的移动通信系统进行介绍。

移动通信是指通信双方或至少有一方在运动中进行信息的交换,这种运动包括人的行走或乘坐交通工具,因此移动通信包括移动体与固定体之间、移动体与移动体之间的通信。移动通信系统由三个重要部分构成:移动通信网络技术、移动应用平台和移动通信终端。如果把移动通信网络比喻为高速公路,那么各种移动应用平台就是行驶在高速公路上的车辆,而移动通信终端就相当于控制车辆的方向盘和仪表。下面分别对这三部分内容进行简要介绍。

一、移动通信网络技术

移动通信网络技术是进行移动金融的核心技术,按照有效覆盖范围可以将其划分为三种类型:长距离无线网络技术、中距离无线网络技术以及短距离无线网络技术。

(一)长距离无线网络技术

长距离无线网络技术指的是基于卫星的无线网络技术。卫星通信,是指地球上(包括地面、水面和低层大气中)的无线电通信站之间与人造卫星中继站的通信。

卫星通信系统按所用轨道可分为静止轨道、中轨道和低轨道卫星通信系统。静止轨道指的是地球同步通信卫星运行的轨道,位于地球赤道上空约36000公里的外围。同步通信卫星有巨大的覆盖面积,一颗同步通信卫星可以覆盖地球面积的1/3,现在已经成为洲际以及远距离的重要通信工具,并且也在部分地区的陆、海、空领域的车、船、飞机移动通信中占有市场,但是它不能用来实现个人的手机移动通信。这是因为,同步通信卫星转发的信号,必须要使用较大的天线和较高的功率,而体积越来越小巧的手机做不到这一点。解决此问题的途径之一是利用中低轨道的通信卫星。中低轨道卫星距离地面只有几百公里或几千公里,它在地球的上空快速地绕地球转动,因此也叫做非同步地球卫星,或称移动通信卫星,这种卫星系统就是以个人手机通信为目标而设计的。每颗卫星可以覆盖直径为几百公里的面积,比地面蜂窝小区基站的覆盖面积大得多。

我国的卫星通信公司主要有中国鑫诺卫星公司和中国通信广播卫星公司。前者拥有我国以至整个亚太地区最主要的通信卫星资源——鑫诺卫星，可以提供广播电视、干线通信、数据传输、互联网、远程教育等多种服务；后者经营多套卫星通信网络系统，广泛服务于民航售票、海洋预报、地震监测、金融咨询、期货证券、语音通信以及无线寻呼等领域。

（二）中距离无线网络技术

中距离无线网络技术即指移动通信网络，也就是通常所说的手机网络，包括全球移动通信系统（Global System of Mobile Communication，GSMC）、通用分组无线服务系统（General Packet Radio Service，GPRS）、第三代无线通信系统（3G）以及正在发展中的各种移动通信系统。现代无线通信网络技术的发展已经经历了第一代（1G）模拟技术、第二代（2G）GSM、TDMA数字技术和第2.5代（2.5G）过渡性的衔接技术，现在正处于第三代（3G）将无线通信与国际互联网等多媒体通信结合的无线网络高速数据传输技术阶段，并朝着第四代（4G）被称为广带接入和分布网络的无线通信系统方向发展。

1. 第一代无线通信技术（1G）

第一代无线通信技术（1G）是指最初的模拟、仅限语音的蜂窝电话标准，制定于20世纪80年代。它采用模拟技术和频分多址（Frequency Division Multiple Access，FDMA）技术。由于受传输带宽的限制，第一代无线网络不能进行长途漫游，只能是一种区域性的无线通信系统。

2. 第二代无线通信技术（2G）

第二代无线通信技术最常见的是当今的无线电话通信。它也支持相对较慢的数据通信，但主要的功能还是语音通信。它采用数字时分多址（Time Division Multiple Access，TDMA）和码分多址（Code Division Multiple Access，CDMA）技术，以基于TDMA技术的GSM，和基于CDMA技术的窄带（N-CDMA）两大移动通信系统为代表。提供数字化的话音业务及低速数据业务，克服了模拟无线通信的弱点，话音质量、保密性能得到很大的提高，可进行省内、省际自动漫游。

3. 第2.5代无线通信技术（2.5G）

第2.5代无线通信技术是从2G迈向3G的衔接性技术，由于3G是个相当浩大的工程，所牵扯的层面多且复杂，要从2G迈向3G不可能一下就衔接得上，因此出现了介于2G和3G之间的2.5G。其中具有代表性的包括通用分组无线服务技术（GPRS）与增强型数据速率GSM演进技术（EDGE）。

（1）通用分组无线服务技术（General Packet Radio Service，GPRS）。它是一种基于GSM系统的无线分组交换技术，提供端到端的、广域的无线网络协议（Internet Protocol，IP）连接。作为从 GSM 网络向第三代移动通信演变的过渡技术，GPRS 在许多方面具有显著优势，如能够从无线部分到有线部分，提供端到端的分组数据传输模式；为用户提供更高的接入速率和更短的接入时间；终端用户无须拨号上网，并且永远在线；底层基于互联网 TCP/IP 协议，能够与互联网实现无缝连接；能够提供按流量、时间、内容等更灵活的计费方式；依靠 GSM 的广阔覆盖，能够实现随时随地无线数据接入；具有前后兼容能力；能够更有效地提供短消息、WAP 等业务。

（2）增强型数据速率 GSM 演进技术（Enhanced Data Rate for GSM Evolution, EDGE）。它是 GPRS 到第三代无线通信的过渡性技术方案。这种技术能够充分利用已有的 GSM 资源，因为它除了采用已有的 GSM 频率外，同时还利用了大部分现有的 GSM 设备，而只需对网络软件及硬件做一些较小的改动，就能够使运营商向移动用户提供诸如互联网浏览、视频电话会议和高速电子邮件传输等无线多媒体服务，即在第三代移动网络商业化之前提前为用户提供个人多媒体通信业务。

4. 第三代无线通信技术（3G）

第三代无线通信技术是指将无线通信与国际互联网等多媒体通信结合的新一代移动通信系统。它能够处理图像、语音、视频流等多种媒体形式，提供包括网页浏览、电话会议、电子商务等多种信息服务。

第三代无线通信技术早在 1985 年由国际电信联盟（International Telecommunication Union，ITU）提出，当时被称为未来公众陆地移动通信系统（Future Public Land Mobile Telecommunications System，FPLMTS）。随着时间的推移，第三代无线通信的目标和要求愈加清晰，FPLMTS 这个名称含义显得愈不准确，因而 ITU 在 1996 年将其正式命名为 IMT-2000 系统（International Mobile Telecommunication-2000）。完整的 IMT-2000 系统由无线接入网和核心网两个子网再加上用户终端设备组成。IMT-2000 系统包括地面系统和卫星系统，其终端可连接到基于地面的网络，也可连接到卫星通信的网络。第二代移动通信技术及其使用的频谱不能满足发展需求，而 IMT-2000 系统应是具有更高频谱利用率、更大通信容量、更好通信质量的移动通信系统。第一代和第二代蜂窝移动电话以提供语音业务为主，只满足各国及部分区域性漫游；IMT-2000 系统应能提供更广泛的业务，尤其是图、文、声、像的多媒体业务和接入高速 Internet 业务等，并能提供全球漫游。IMT-2000 系统应是智能移动通信系统，电磁辐射小，提供 2Mb/s 甚至更高的信息传输速率，具有更强的兼容和扩展能力。

为了能够在未来移动通信全球化标准的竞赛中取得领先地位，全世界各个地区、国家、公司及标准化组织纷纷提出了自己的技术标准。而从移动通信技术发展趋势和可实现业务功能分析，基于 CDMA 制式的三种标准被普遍看好，分别是欧洲制定的宽带 CDMA 标准（Wideband CDMA，WCDMA）、美国制订的 CDMA2000 标准和我国制定的"时分同步码分多址"标准（Time Division-Synchronized CDMA，TD-SCDMA），它们被认为是 3G 的三大主流应用技术标准。

5. 第四代无线通信技术（4G）

当 3G 通信技术还处于中期发展阶段时，更高的技术应用已经在实验室进行研发了，这就是第四代无线通信技术（4G）。虽然目前还没有关于 4G 的精确定义，但人们普遍认可它是指一种广带（Broadband）接入和分布网络，是集 3G 与无线局域网（Wireless Local Area Network，WLAN）于一体并能够传输高质量视频图像并且图像传输质量与高清晰度电视不相上下的技术产品。它包括广带无线固定接入、广带无线局域网、移动广带系统和互操作的广播网络（基于地面和卫星系统）。其广带无线局域网能实现广带多媒体通信，形成综合广带通信网，能提供信息通信之外的定位定时、数据采集、远程控制等综合功能。按照 2010 年工信部的批复，由中国移动通信公司承担上海、杭州、南京、广州、深圳、厦门六城市的长期演进项目（Time Division-Long Term Evolution，TD-LTE，被看做是一种"准 4G"技术）的规模技术试验网和北京演示网建设。截至 2011 年 8 月，TD-LTE 规模技术试验进展顺利，六个试验城市的大部分基站已安装并开通，预计在未来两年内该技术将步入商用期。TD-LTE 是我国主导的新一代移动通信技术，是我国具有自主知识产权的 3G 国际标准 TD-SCDMA 的后续演进技术，具有传输速率高、时延短、频谱效率高等特点。2010 年 10 月，TD-LTE 增强型被国际电信联盟确定为 4G 国际标准之一。

与 3G 技术相比，4G 技术的优越性主要体现在以下五个方面：

（1）传输速率更快。4G 技术可把上网速率提高到 3G 技术的 50 倍，是支持高速数据连接的理想模式，且具有不同速率间的自动切换能力。

（2）容量更大。4G 移动通信系统以数字宽带技术为主，信号以毫米波为主要传输波段，蜂窝小区会相应小很多，从而大大提高用户容量。

（3）兼容性更强。4G 移动通信系统实现全球统一的标准，让所有移动通信运营商的用户享受共同的 4G 服务，真正实现一部手机在全球任何地点都能进行通信。

（4）智能性更高。4G 移动通信系统采用智能信号处理技术，能自适应地进行资源分配，对通信过程中不断变化的业务流大小进行相应处理，对信道条件不同的各种复杂环境进行信号的正常发送与接收，具有很高的智能性和

（5）移动通信业务更丰富。4G 技术的信息传输级数比 3G 技术高一个等级，且信号抗衰性更好，可实现三维图像高质量传输，因而能支持更为丰富的移动通信业务，如高清晰度实时图像业务、会议电视、虚拟现实业务等。

（三）短距离无线网络技术

随着通信技术的发展，短距离无线网络技术已成为移动通信网络技术的一个重要分支。在现实生活中，不时会遇到要求实时传送小量突发信号的应用需求。针对这种情况，短距离无线网络技术以其成本低、体积小、能量消耗小和传输速率低的特点，显示出突出的作用。以下是一些常见的短距离无线网络技术：

1. 无线城域网技术

主要是指 WIMAX 技术。WIMAX 的全名是微波存取全球互通（Worldwide Interoperability for Microwave Access），将此技术与需要授权或免授权的微波设备相结合之后，由于成本较低，将扩大宽带无线市场，改善企业与服务供应商的认知度。WIMAX 技术可以覆盖几十公里，提供近 70Mb/s 的单载波速率，并且具备支持漫游、移动的潜力，具有广泛的应用前景。

2. 无线局域网（Wireless Local Area Network，WLAN）技术

WLAN 是指采用无线介质传输的计算机局域网实现通信和资源共享，其采用的标准是美国电子电气工程师协会（Institute of Electrical and Electronics Engineers，IEEE）的 802.11 标准系列。WLAN 的本质特点是不再使用通信电缆将计算机与网络连接起来，而是通过无线的方式连接，从而使网络的构建和终端的移动更加灵活，可以为移动或半移动的用户提供高效、优质、低成本的宽带接入服务。

WLAN 使用的技术主要是无线保真技术（Wireless Fidelity，Wi-Fi），它可被视为无线版本的以太网，可以在世界各地不同场所提供高速无线上网服务。Wi-Fi 技术的优点在于：具有高数据速率；IEEE 频段开放，无须执照即可部署；具有局部无线覆盖能力；网络部署和建设成本比较低；具有高逻辑端口密度；等等。但是其最大的缺点在于安全性问题，因为其利用无线电波传输数据信号易受黑客攻击和干扰。解决安全问题是决定 Wi-Fi 技术未来发展的关键所在。

3. 无线个域网技术

无线个域网指的是能在便携式消费者电器和通信设备之间进行短距离特别连接的网。它的覆盖范围一般在 10 米半径以内，支持高速率多媒体应用并实现无缝连接。无线个域网技术主要包括蓝牙、紫蜂、无线射频识别、近距离非

接触通信、二维条形码、红外通信等技术。

（1）蓝牙技术（Bluetooth）。它是 1998 年 5 月由爱立信公司（Ericsson）、国际商业机器公司（IBM）、英特尔公司（Intel）、诺基亚公司（Nokia）、东芝公司（Toshiba）联合制定的近距离无线通信技术标准，旨在取代有线连接，实现数字设备间的无线互联。它以无线电波来连接移动电话、个人计算机、打印机等终端设备及各种数据系统，在短距离内（10 公分到 10 米之间）进行通信。Bluetooth 采用无线接口来代替有线电缆连接，具有很强的移植性，适用于多种场合。

（2）紫蜂技术（Zigbee）。它是一种新兴的短距离、低速率、低功耗、低成本的无线网络技术，是一种有关组网、安全和应用软件方面的技术提案。Zigbee 技术的命名来自于人们对蜜蜂采蜜过程中跳"Z"形舞蹈的观察。蜜蜂自身体积小，所需能量低，又能传送所采集的花粉，因此人们用"Zigbee"来命名这种成本低、传输速率低和能量消耗少的无线通信技术。

（3）无线射频识别技术（Radio Frequency Identification，RFID）。RFID 俗称电子标签，其基本原理是利用射频信号和空间耦合（电感或电磁耦合）传输特性实现对被识别物体的自动识别。RFID 的理念是实现物与物的通信，它的发展经过了物品识别、跟踪记录、环境感知阶段，正向着物物通信和实时控制方向演进。

（4）近距离非接触通信技术（Near Field Communication，NFC）。NFC 是脱胎于无线设备间的非接触式射频识别及互联技术。NFC 通过射频信号自动识别目标对象并获取相关数据，识别工作无须人工干预，任意两个设备（如移动电话、蓝牙设备、Wi-Fi 设备）接近而不需要线缆接插，就可以实现相互间的通信，可以满足任何两个无线设备间的信息交换、内容访问、服务交换。这将任意两个无线设备间的"通信距离"大大缩短。

（5）二维条形码技术。二维条形码是一种基于光学识读图像的编码技术，具有存储量大、性价比高、数据采集与识读方便等优点，该技术涉及光、机、电，以及印刷、信息安全、标识等技术领域，是目前全球应用最为广泛的信息技术之一。

（6）红外通信技术。红外通信就是通过红外线传输数据。红外通信技术已被全球范围内的众多软硬件厂商所支持和采用，目前主流的软件和硬件平台均提供对它的支持。红外技术已被广泛应用在移动计算和移动通信的设备中。

二、移动应用平台

有了移动通信网络之后，用户可以使用其基本的语音通信服务。但如果仅有语音服务，显然无法满足用户多层次的移动通信需求，也就不可能带来移动金融的繁荣和发展。因此，各种移动应用平台应运而生，以提供各类丰富的移动服务内容。目前主要有三种移动应用平台，分别是移动消息平台、移动网络接入平台和自动语音应答平台。

（一）移动消息平台

在移动消息平台上可以应用多种业务，或开发各种增值业务。移动消息平台由最初的文本信息服务（Short Message Service，SMS）到增强型信息服务（Enhanced Message Service，EMS），现在已发展为多媒体信息服务（Multimedia Message Service，MMS）。

SMS 服务是指在无线电话或传呼机等无线设备之间传递小段文字或数据的一种服务。SMS 是一种相对较简单的技术，几乎所有的移动电话都有发送和接收 SMS 信息的功能，用户可以通过电话按键将最多 160 个英文字母或 70 个非拉丁字母输入一条 SMS 信息中。

随着短信息的逐步流行，老式的 SMS 面临着革新，一种换代产品——EMS 服务问世了。它使用了 SMS 技术并新增了对二进制对象，如声音、图像和动画等的支持。

MMS 服务符合当前短信技术开发的最高标准，它的最大特色是支持多媒体功能，可以传送视频片段、图片、声音和文字，传送的方式除了在手机间传送外，还可以在手机和电脑之间传送。

（二）移动网络接入平台

移动网络接入平台，也称 WAP（Wireless Application Protocol，无线应用协议）平台，是开展移动金融的核心平台之一。通过 WAP 平台，手机可以方便快捷地接入互联网，真正实现不受时间和地域限制的移动金融。WAP 提供了一套开放、统一的技术平台，用户可以使用移动设备很容易地访问和获取互联网或企业内部网的信息和各种服务。同时，WAP 可以支持现阶段使用的绝大多数移动设备，也可以支持各种移动网络，包括时下的 3G 系统。现在许多电信公司已经推出多种 WAP 产品，包括 WAP 网关、应用开发工具和 WAP 手机等，向用户提供网上咨询、机票订购、移动银行及移动支付等服务。

尽管移动网络接入平台功能强大，但它在技术上也有局限性，主要表现为：第一，WAP 终端设备会受到中央处理器（Central Processing Unit，CPU）、随机访问存储器、只读存储器和处理速度的限制；第二，WAP 承载网络的功率比较低。

（三）自动语音应答平台

自动语音应答（Interactive Voice Response，IVR）是自动与用户进行交互式操作的业务。通过 IVR 平台，用户可以通过电话等通信终端拨号呼叫 IVR 平台，根据 IVR 平台的语音提示进行互动操作，从而完成交易。电话银行便是 IVR 平台的一个典型应用模式。而移动 IVR 就是指利用手机等移动终端设备呼叫 IVR 平台进行交互。与普通电话不同的是，手机等移动终端能够随时随地拨打 IVR，还可以利用手机特有的短信息收发功能，通过自动语音识别、语音合成等技术，实现语音和短信息的互动。

我国目前广泛采用的是中国移动通信公司名为"Speech-enabled IVR 系统"的自动语音应答平台。虽然 IVR 平台摆脱了文字输入的局限，比短信息赢得了更加广泛的用户，但它的发展仍然受到一些因素的制约，如费用偏高、应用较为单一、操作烦琐，等等。相信随着技术的进步和市场的驱动，IVR 平台发展所受到的限制将被逐渐突破，并成为继移动消息平台和移动网络接入平台之后又一个能提供综合业务服务的移动应用平台。

三、移动通信终端

移动通信终端是用户访问各类移动服务的工具，是进行移动金融活动的前提。一般来说，移动终端是由移动运营商提出要求，并由终端制造商根据某些特别需求而定制生产的。我国的移动、联通、电信三大运营商分别提供不同类型的网络接口，并因此产生了众多种类的终端。移动通信终端主要包括以下三方面的内容，如表 2-1 所示。

（一）移动通信终端设备

典型的移动通信终端设备包括手机、个人数字助理（PDA）、GPS 定位设备等。根据移动终端接入通信网络接口的不同，可以将移动通信终端设备分为长距离、中距离和短距离移动终端接入设备。

（二）移动通信终端操作系统

它是指负责支撑移动应用程序运行环境以及用户操作环境的系统软件，一方面管理着移动设备的所有系统资源，另一方面为用户提供了一个抽象概念上的设备。目前市场上主流的移动通信终端操作系统有"Windows Mobile"、"Symbian"、"WebOS"、"Linux"、"Android"、"iOS"、"BlackBerry"等。

（三）移动通信终端软件开发平台

利用移动通信终端设备享用各类移动服务，需要相应的应用软件及执行环境。移动通信终端软件开发平台就是一个为终端设备提供软件运行环境、并提供软件开发工具的基本平台。现阶段主要的移动通信终端软件开发平台有"Java"平台、"BREW"平台和".NET"平台等。

表 2-1 移动通信终端的组成部分

一级细分	二级细分	描述
移动通信终端设备	长距离移动终端接入设备	包括卫星电话、GPS 定位设备、卫星网络接入设备等
	中距离移动终端接入设备	包括一般手机、智能手机、个人数字助理（PDA）、笔记本电脑等
	短距离移动终端接入设备	包括蓝牙终端接入设备、紫蜂（Zigbee）终端接入设备、无线射频识别（RFID）设备、近距离非接触通信（NFC）设备、二维条形码终端接入设备、红外终端接入设备等
移动通信终端操作系统	"Windows Mobile" 操作系统	由微软公司开发。由 Windows 计算机操作系统变化而来
	"Symbian" 操作系统	由松下、摩托罗拉、诺基亚、西门子和索尼爱立信等公司共同持股的独立私营公司——Symbian 公司开发。现已发展成为支持多任务操作的开放式操作系统
	"WebOS" 操作系统	曾经开发了 "PalmOS" 系统的 Palm 公司被惠普公司收购后，原 "PalmOS" 演变成今天的 "WebOS"
	"Linux" 操作系统	由 Linux 公司开发。从 Linux 计算机操作系统演变而来。我国已将其作为 TD-SCDMA 手机操作系统
	"Android" 操作系统	最初由 Andy Rubin 开发，主要支持手机；后被收购后进行了改良，应用扩展到平板电脑及其他领域。是以 Linux 为基础的开放源码操作系统
	"iOS" 操作系统	由苹果公司开发。苹果公司移动终端（iPhone、iPod touch 和 iPad）专用操作系统
	"BlackBerry" 操作系统	由 RIM 公司开发。黑莓手机专用操作系统，其主要优势体现在移动电邮服务方面
移动通信终端软件开发平台	"Java" 平台	是 Sun 公司推出的软件开发平台，是为了支持手机、PDA 等移动设备而推出的一系列技术和规范的总称
	"BREW" 平台	是美国高通公司推出的基于 CDMA 网络的增值业务开发运行的基本平台，是无线应用程序从开发到计费和支付的完整的端到端解决方案的一部分
	".NET" 平台	是包含了一系列开发工具和操作系统集合的平台，旨在通过智能设备实现个性化的集成网络

本章案例

联通手机一卡通

2011 年初的一天，北京联通用户王女士拿出自己的手机，对准地铁闸口的感应器，"滴"的一声就成功刷卡入闸了。面对朋友羡慕的眼神，王女士得意地说："知道吗？这就是时髦！"

的确，王女士此时还只是 2000 个 "小众" 人群中的一员，因为中国联通与北京市政交通一卡通公司联合推出的"联通手机一卡通"服务此次只定制了2000张左右的移动支付卡——"SIMpass卡"。2010年12月31日,"联通手机一卡通"在北京正式上市,像王女士这样使用移动支付卡的用户可以通过刷手机来乘坐公交、地铁,以及在中国联通的合作商户购物,如同刷一张普通的北京市政一卡通。

王女士开心地表示:"以前用公交卡容易遗失,也容易折损。现在有了'联通手机一卡通'这个高科技产品,出门就不必携带公交卡和零钱包了,只需一部手机就轻松搞定!既易于携带保管,又方便实惠。"

"联通手机一卡通"所使用的"SIMpass卡"实际上正是国内目前最为火暴的近距离非接触通信(NFC)解决方案。"SIMpass卡"技术提供方、北京握奇数据系统有限公司高翔先生表示,尽管目前"刷手机"并不普及,但这是一个极富想象空间的应用。手机是一个通信工具,可以通过通信方式完成卡片充值,这将大大方便用户,同时为市政一卡通节省大量人力。这项应用对于用户来说,门槛也并不高。在无须更换手机号码的前提下,更换一张SIM卡即可,而且还可以帮助用户将原先的通讯录转移到新的卡片上。同时他认为,近距离非接触式的小额支付在手机的应用很容易实现和普及。这种支付模式实际上相当于电子现金的支付方式,不需要与银行后台系统进行对接和交换,且快速准确。

资料来源:改编自王禹清:联通一卡通在京正式上线. 天极网(www.yesky.com),2011-01-12。

问题讨论:

1. 阅读案例,试勾勒出"联通手机一卡通"业务的价值链,并分析价值链上各成员之间的相互关系是怎样的?

2. 案例中"联通手机一卡通"业务使用的是哪种移动通信网络技术?谈谈你对该技术发展前景的看法。

本章小结

本章介绍了移动金融的基础,包括移动金融价值链和移动金融技术支撑两方面。学习本章有助于深刻理解其他各章的知识和应用。

移动金融价值链是指直接或间接通过移动平台进行金融产品和服务的创造、提供、传输和维持,并从中获取利润的过程中形成的价值传递的链式结构,其架构包括主干链、支付链和支撑链。

移动金融价值链的成员之间既存在竞争也有合作,总体而言合作是基本的

移动金融

前提。移动金融的成果，取决于传统与非传统参与者的一系列合作与联盟。各参与者应根据自身定位与实际情况确定各自的发展战略。

作为移动金融技术支撑的移动通信系统，由三个重要部分构成：移动通信网络技术、移动应用平台与移动通信终端。其中移动通信网络技术分为长距离无线网络技术、中距离无线网络技术和短距离无线网络技术；移动应用平台又分为移动消息平台、WAP平台和IVR平台；移动通信终端主要包括移动通信终端设备、移动通信终端操作系统和移动通信终端软件开发平台三个方面的内容。

本章复习题

1. 什么是移动金融价值链？它是如何发展起来的？
2. 试述移动金融的主干链、支付链和支撑链架构。
3. 你如何理解"移动互联网时代，合作才能共赢"这句话？移动金融价值链各成员应如何实现合作共赢？
4. 长、中、短距离无线网络技术分别有哪些？
5. 现实中你使用过哪种移动应用平台？谈谈你的使用感受。
6. 移动通信终端有哪些组成部分？

第三章 移动支付

学习目的

知识要求 通过本章的学习，掌握：

- 移动支付的概念、分类和特征
- 移动支付较传统支付的优势
- 移动支付平台的体系架构

技能要求 通过本章的学习，能够：

- 熟悉移动支付的业务流程
- 区分移动支付的各类传输技术
- 正确认识移动支付平台的两种构建模式
- 全面理解移动支付工具的特点及现实应用
- 深入理解移动支付的商业模式，分析思考适合我国的实际应用模式

学习指导

1. 本章内容包括：移动支付的含义、类型及特征；移动支付平台的架构与构建模式；移动支付业务流程与工具；移动支付的商业运营模式。

2. 学习方法：阅读教材，掌握重点概念，理论结合实际。在学习移动支付业务流程这一节时，尽量结合实际情况，通过实践加深理解；对移动支付商业模式这一节内容，应结合不同模式的实践应用和各国案例，仔细体会。

3. 建议学时：6 学时。

移动金融

引导案例

"手机钱包"引发支付革命

"现在有了'手机钱包',我就再也不用到我们小区门口那个彩票投注站去了,没想到'手机钱包'给我带来这么多好运!"在接受记者采访时,胡先生无法掩饰自己内心的兴奋和中奖后的喜悦。

事情还要从头谈起。家住北京市东城区的胡先生是一位软件专家,他们小区门口就有一个彩票投注站,但因为实在太脏乱,所以胡先生一直不太愿意去那里买彩票,自己工作忙又没有时间赶到其他地方买。当他听说中国移动"手机钱包"业务实现了手机绑定银行卡就可以进行彩票投注后,马上申请了这项业务,并成为彩票投注的忠实用户。2005 年 7 月底,胡先生使用"手机钱包"投注"福彩 3D",投注 18 元,中得近 7000 元的奖金,并在第一时间就收到了"手机钱包"的中奖短信通知。据悉目前全部奖金已自动划入胡先生"手机钱包"所绑定的银行卡账号内。

用"手机钱包"进行彩票投注,无须购买投注卡、随时随地想投就投、中奖后免费短信通知、自动返奖至投注账号,所有这一切体现了"手机钱包"的优点——不受时间、地域的限制,灵活、便捷、省时、省力、省心。从现场交易到非现场交易,"手机钱包"的出现正在引发一场静悄悄的支付革命……

资料来源:翟玉忠,鲍友斌."手机钱包"引发支付革命.电脑爱好者,2005 (17).

➡ 问题:

1. "手机钱包"除了用于彩票投注外,还有哪些用途?
2. 你认为"手机钱包"给人们带来便利的同时会带来哪些隐患?

第一节 移动支付概述

随着手机、个人数字助理、笔记本电脑以及其他手持式智能设备在人们生活中扮演的角色不断丰富,移动商务的需求日益强烈。面向金融业的移动商务需求就是移动金融服务,其中移动支付是主要内容,是支持电子商务深入发展的热点之一。

2010 年,中国移动支付市场交易额达 11342 亿元,预计 2011 年交易额会继续增长。美国研究机构 Juniper Research 发布的一项最新研究报告显示,到

2015 年，全球移动支付总交易额将达到 6700 亿美元。这些交易包括为数字产品、实物商品的移动支付、资金转账及近距离无线通信（NFC）。该报告称，全球三大移动支付市场分别为东亚（特别是中国）市场、西欧市场和北美市场。到 2015 年，这三大市场将占全球移动支付总交易额的 75%。此外，2015 年数字产品支付总额将占 40%的市场份额。而对近距离无线通信技术、零售商的手机票务，以及其他形式的移动支付方式的普及程度提高，是导致未来全球移动支付市场增长的主要原因。

一、移动支付的概念

各种国际组织和相关文献对于移动支付的定义繁多，其内容也在不断丰富，目前还没有一个标准统一的定义，被认可的定义归结起来有如下三种：

（1）移动支付是指进行交易的双方以一定信用额度或一定金额的存款，为了某种货物或者业务，通过移动设备从移动支付服务商处兑换得到代表相同金额的数据，以移动终端为媒介将该数据转移给支付对象，从而清偿消费费用进行商业交易的支付方式。

（2）移动支付是全新的个人移动金融服务。它将客户的手机号码与银行卡账号进行绑定，通过手机短信息、语音等操作方式，随时随地为拥有银行卡的手机用户提供方便的个性化金融服务和快捷的支付渠道（通信百科）。

（3）移动支付业务是一项跨行业的服务，是电子货币与移动通信业务相结合的产物。移动支付就是将移动网络与金融网络系统相结合，利用移动通信网络的快捷、迅速，用户分布范围广，数量众多的特点来实现一系列金融服务。移动支付业务不仅丰富了银行服务内涵，使人们随时随地享受银行服务，同时还是移动运营商提高每用户平均收入（Average Revenue Per User，ARPU）值的一种增值业务（柯新生，2004）。

本书通过对移动支付的详细归纳论述，认为移动支付是用户使用手机、掌上电脑、笔记本电脑等移动电子终端和设备，通过无线方式来完成账务支付、银行转账等行为的一种新型支付方式。移动支付业务是由移动运营商、移动应用服务提供商（MASP）和金融机构共同推出的、构建在移动运营支撑系统上的一个移动数据增值业务的应用。移动支付系统将为每个移动用户建立一个与其手机号码关联的支付账户，其功能相当于电子钱包，为移动用户提供了一个通过手机进行交易支付和身份认证的途径。用户通过拨打电话、发送短信或者使用 WAP 功能接入移动支付系统，移动支付系统将此次交易的要求传送给 MASP，由 MASP 确定此次交易的金额，并通过移动支付系统通知用户，在用户确认后，付费可通过多种途径实现，如直接转入银行、用户电话账单或者实时在专用预付账户上扣除，这些都将由移动支付系统（或与用户和 MASP 开户银行的主机系统协作）来完成。

二、移动支付的分类与特征

移动支付存在着多种形式，不同形式的实现方式也不同。同时，移动支付增加了移动性并体现了个性化，正迎合着优质生活的需要。因此各种形式的移动支付不再只是一种概念，而是将被广泛应用于生活的方方面面。

（一）移动支付的分类

可以根据不同的分类标准对移动支付进行类别划分。

1. 按照交易金额大小分类

根据交易金额的大小，可以将移动支付分为微支付和宏支付两类。

（1）微支付。根据移动支付论坛的定义，微支付是指交易额少于 10 美元，通常是指购买移动内容业务，例如购买游戏、付费下载软件等。

（2）宏支付。宏支付是指交易金额较大的支付行为，例如在线购物或者近距离支付（微支付方式同样也包括近距离支付，例如通过手机实时缴纳停车费等）。

二者之间最大的区别在于安全要求级别不同。由于宏支付的交易金额远远大于微支付，因此对于宏支付方式来说，需要通过可靠的金融机构进行交易鉴权；而对于微支付来说，使用移动网络本身的 SIM 卡鉴权机制就足够了。

2. 按照获得商品渠道分类

根据购买服务或商品类型的不同，即获得商品的渠道不同，移动支付可以分为移动服务支付、移动远程支付和移动现场支付。

（1）移动服务支付。用户所购买的是基于手机的内容或应用程序（如手机铃声、手机游戏等），应用服务的平台与支付费用的平台相同，皆为手机，支付金额以小额支付为主。

（2）移动远程支付。移动远程支付有两种方式：一是支付渠道与购物渠道分开的方式，如通过有线上网购买商品或者服务，而通过手机来支付费用；二是支付渠道与购物渠道相同，都通过手机，如通过手机来远程购买彩票等。

（3）移动现场支付。移动现场支付是指在购物现场选购商品或服务，而通过手机或者移动 POS 机等支付方式进行支付。如在自动售货机处购买饮料，在报摊上买杂志，付停车费、加油费、过路费等。现场支付分为两种：一种是利用移动终端，通过移动通信网络与银行以及商家进行通信完成交易；另一种是只将手机作为 IC 卡的承载平台并作为与 POS 机进行通信的工具来完成交易。

还可以根据无线传输方式的不同分为公众交易和 WAN（广域网）交易两

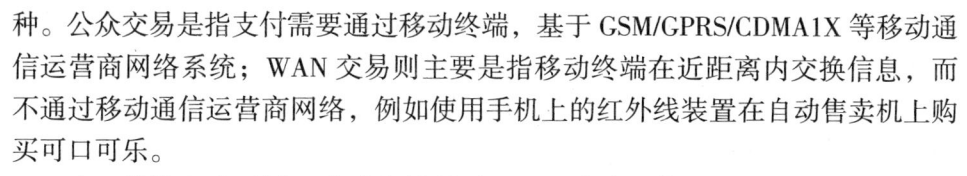

种。公众交易是指支付需要通过移动终端，基于 GSM/GPRS/CDMA1X 等移动通信运营商网络系统；WAN 交易则主要是指移动终端在近距离内交换信息，而不通过移动通信运营商网络，例如使用手机上的红外线装置在自动售卖机上购买可口可乐。

由于传输方式不同，移动支付既可以基于移动通信网络来实现，也可以基于红外线等方式来实现，红外线等方式主要用于短距离的移动支付。目前，我国的移动运营商一般都采用基于移动通信网络的 SMS、WAP 等技术来实现。近几年，韩国 SK 等移动运营商通过与银行、信用卡、零售商店等机构进行合作，相继推出了手机红外移动支付业务，业务发展呈现良好势头。

3. 按照移动支付接入方式分类

移动支付接入方式主要有五种：第一种是利用短信息（STK）方式；第二种是语音方式 IVR；第三种是利用 USSD 方式；第四种是利用 Web 方式实现；第五种是使用 WAP 协议实现。

（1）短信息（STK）方式。STK 是 SIM Tool Kit 的英文缩写，即"用户识别应用开发工具"。它包括一组指令用于手机与 SIM 卡的交互，这样可以使 SIM 卡内运行小应用程序，从而实现增值服务。之所以称小应用程序，是因为受 SIM 卡的空间的限制，STK 卡中的应用程序都不大，而且功能简单易用。市场提供的 STK 卡主要有 16K、32K 和 64K 卡。STK 卡与普通 SIM 卡的区别在于，在 STK 卡中固化了应用程序，通过软件激活提供给用户一个文字菜单界面，这个文字菜单界面允许用户通过简单的按键操作就可实现信息检索，甚至交易。最新的 STK 卡还可以重新"烧卡"来进行应用程序的更新。STK 卡可以有选择性地和公钥基础设施（Public Key Infrastructure，PKI）结合使用，通过在卡内实现的公钥加密算法（RSA 算法）来进行签名验证，从而使利用手机从事移动商务活动成为现实。

用户在以 STK 作为接入方式时，需要编辑一条包含特定内容的短信，并发送至某一特别号码。在接到系统提示后，用户需进行短信确认。确认之后，对用户来说支付操作便告完成，系统会短信通知用户支付结果。

（2）IVR 方式。用户首先需要拨通接入号码，如 12588，随后就按照语音提示进行操作，输入订单号、手机号码、支付密码等信息。

（3）USSD 技术。集短信的可视操作界面、GPRS 的实时连接等优点于一身，而且交互速度快，特别适合于实时、高速、小数据量的交互式业务。显然 USSD 特别适合用于移动支付。

（4）Web 方式。就是以互联网作为选购界面。此时用户可在互联网上挑选商品，并通过互联网激活手机支付。

(5) WAP方式。WAP协议是无线Internet的标准，其开发的原则之一是要独立于空中接口，所谓独立于空中接口是指WAP应用能够运行于各种无线承载网络之上。WAP可提供类似于Web的菜单，用户只需单击相应的菜单就可完成支付操作，使用起来很方便。

4. 按照业务模式分类

　　从业务种类看，移动支付可以分为手机代缴业务、"手机钱包"业务、移动银行业务和手机信用平台业务等。

　　(1) 手机代缴业务。手机代缴费的特点是代收费的额度较小且支付时间、额度固定，用户所缴纳的费用在移动通信费用的账单中统一计算。当前，该种服务在移动支付服务中居首要地位。

　　(2) "手机钱包"业务。"手机钱包"是综合了支付类业务的各种功能的一项全新服务，它是以银行卡账户为资金支持，手机为交易工具的业务，将用户在银行的账户和用户的手机号码绑定，用户可以通过短信息、IVR、WAP等多种方式对绑定账户进行操作，实现购物消费、转账、账户余额查询，并可以通过短信息等方式得到交易结果通知和账户变化通知。

　　目前中国只有移动公司推出了"手机钱包"业务。但"手机钱包"并非中国的独创，国外很早就已经开始了这方面的尝试和商业应用。很多欧美国家已经在小型购物、支付交通费用、购买水电费等方面引入了"手机钱包"的方式，在一些地区"手机钱包"甚至已经占据了与现金、支票和信用卡同等重要的位置，成为最流行的支付方式之一。

　　(3) 移动银行业务。移动银行就是通过移动通信网络将客户的手机连接至银行，事先通过手机界面直接完成各种金融理财业务的服务系统。移动银行和"手机钱包"的主要区别有以下四个方面：

　　① "手机钱包"由移动运营商与银行合资推出，以规避金融政策风险；移动银行由银行联合移动运营商推出，移动运营商为银行提供信息通道，它们之间一般不存在合资关系。

　　② 申请基于短信息方式的移动银行需要更换具有特定银行接口信息的STK卡，这就容易受到银行的限制，难以进行异地、异行划拨；而"手机钱包"则不需要更换STK卡，受银行的限制也较小。

　　③ "手机钱包"需要建立一个额外的移动支付账户，而移动银行只需要原有的银行卡账号。

　　④ "手机钱包"主要用于支付，特别是小额支付；而移动银行可以看作是银行服务方式的升级，利用移动银行，用户除了可以支付，还可以查询账户余额和股票、外汇信息、完成转账、股票交易、外汇交易和其他银行业务。

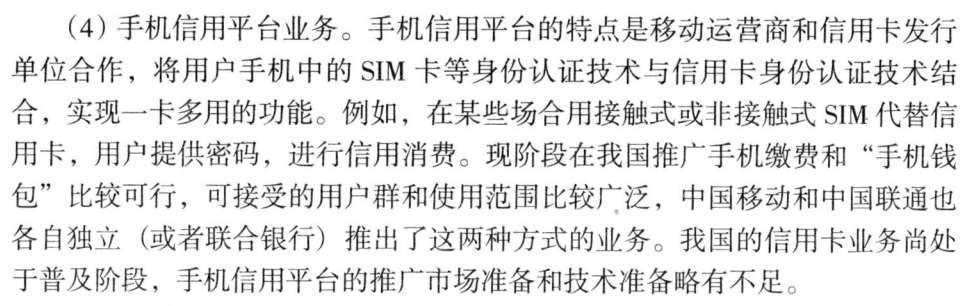

（4）手机信用平台业务。手机信用平台的特点是移动运营商和信用卡发行单位合作，将用户手机中的 SIM 卡等身份认证技术与信用卡身份认证技术结合，实现一卡多用的功能。例如，在某些场合用接触式或非接触式 SIM 代替信用卡，用户提供密码，进行信用消费。现阶段在我国推广手机缴费和"手机钱包"比较可行，可接受的用户群和使用范围比较广泛，中国移动和中国联通也各自独立（或者联合银行）推出了这两种方式的业务。我国的信用卡业务尚处于普及阶段，手机信用平台的推广市场准备和技术准备略有不足。

5. 按照移动支付的应用类别分类

根据移动支付的应用类别，移动支付可以分为小商品交易，服务付费、缴费（如水费、电费、煤气费）等银行服务，票务（如机票、演出票、电影票），电子内容（产品）支付几类。

（二）移动支付的特征

移动支付的特征可以归纳为以下六个方面：

1. 商业性

移动支付为买、卖交易提供支付的平台和机会，可以扩展市场，增加客户数量，显然，移动支付具有一个最基本的特征——商业性。

2. 协调性

在移动支付中使用了大量的新技术，然而，在此平台上，新技术的出现并不意味着老技术的消亡。移动支付的真实商业价值在于协调新老技术，使客户能更加行之有效地利用他们已有的资源与技术。

3. 服务性

在移动支付的平台上，许多企业都能为客户提供完整的服务，企业通过将客户服务移到该平台上，使客户能以一种更加方便、更加快捷、更加高效、更加经济的方式得到企业的服务。移动支付向客户提供的服务更具有明显的方便性，这不仅对客户来说是如此，对企业来说，也是如此。

4. 虚拟性

移动支付是基于移动设备的支付方式。移动设备的工作环境是一个开放的系统平台，使用的是最先进的通信手段，其最突出的特点就是虚拟性，因此，移动支付也具有很强的虚拟性。在移动支付活动中，买方看不到卖方的实体店面和实际的商品，只能看到卖方在交易平台上发布的销售信息，而这一切都是虚拟的。显然，虚拟性也导致了移动支付过程中存在着两大问题：第一，由平台和通信手段的虚拟性和隐蔽性导致的支付中各种欺诈行为和犯罪行为；第二，移动支付过程中的"货币流通"方式存在着很大的安全隐患。

5. 安全性

移动支付采用先进的技术通过数字流转来完成信息传输，通过数字化的方式进行款项支付。在移动支付中，安全性是一个至关重要的核心问题。如果不能保证支付的安全性，那么无论商品如何具有吸引力，客户也只是浏览而不会购买。为了使移动支付能够安全进行，在 2002 年 1 月，美国的惠普、朗讯、Oracle、Sun 公司和一些欧洲的公司如西门子结成了一个联盟 Pay Circle，希望能为通过手机进行的支付业务设立行业标准，保障企业建立一个安全可靠的交易与支付环境。

6. 可扩展性

为了使移动支付能够正常进行，必须确保它的可扩展性。对移动支付来说，可扩展的系统才是稳定的系统，如果在出现高峰状况或客户数量增加时能及时扩展，就可以大大降低系统出现故障的可能性。

三、移动支付与传统支付的对比

作为新兴的支付方式，移动支付具有随时随地、方便、快捷、安全等诸多优点，在交易成本、信息处理、支付地位和经营理念等方面都对传统支付形成了冲击。在对比移动支付和传统支付之前，先了解一下传统支付的概念及其局限性。

（一）传统支付

传统支付指的是通过现金流转、票据转让以及银行卡转账等物流实体的流转来实现款项支付的方式。其主要形式有以下三种：

1. 现金

现金有两种形式，即纸币和硬币，是由一国中央银行发行的。在现金交易中，买卖双方处于同一位置，而且交易是匿名的。卖方不需要了解买方的身份，因为现金的有效性和价值是由中央银行保证的。同时，现金具有使用方便和灵活的特点，因此，多数小额交易都是由现金完成的。虽然现金是一种开放式支付工具，无须经过中央银行收回重新分配，但是，它也存在很多缺陷，例如，受时间和空间的限制、受不同发行主体的限制、不利于大宗交易等。

2. 票据

票据分为广义票据和狭义票据。广义票据包括各种具有法律效力、代表一定权利的书面凭证。狭义票据指的是《票据法》所规定的汇票、本票和支票，是一种载有一定付款日期、付款地点、付款人的无条件支付的流通凭证，也是一种可以由持票人自由转让给他人的债权凭证。

票据正是为了弥补上文提到的现金交易的不足而出现的。通过使用票据，异地交易不必涉及大量的现金，减少了携带大量现金的不便和风险，大大提高了异地交易实现的可能性，促进了交易的繁荣。但是票据也存在一些问题，例如，容易伪造、容易丢失、商业承兑汇票到期无力支付等，因此，票据具有一定的风险。

3. 信用卡

信用卡是指具有一定规模的银行或金融机构发行的，可凭此向特定商家购买货物或享受服务，或向特定银行支取一定款项的信用凭证。

使用信用卡作为支付方式，高效便捷，可以减少现金货币流通量、简化收款手续，还可以用于存取现金，十分灵活方便。同样，信用卡也存在一定缺陷，如交易费用高、具有一定的有效期等。

现金支付属于开放式支付，而票据和信用卡属于封闭式支付。一般来说，开放式支付比较方便，因为支付工具无须由发行主体重新确认流通；而封闭式支付在这一点上显然不如开放式支付，重新回笼增加了支付工具本身的成本。在网络支付出现以前，大额交易一般采用票据和信用卡支付方式。

（二）传统支付的局限性

随着电子化的不断发展，上述传统的支付方式在处理效率、方便易用、安全可靠、运作成本等方面存在诸多局限性。

1. 支付速度与处理效率比较低

大多数传统支付与结算方式涉及人员、部门等众多因素，牵扯中间环节，并且基于手工处理，造成支付结算效率低下。传统支付方式中的现金、票据等都是有形的，在认证性、完整性和不可否认性上有较高的保障，已经有一套适合其特点的比较成熟的管理运行模式。但由于是以手工操作为主，通过传统的通信方式来传递凭证，因而存在效率低下的问题。

2. 大多数传统支付结算方式在支付安全上问题较多

伪币、空头支票等现象造成支付结算的不确定性和商务风险的增加，特别是在跨区域远距离的支付结算中，这一缺点越发明显。

3. 传统支付方式受时空限制

传统支付很难满足众多用户在时间、空间等习惯上的需求，很难做到全天候、跨地区的支付结算服务。随着电子商务的普及，人们对随时随地的支付结算、个性化信息服务的需求日益强烈，例如随时查阅支付结算信息、资金余额信息等。

4. 绝大多数传统支付结算方式应用起来并不方便

各类支付介质五花八门，发行者众多，使用的辅助工具、处理流程与应用规划和规范也不相同，这些给用户的应用造成了困难。

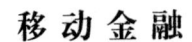

(三) 移动支付的优势

1. 可实现低成本跨越式发展

移动网络比固定线路的建设成本要低，并且在推广时，移动网络的总体成本更低。麦肯锡咨询公司对南非的调查显示，移动付款网络的建造和运营成本（包含语音回复和短信息服务）比商业网络的电子销售点（可为借记卡和信用卡服务的销售点终端<POS>）更为低廉。这意味着可以跨过中间过渡技术而直接从单证付款系统进入到移动付款系统，从而大大节省有线 POS 系统或者自动柜员机网络的建设投资。我国在现有有线 POS 网络尚未完全普及和网络通畅率不能完全保障的情况下，发展移动支付对银行卡支付产业更有现实意义。

2. 可提高银行卡支付的安全性、信息的私密性和内容的丰富性

据国外市场调查显示，制约电子商务发展的障碍主要有交易的安全性、信息的私密性、内容的丰富性等，分别占总制约因素的 27%、20%、12%。金融业与电信业联合开拓银行卡支付市场，使用 IC 卡替换磁条卡并借助现代信息技术能够很好地解决上述问题，从而促进银行卡支付市场的快速发展。

（1）交易的安全性。首先，作为移动支付的支付媒介，IC 卡比磁条卡具有较高的安全保障；其次，通过第三方颁发的数字证书（CFCA）、数字签名以及各种加密机制，移动支付的用户可以实现安全信息数据的交换；最后，作为移动支付系统的参与方，金融业与电信业都具有高性能、高容错率、高安全系数的处理主机，能够保证银行卡支付的安全畅通。通过银行卡号与手机卡号的一一对应，将银行卡和手机进行技术关联，用户在装有普通 SIM 卡的手机上即可使用安全的移动支付功能。

（2）信息的私密性。应用 PKI 公共密钥体系的特定程序、交易明文和交易密文通过对称密钥和非对称密钥分别加密、解密，保证了交易信息的私密性。一方面，用对称密钥方式，通过哈希值（Hash）的运算与核对，提高双方交易信息的准确性和保密性；另一方面，用非对称密钥方式，通过公开密钥加密信息，保证了只有特定的收件人才能读取，因此收件人只有通过使用相应的私人密钥才能完成对此信息的解密，提高了交易信息的安全性。

（3）内容的丰富性。随着特许经营店、大型超市和各种商业机构的日趋繁荣，支付市场的潜力正逐渐被重视。在不久的将来，手机用户将拥有可随身携带的支付终端，银行卡可以延伸到每个手机用户身边，进行贴身服务。手机也不再是简单的通信工具，用户可以在任何时间、任何地点用手机办理消费、缴费和转账等业务。持卡人还可以利用手机完成银行卡余额查询、手机话费代交、商户消费、电子支付等各种业务，大大开拓了应用领域和服务内容。

在未实现移动支付规模效益之前，由于受国内移动通信网络的资费标准所限，在一定程度上暂时会影响用户使用的积极性；此外，客户对新业务的接受也还需要一定的培育阶段，亦需多方面进行引导。

（四）移动支付与传统支付方式的对比分析

与传统支付相比，移动支付具有方便、快捷、安全的优点，具体来看，移动支付与传统支付存在以下不同：

（1）从支付方式角度，移动支付采用先进的技术通过数字流转完成信息传输，各种款项的支付都使用数字化的方式进行；而传统支付则是通过现金的流转、票据的转让、汇兑等物流实体的流转方式来完成。

（2）从系统平台角度，移动支付的工作环境基于一个开放的系统平台（如短信系统）之中；而传统支付则是在较为封闭的系统中运作。

（3）从配套设施角度，移动支付使用最先进的通信手段，对软、硬件设施的要求很高，一般要求有联网的微机、相应的软件及其他一些配套设施；而传统支付使用传统的通信媒介，则没有这么高的要求。

（4）从使用的方便程度和费用角度，移动支付具有方便、快捷、高效、经济的优势。用户只要拥有一台可以发短信或上网的设备，便可以随时随地，在很短的时间内用比传统支付方式低得多的费用完成整个支付过程。

第二节 移动支付平台

移动支付平台是提供移动支付业务的核心设备，它连接CP/SP（内容提供商/服务提供商）、银行和运营商的其他通信设备，提供支付和清算等服务。移动支付平台为用户和CP/SP提供移动支付服务，从支付、结算服务中抽取佣金。

移动支付的发展已经有多年，由于在信用体系、技术实现、产业链成熟度以及用户使用习惯等方面的原因，导致移动支付的发展一直处于温而不火的状态。但支付手段的电子化和移动化是不可避免的趋势，近两年的移动支付发展已经逐渐进入普通大众用户的视野。因此，构建集可靠性、安全性、可扩展性、可维护性于一体的移动支付平台是移动支付迫切发展的重要需求。

一、移动支付平台体系架构

图3-1给出了一个典型的移动支付平台体系架构，由移动支付平台、系统接口和外部支撑系统构成。移动支付平台（Mobile Payment Platform，MPP）主

要包括门户管理、通信管理、交易管理、账务管理和系统管理等模块和单元,通过系统接口与外部支撑系统进行交互。外部支撑系统主要包括用户、CP/SP、充值中心、网管中心、运营支撑系统、预付费平台、短消息中心、短信网关、WAP 网关等。

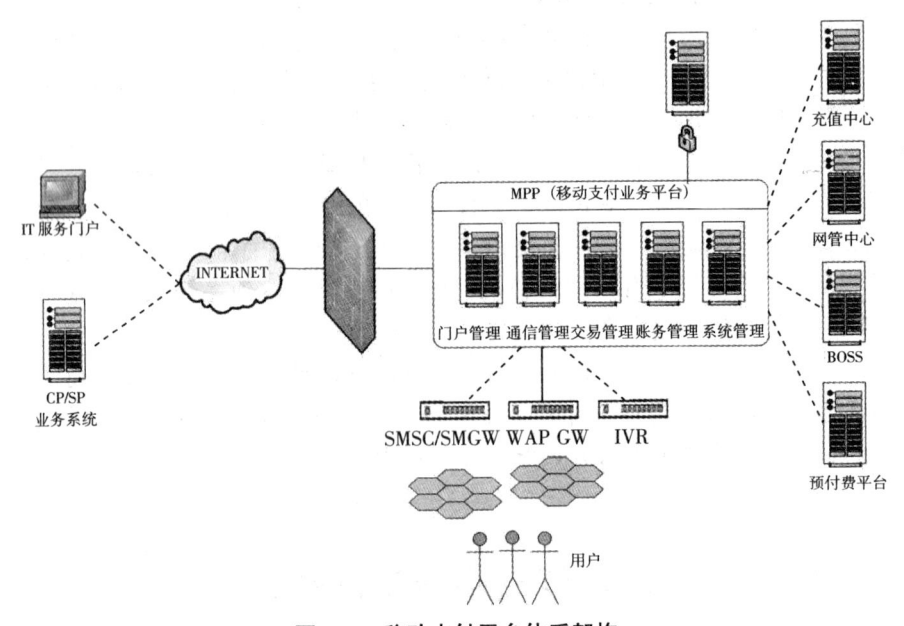

图 3-1 移动支付平台体系架构

(一)移动支付平台

门户管理模块为用户、CP/SP、系统管理员提供业务开展和访问的入口,用户可以 Web、WAP、SMS、IVR 等多种方式接入到系统访问用户门户,CP/SP 系统管理员则通过 Web 方式接入到系统访问相应的门户。

通信管理模块负责 MPP 和所有外部相关系统的通信连接。包括用户、CP/SP 接入,支付系统接入,充值、管理系统互联等。

交易管理模块完成各种 CP/SP 业务的交易处理,主要包括 CP/SP 及用户的鉴权、计费、对账等。账务管理模块对 CP/SP 及用户的账务信息进行统一的管理、查询、统计分析等工作,为支撑系统提供信令详细记录(Signaling Detail Records,SDR)、呼叫详细记录(Calling Detail Records,CDR);与 CP/SP 进行交易费用的结算;与支付账户业务系统进行对账和结算。

系统管理模块负责系统的权限管理、配置管理、安全管理和网络管理等,以保证系统的正常运行。

(二) 外部支撑系统

用户指通过移动支付系统进行产品购买和支付的消费者。用户拥有支付账户，通过平台进行交易，能查询各种交易信息并管理账户。

CP/SP 是移动支付系统中开展交易的重要角色，通过 Internet 向用户提供各种商品，用户和 CP/SP 借助移动支付系统实现产品服务的定购和支付。

银行可以是一个支付账户业务系统，提供银行账户供开展业务，也可以接受 MPP 的转账操作指令对虚拟账户进行充值。

运营支撑系统（BOSS）通过客服给用户提供开通移动支付业务、修改个人资料、配置支付账户、查询交易记录、查询定购信息等的通道，通过计费中心提供通信账户支付。

预付费平台在通信账户支付方式下为 MPP 提供交易过程中的扣费、冲正、退费等支付操作。

充值中心（VC）为 MPP 系统中的虚拟账户提供充值服务。

网管中心实现对系统的配置管理、故障管理、性能管理和安全管理。

SMSC/SMGW 短消息中心或短消息网关给用户提供短信接入的通信方式以及配合其他按入方式的支付密码的索取提交和交易通知的下发接收等操作。

WAP 网关/IVR 门户让用户通过 WAP/IVR 方式接入到 MPP，为用户提供门户服务；同时完成身份的认证和交易确认。

(三) 系统接口

移动支付平台与其他各功能实体间接口，如图 3-2 所示。

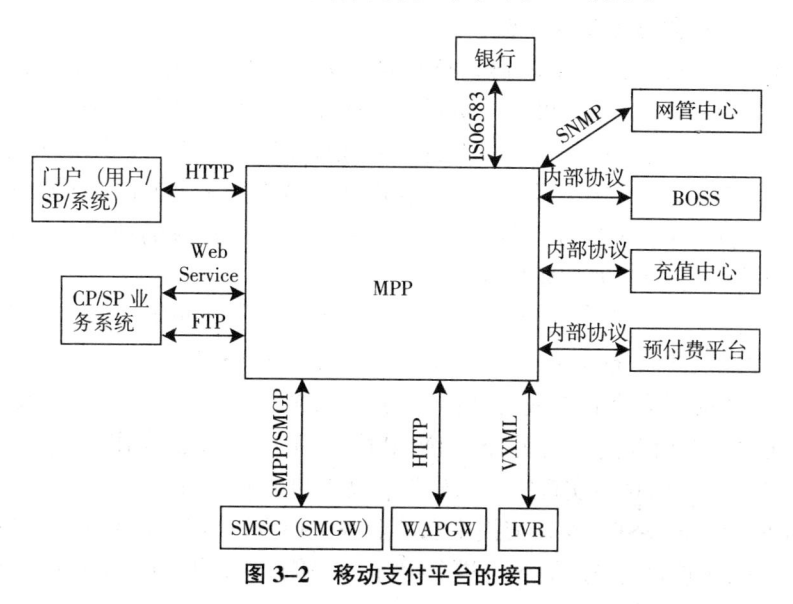

图 3-2 移动支付平台的接口

移动支付平台接口主要包括预付费平台接口、BOSS接口、CP/SP接口、SMSC/SMGW接口、IVR接口、银行接口、充值中心接口等。下面介绍这些接口的功能以及接口遵循的协议。

预付费平台接口：基于内部协议，完成通信账户支付方式下的交易扣费工作。本接口主要用于预付费账户使用通信账户支付时的扣费。

BOSS接口：基于内部协议，主要完成客户服务相关工作，以及用户资料同步和接收交易账单等工作，此外用户的业务开户、销户、暂停、恢复等动作都要依赖于此接口完成。

CP/SP接口：本接口基于两个协议：第一，基于Web Service的协议，方式为document/literal，用于传递支付、支付确认、派奖、冲正等业务请求和响应消息；第二，基于FTP协议方式，为CP/SP提供上传对账文件和下载错账文件的功能。

SMSC/SMGW接口：基于SMPP/SMGP的协议，用于发送和接收用户短信。

IVR接口：基于VXML协议，由于完成和用户间的语音交互和信息收集。

银行接口：以基于银行标准协议的补充协议，用于传递银行扣款信息。

充值中心接口：基于内部协议，用于实现虚拟账户的充值。

二、移动支付平台构建模式

目前国内构建移动支付平台的模式大体可以分为两类：一类是基于智能网的建设，另一类是基于短消息增值业务平台的建设。

（一）智能网移动支付平台

智能网（Intelligent Network，IN）是在原有通信网的基础上叠加的一层业务网络，是快速、方便、经济、灵活、有效地生成和实现各种新业务的体系结构。自1992年国际电报电话咨询委员会（CCITT，现ITU-T）发布了关于智能网的第一套建议IN CS-1后，智能网在电信领域得到了迅速而广泛的应用，各种智能业务吸引了众多的用户，为电信运营商带来了巨额的利润。智能网已成为提供电信增值业务的主要技术。

基于智能网的移动支付平台，如图3-3所示。MPP是一套独立的系统，MPP和智能网中业务控制点（Service Control Part，SCP）所处的位置相类似，MPP以一个或者多个省（或直辖市）为单位进行建设，MPP之间以及MPP和VC间通过SS7信令网，利用CS2-INAP协议中的Execute操作实现互联；MPP通过VC和银行的接口实现银行账号为移动支付账号充值。

MPP和MSC/SSP（移动交换中心、业务交换点）以及IP（Internet Protocol，网协）之间通过七号信令网进行连接，MSC/SSP通过CAMEL应用部分

图 3-3　智能网移动支付平台

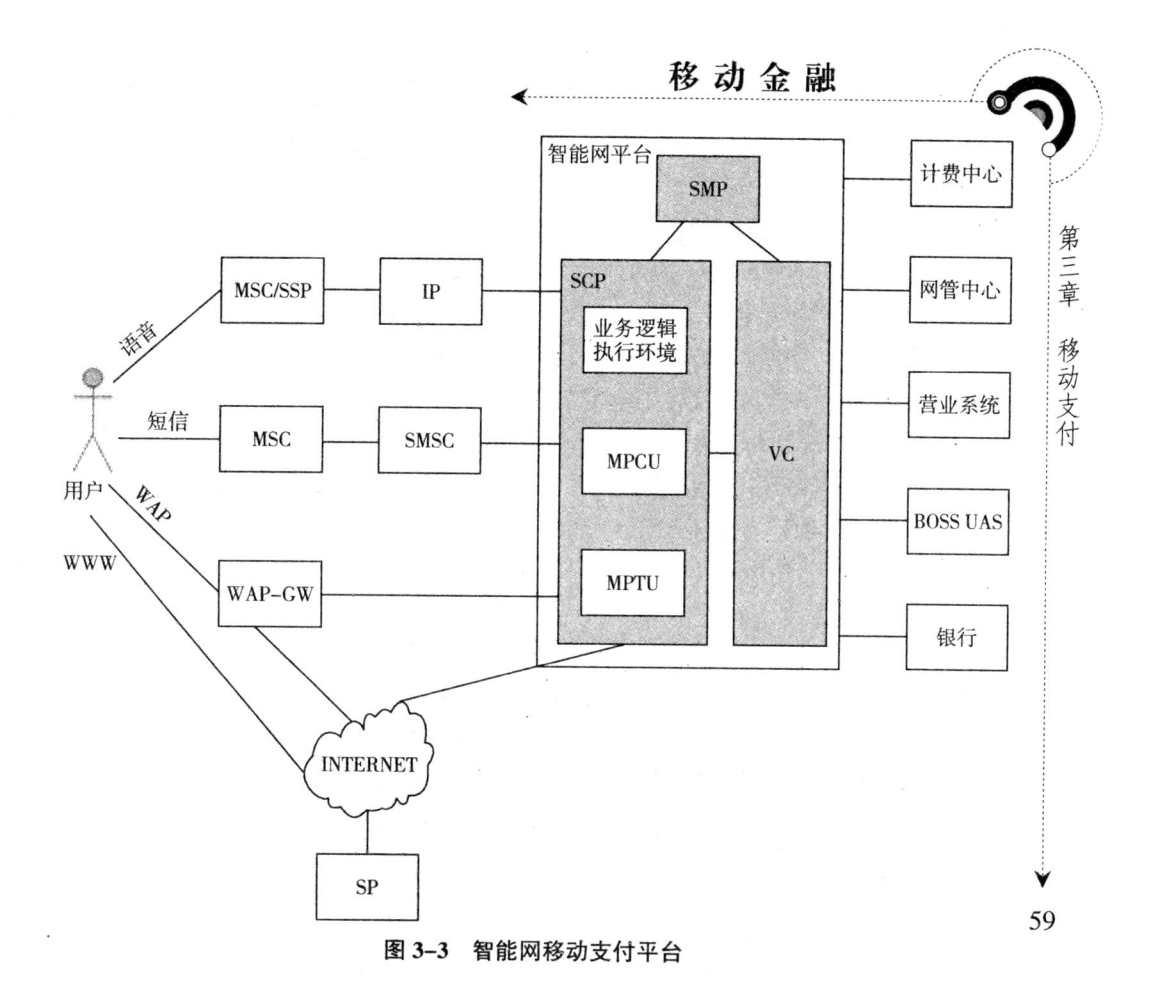

（CAMEL Application Part，CAP）协议将请求移动支付业务的呼叫触发到 MPP。MPP 通过 CAP 协议利用 IP 的语音资源向用户播放语音通知完成移动支付业务的请求。IP 采用集中设置的方式，即每一个 MPP 设置一个相应的 IP，每一个 SP 的语音资源只放置在该 SP 所接入的 MPP 处的 IP 上，这种放置方式不存在语音资源的同步问题，但是播放语音时可能会占用长途话路资源。

ISMG（Internet Short Message Gateway，互联网短消息网关）之间、ISMG 和 SMSC 以及 ISMG 和 MPP 之间通过数据链路相连，其中 MPP 只需要和当地的一个 ISMG 建立数据链路，ISMG 和 MPP 之间的协议是基于 TCP/IP 的 CMPP（China Mobile Peer to Peer，中国移动点对点协议）应用层协议。

SMAP 终端通过数据网或拨号连接，采用 Web 方式接入 MPP，对 MPP 的移动支付业务以及用户数据进行管理。

各个省（或直辖市）的本省 SP 与该省所归属的 MPP 进行相连，而全国的

SP 可以从任何一个 MPP 接入，通过 MPP 之间的 Execute 互连实现其服务的全国性。

(二) 移动梦网移动支付平台

中国移动公司和中国联通公司都建立了自己的短消息增值平台系统。该平台是强大的接入网络平台并可以提供全面的网络服务且实现开放、公平的接入，架起了服务提供商与用户之间的桥梁。该平台连接现有的 WAP 平台、短消息平台向各合作 SP（Service Provider，服务提供商）开放，并以"一点接入，全网服务"为目标为用户提供了快捷的移动电子商务活动平台。以移动用户为例，各地的移动用户在需要使用互联网业务时，都只要接入本地的短信中心，短信中心找到连着的 ISMG，由 ISMG 来寻找提供该信息或业务的 SP 的地址，若该 SP 连在其他的 ISMG 上，则通过 ISMG 之间的互联路由找到该 SP；反之一个 SP 只需接入到一个 ISMG，就可以为全网的移动用户提供服务，如图 3-4 所示。新浪网站在北京的 ISMG 接入后，大连一用户若要查阅新浪网上的一则新闻，则向大连的短信中心发出请求，由大连短信中心将此请求传递给大连 ISMG，大连 ISMG 查到新浪网站连在北京 ISMG，通过这两个 ISMG 之间的互联，从新浪网站下载到新闻，经由北京 ISMG—大连 ISMG—大连短信中心—移动用户，真正实现"一点接入，全网服务"的目的。

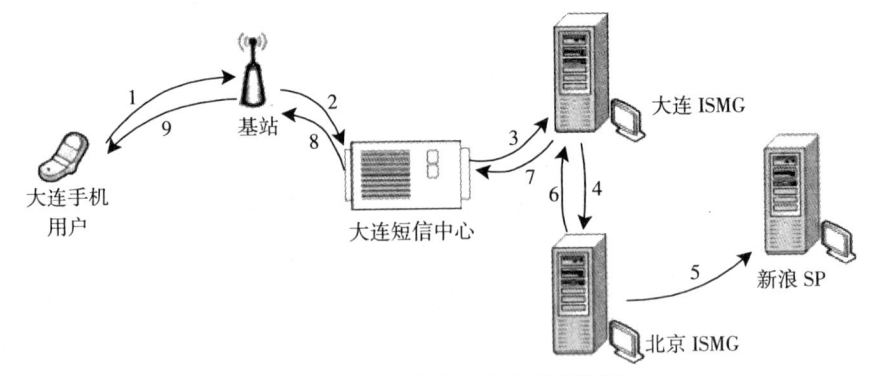

图 3-4 短消息业务平台的通信流程

1. 全国移动梦网短消息业务平台组网结构

如图 3-5 所示，该结构共有五层平面：第一层是信息源的提供者，如各 ICP（Internet Content Provider，网络内容提供商），他们分别接入到各省/大区的 ISMG；第二层是互联网的短消息网关平面，即在梦网中提到的各省/大区要建的 ISMG 形成的一个网关平面，ISMG 之间完成互联，实现一点内容的短消息全网服务；第三层是各地的短消息中心平面，由各地的负责各种业务的短消息实体构成；第四层是短消息的 SS7 信令网关接入平面，负责各个短信的 SS7 信令接入；第五层是 PLMN（Public Land Mobile Network，公共陆地移动网络），移动用户通过 PLMN 接入到短信平台。

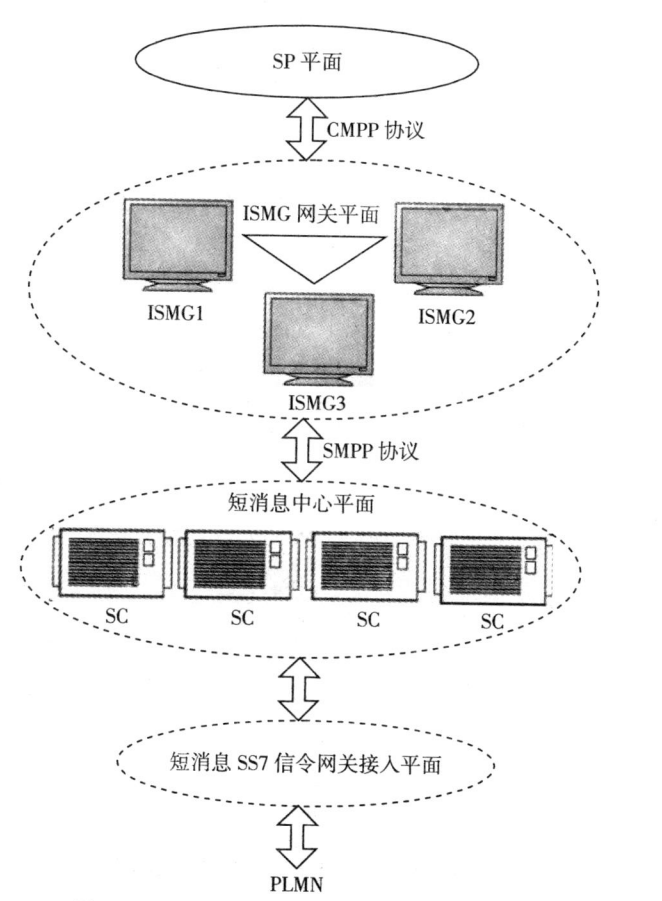

图 3-5　国家级移动短消息增值平台组网结构

2. 省（或直辖市）级移动梦网短消息业务平台组网结构

图 3-6 是对图 3-5 的细化，表示的是在一个省（或直辖市）级的短信平台的结构，我们可以看到在省（或直辖市）级的短信平台上，对应五个平面的具体设备，在 SP 级上就是各信息源的提供商，通过 CMPP 协议连至互联网短消息网关 ISMG，短信网关 ISMG 通过 SMPP 协议（Short Message Peer to Peer，短消息点对点协议）接入到短信平台，短信平台通过集中的 SS7 信令网关，用 SS7 信令通过 PLMN 网以短消息的方式将信息发送给移动用户。

在省（或直辖市）内有一个统一的用户接入关，即大信令接入网关。用户

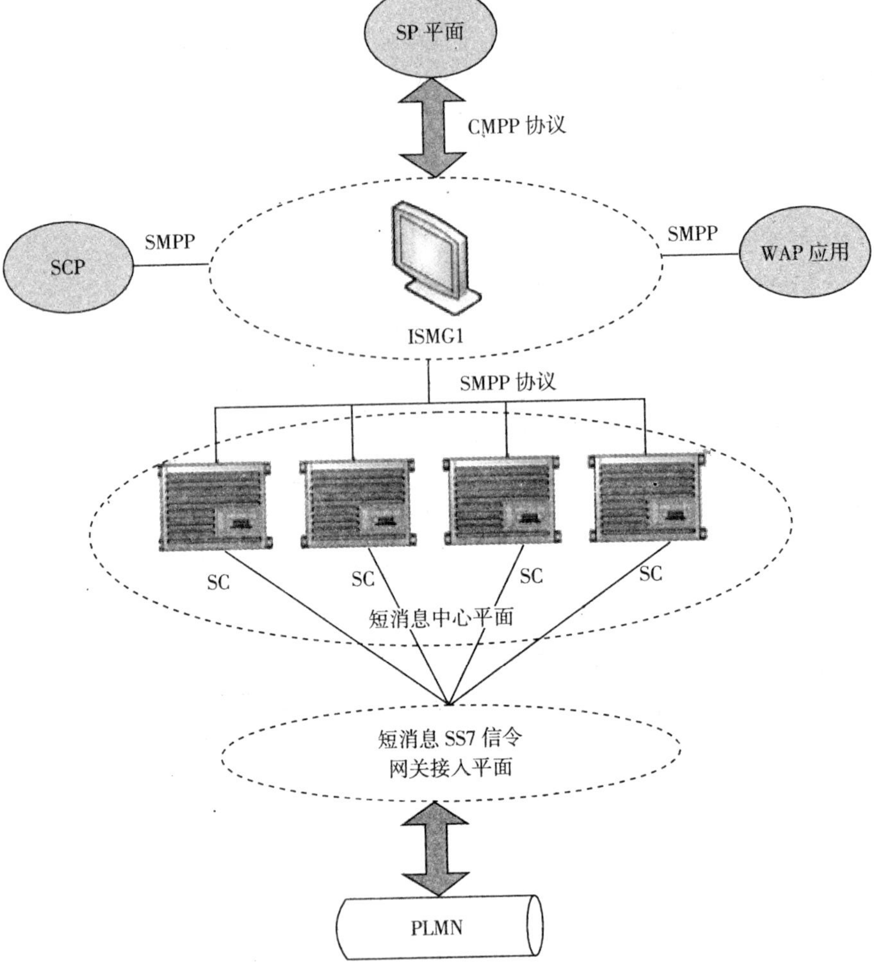

移动金融

图 3-6 省级移动短消息增值平台组网结构

所有应用在这一接入点接入，用户短消息中心号码所指向的接入点都为它。这避免了用户使用不同业务要设多个短消息中心号码的烦琐。基于安全性可采用备份方式。用户业务需求接入后，由信令接入网关根据业务分类进行分发，发送到不同的业务处理短消息中心。

各业务处理短消息中心对于需外界数据的短消息请求，通过 ISMG 统一前转。而 ISMG 连接各 ICP/ISP/SP，获得结果并发送回短消息中心。同时 ISMG 连接 WAP 应用平台实现短消息方式的 WAP 承载，并可连接 SCP 进一步提供短消息智能业务。在现有网络上，都是一个短消息中心连着一个 IW/GMSC（信令处理前置机），分别接入 PLMN。由 IW/GMSC 来完成与 PLMN 的 SS7 信令链路连接，完成 SS7 信令的 MTP、SCCP、TCAP、MAP 功能，并提供与业务服务器的接口。

3. 基于移动梦网短消息业务平台的移动支付平台组网结构（如图 3-7 所示）

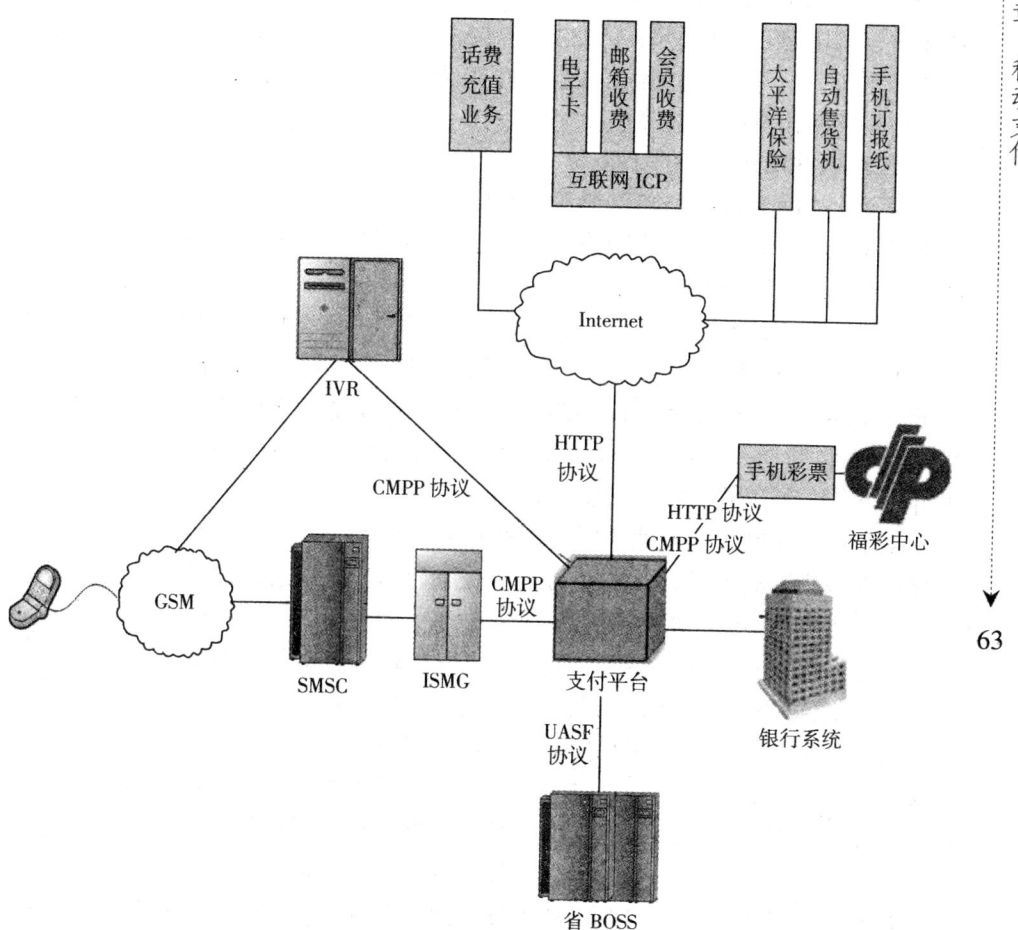

图 3-7 基于短消息增值平台的移动支付系统组网结构

根据交易发起方的不同，移动支付的流程有所不同。

（1）用户为交易发起方：用户发送规范格式的支付短信息至短信中心（SMSC），短信中心转发给短信网关（ISMG），短信网关将支付请求以 CMPP 协议为载体发送给支付平台，支付平台到用户指定的银行账户或手机缴费账户中扣除费用。扣费成功后，支付平台向接入的 SP 发送出货请求（以 HTTP 协议为载体），SP 给予应答，出货。支付平台通过网关至短信中心向手机用户发送交易成功短信息。

（2）SP为交易发起方：用户购买SP的商品，委托SP扣费。SP向支付平台发送规范格式的扣费请求，支付平台接收到SP的支付请求后通过短信网关（ISMG）和短信中心（SMSC）向用户发送确认短信息，用户确认扣费，回复确认短信，其中包含支付密码。支付平台收到用户的确认信息后到用户的银行账户或是手机缴费账户中扣除交易金额。扣费成功后，向SP返回扣费结果，同时给用户返回扣费结果短信息。

（三）两种构建方案的比较

基于智能网建设移动支付平台具有可行性，但仍然有一些缺点。首先，传统的智能网位于封闭的电信网络中，不能向外部第三方开放；其次，传统的智能网虽然将业务网与底层通信网相分离，但其相关性还是太大，不同的通信网络上使用不同的智能网协议，如PSTN上使用INAP、GSM上使用CAP、CDMA网上使用WIN.MAP；最后，传统的智能网实体间的接口基于七号信令网，其业务开发环境对于开发者来说仍然过于复杂。然而基于移动梦网建设的移动支付平台实现协议比较简单，协议种类也相对较少，这样可以极大地减少各SP的开发工作，利于移动商务的发展。

基于移动梦网短消息业务平台的移动支付平台大大地简化了SP的开发量，这样使得一些以前不具备开发能力，但是能为用户提供新服务的SP不再彷徨。只要SP熟悉HTTP和CMPP协议，就可以加入移动商务的行列。

综上所述，在中国的国情下，基于现有的短消息增值业务平台建设的方式具有很大的优越性。首先，基于短消息增值业务平台的实现方案充分利用了原有平台与其他网络实体的现有接口，例如，同网管中心、计费中心、营业系统的接口，不但节省了接口硬件设备的投资，而且大大减少了接口功能开发和测试的工作量，便于业务的快速开展；其次，可以充分利用现有资源，节省设备投资；最后，短消息增值业务平台的各设备厂商在开发高性能、高可靠性的产品，特别是在各类通信接口及协议开发方面，具有丰富的实践经验和一定的技术优势。

鉴于以上原因，目前中国移动在全国范围建设的移动支付系统多数都采用了基于短消息增值业务平台的建设方式。

第三节　移动支付业务流程

移动支付与一般的卡类付款交易过程相似，都至少包含四个当事方：用户、商家、发行方及收款方。与传统卡类付款方式不同的是，整个交易过程基于移动网络进行。

对于移动支付来说，网络提供商作为主要当事方，其作用贯穿整个移动支付交易过程。

用户即移动支付方，支付者必须首先注册成为某个移动支付网络的移动支付业务用户，获得经支付网络认可的数字证书，将手机或其他终端通过移动网络与商家或支付网关相连，就可以利用手机完成方便快捷的在线支付。用户的需求是推进移动支付系统发展的主要原动力。

参与移动支付的商家在商场和零售店安装了移动支付系统，能为用户提供移动支付服务。对商家来说，参与移动支付能在一定程度上减少支付的中间环节，降低经营、服务和管理成本，提高支付的效率，获得更高的用户满意度。

发行方主要是金融机构，其通过银行账户为用户提供支付能力。收款方根据具体的支付平台不同可以是商家、第三方移动支付服务商等。

移动支付的交易凭证包括账户信息、账户密码以及各种数字安全证书。交易的细节信息由网络提供商负责传递。在非接触式移动支付中，交易的细节信息利用基于浏览器的协议如 WAP 和 HTML，或者信息系统如 SMS 和 USSD 进行传递；在接触式移动支付中，交易的细节信息可以通过红外、蓝牙等进行传递。

一、移动支付典型流程

在移动支付过程中，各方之间存在着一些特定的操作流程，如图 3-8 所示，显示了移动支付的典型流程。

图 3-8 所讨论的流程是一种消费者、商家、金融机构都能在移动交互平台和移动支付系统的支持下进行移动支付的流程。如果在其中某一部分发生错误，整个流程就会停止，并且系统会立刻向用户发出消息。随着移动技术的不断发展以及移动运营成本的不断降低，这一流程还会得到完善。

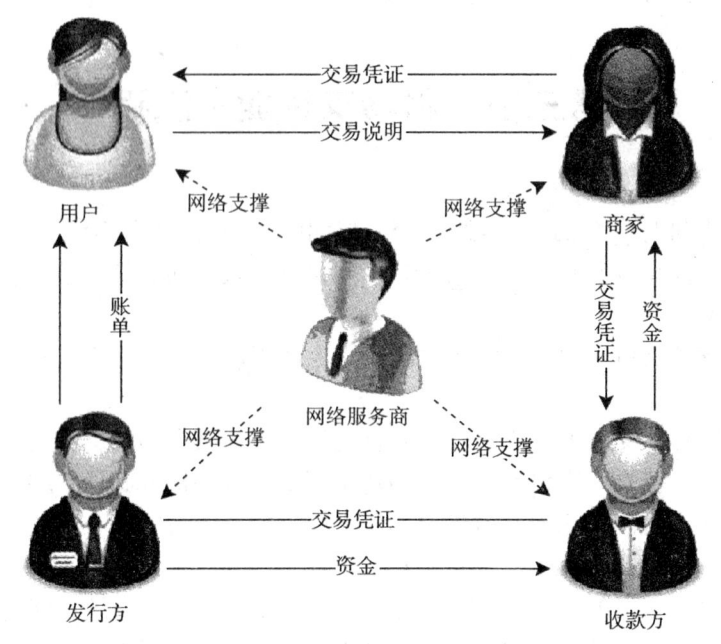

图 3-8 移动支付的典型流程

二、移动支付传输技术

实现移动支付的主要传输技术有以下六种：

（一）GSM 短信息技术

相对于 CDPD（Cellular Digital Packet Data，蜂窝数字分组数据）和 GPRS（General Packet Radio Service，通用分组无线业务）等技术来讲，利用 GSM 短消息技术来实现移动支付无论从技术成熟性，还是从实现成本的经济性来考虑都是优先之选。当发生交易行为时，用户通过短消息将相关数据传送到移动支付系统或是其开户银行，移动支付系统或银行主机系统进行后台处理，处理结果也以短消息的形式返回到 MASP 的移动 POS 机上。

（二）CDPD 技术

与 GSM 短消息技术相比，CDPD 技术虽然应用不够广泛，但 CDPD 确实是公认实用的无线公共网络数据通信规程，它是建立在 TCP/IP 基础上的一种开放系统结构，支持用户跨区切换和全国漫游、广播和群呼，支持移动速度高达 100km/h 的数据用户，可与公用有线数据网络互联互通。主要优点是速度快、数据安全性高且数据的传输量无限制。

（三）无线应用协议（WAP）

WAP提供了一套开放和统一的技术平台，用户可以通过移动设备的WAP功能介入移动支付系统或是银行卡系统，发送有关交易数据或是接受账单信息。WAP提供的一种应用开发和运行环境，能够支持当前最流行的嵌入式操作系统，它支持目前使用的绝大多数无线设备；在传输网络上，WAP支持目前的各种移动网络，如GSM、CDMA、PHS等，也可以支持未来的第三代移动通信系统。

（四）移动IP

移动IP通过在网络层改变IP协议，从而实现移动终端在Internet中的无缝漫游。移动IP技术使得节点在一条链路切换到另一条链路上时无须改变它的IP地址也不必中断正在进行的通信。但是它也面临着一些问题，如移动IP协议运行时的三角形路径问题、移动主机的安全性和功耗问题等。

（五）"蓝牙"（Bluetooth）

蓝牙是由爱立信、IBM、诺基亚、英特尔和东芝共同推出的一项短程无线连接标准，旨在取代有线连接，实现数字设备间的无线互联，以便确保大多数常见的计算机和通信设备之间可以方便地进行通信。"蓝牙"作为一种低成本、低功率、小范围的无线通信技术，可以使移动电话、PC、PDA、打印机及其他设备如自动售货机在短距离内无须线缆即可进行通信。

（六）通用分组无线业务（GPRS）

GSM用户除通话以外，最高只能以9.6Kb/s的传输速度进行数据通信，这种速度只能用于传输文本、电子邮件和静态图像等。GPRS突破了GSM网只能提供电路交换的思维定式，将分组交换模型引入到GSM网络中。通过仅仅增加相应的功能实体和对现有的基站系统进行部分改造来实现分组交换，从而提高资源的利用率。GPRS能快速建立连接，适用于频繁传输小数据量业务或非频繁传输大数据量业务。GPRS是基于分组交换的，所以用户可以保持永远在线。

三、移动支付工具

移动支付工具大致可以分为三类：一是电子货币类，如电子现金、电子钱包等；二是电子信用卡类，包括智能卡、借记卡、电话卡等；三是电子支票类，如电子支票、电子汇款、电子划款等。下面对几种重要的移动支付工具进行具体介绍。

（一）电子现金

电子现金又称数字现金，是一种以数字形式流通的货币，它把现金数值转换成一系列的加密序列数，通过这些序列数来表示现实中各种金额的币值。用户在开展电子现金业务的银行开设账户，并在账户内存钱，用预先存入的现金来购买电子现金，通过用户的计算机产生一个或多个64bit（或更长）的随机二进制数，银行打开用户加密的信封，检查并记录这些数，进行数字化签字后再发送给消费者。经过签字的每个二进制数表示某一款额的电子数字，用户可用这一数字在接受电子现金的商店购物。

目前，广为接受的电子现金有两种模式：e现金和IC卡型电子现金。其中，e现金是一种在线电子现金，可储存在计算机硬盘中，将代表纸币或辅币所有信息进行电子化的数字信息块。通过将现金数值转换成一系列的加密序列数，用这些序列数来表示现实中各种金额的币值。IC卡型电子现金是一种存在IC卡的存储器内，由消费者在自己的钱包里保存的虚拟货币。这种IC卡是一种专门用于存储电子现金的智能卡，而从卡内支出现金或是向卡内注入现金时，则通过改写卡内的余额记录进行处理。

（二）"电子钱包"

"电子钱包"是一个客户用来进行安全网络交易特别是安全网络支付并储存交易记录的特殊计算机软件或硬件设备，如同生活中随身携带的钱包一样，特别在涉及个体的、小额网上消费的电子商务活动中，应用起来方便又高效。

"电子钱包"本质上是个装载电子货币的"电子容器"，可把有关方便网上购物的信息，如信用卡信息、电子现金、钱包所有者身份证、地址及其他信息等集成在一个数据结构里，以后整体调用，需要时又能方便地辅助客户取出其中电子货币进行网络支付，是小额购物或购买小商品时常用的新式虚拟钱包。因此，在应用"电子钱包"时，真正支付的不是"电子钱包"本身，而是它装的电子货币，与生活中使用的传统钱包的功能类似。

（三）智能卡

智能卡，英文描述为IC卡，就是外形上类似信用卡的大小、形状，但卡上不是磁条，而是计算机的集成电路芯片，用来存储用户的个人信息和电子货币信息，且具有支付与结算功能的消费卡。由于IC卡芯片储蓄了消费者信息和电子货币信息，因此，它不但存储信息量大，而且还可以用来支付购买的产品和服务。

智能卡结合了信用卡的便利，是集信息存储与计算机编程等多项功能为一体的综合体。智能卡本质上是硬式的电子钱包，它既可支持电子现金的应用，也可与信用卡一样应用，既可应用于专业网络的平台上，也可用于基于互联网等公共网络的平台上。

（四）电子支票

电子支票，也称数字支票，是将传统支票的全部内容电子化和数字化，形成标准格式的电子版，借助计算机网络（Internet 与金融专用网）完成其在客户之间、银行与客户之间以及银行与银行之间的传递与处理，从而实现银行客户间的资金支付结算。简单地说，电子支票就是传统纸质支票的电子版，它包含和纸支票一样的信息，如支票号、收款人姓名、签发人账号、支票金额、签发日期、开户银行名称等，具有和纸质支票一样的支付结算功能。同时，电子支票还隐含了加密信息。通过电子函件将电子支票直接发给收款方，收款人从电子邮箱中取出电子支票，并用电子签名签署收到的证实信息，再通过电子函件将电子支票送到银行，把款项存入自己的账户。

电子支票是一种借鉴纸质支票转移支付的优点，利用数字传递将钱款从一个账户转移到另一个账户的电子付款形式。这种电子支票的支付是在与商户及银行相连的网络上以密码方式传递的，多数使用公用关键字加密签名或个人身份证号码代替手写签名。用电子支票支付，事务处理费用较低，而且银行也能为参与电子商务的商户提供标准化的资金信息，故而可能是最有效率的支付手段。

使用电子支票进行支付，消费者可以通过电脑网络将电子支票发到商家的电子信箱，同时把电子付款通知单发到银行，银行随即把款项转入商家的银行账户。这一支付过程在数秒内即可实现。

第四节　移动支付商业模式

当前，移动支付的运作模式主要有以下四类：以移动运营商为运营主体的移动支付业务、以银行为运营主体的移动支付业务、以独立的第三方为运营主体的移动支付业务以及移动运营商与银行合作的移动支付业务。

一、以运营商为主体的商业模式

当移动运营商作为移动支付平台的运营主体时，移动运营商会以用户的手机话费账户或专门的小额账户作为移动支付账户，用户所发生的移动支付交易费用全部从用户的话费账户或小额账户中扣减。因此，用户每月的手机话费和移动支付费用很难区分，而且通过这种方式进行的交易也仅限于 100 元以下的交易。目前，中国移动与新浪、搜狐等网站联合推出的短信、点歌服务以及与中国少年儿童基金会等福利机构联合推出的募捐服务，都是由移动公司从用户的话费中扣除的方式来实现的。

(一) 模式结构与特点

在以运营商为主体的商业模式中，移动运营商根据自身优势选择搭建移动支付平台所采用的技术以及模式，然后选择有意向的银行进行合作，银行一方则可搭建与其接口的移动商务平台，然后双方各自维护各自的平台部分，如图3-9所示，主要描述了以运营商为主体的商业模式的结构。

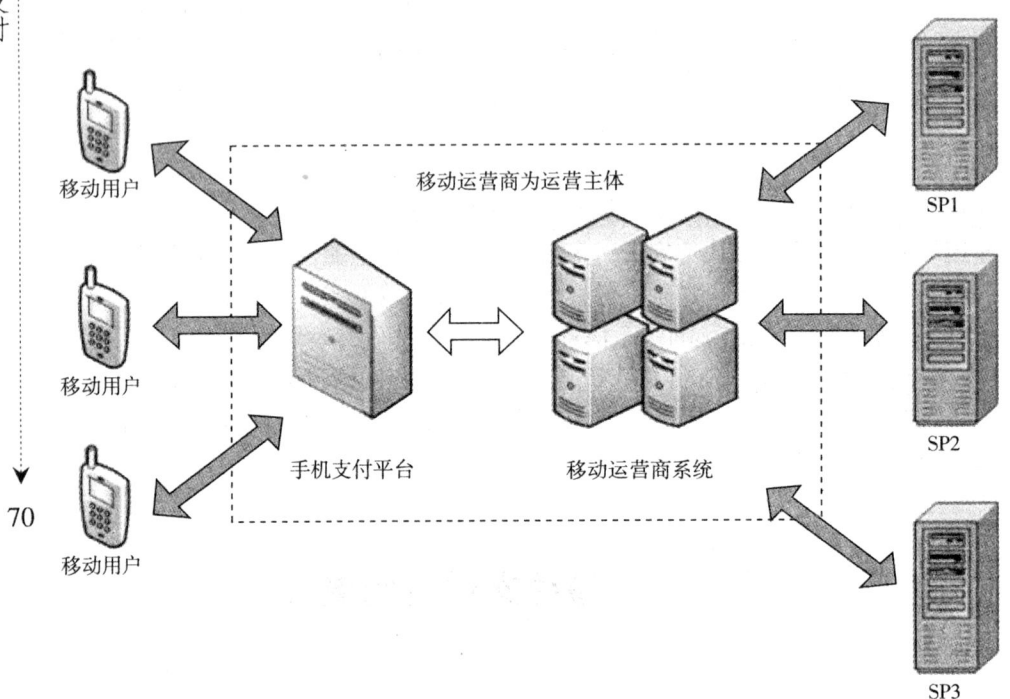

图 3-9 以运营商为主体的商业模式

以移动运营商为运营主体的移动支付业务具有如下特点：

直接与用户发生关系，不需要银行参与，技术实现简便；运营商需要承担部分金融机构的责任，如果发生大额交易将与国家金融政策发生抵触；无法对非话费类业务出具发票，税务处理复杂。

这其中也潜伏着大问题，即与银行账户相比，用户手机没有完全实现实名制，从而缺乏认证的基础。同时，移动运营商直接从手机费用中扣除通信以外的费用，有经营金融业务的嫌疑，而移动运营商是没有资质经营金融业务的。

为了跨越政策壁垒，开展更为丰富的移动支付服务，移动运营商放弃了"单打独斗"，开始与银行、第三方机构大规模的展开合作。

（二）实践应用

1. Simpay

Simpay 是 Orange、Vodafone、T-mobile 和 Telefonica 四家欧洲最大的移动电信运营商在 2003 年共同建立的一个移动支付的方案和品牌，此方案和品牌由独立于四家创始方的合资公司——Simpay 公司运营。Simpay 旨在提供一种跨越国界的移动支付广泛标准，并邀请其他运营商参与。由于没有金融机构的管理介入，Simpay 的支付账户由运营商提供，主要进行 10 欧元以下的支付交易。此系统平台的方案是选择 Enros 公司提供的全面移动支付解决方案。

Simpay 的交易流程包括六个环节：

（1）用户与商户进行商品买卖，用户同意支付，将手机号告诉商户。
（2）商户发送支付请求给 Simpay 支付认证中心。
（3）Simpay 通过移动通信网络发送支付确认单给用户。
（4）用户收到确认单进行确认，回复给 Simpay。
（5）Simpay 将支付成功的消息发送给商户。
（6）Simpay 商户获得支付成功的消息后，将商品给用户，完成支付交易。

Simpay 的特点是：

（1）开放通用的国际化的解决方案。
（2）同时支持现场支付和非现场支付。
（3）同时支持话单账单形式和信用卡/借记卡形式。
（4）无国界的支付方式。

从上面的介绍可以看出，Simpay 支付的步骤较多。

2. i-mode Felica（电子货币）

i-mode Felica 有两种支付形式，一种是电子货币形式，另一种是通过绑定的信用卡形式。在第一种形式下，用户的手机内有一个电子账户，用户购买电子货币为该账户充值。在进行交易时直接从该电子账户中扣除费用。在支付过程中无须金融机构的参与。

2004 年 6 月，日本移动运营商 NTT DocoMo 发布了 i-mode Felica 手机"电子钱包"服务，用户将 IC 卡（SONY 开发的非接触式智能芯片）插入此种新的手机，就可以进行购物。现在 i-mode Felica 的用户可以用他们的手机进行交费、购物和进入某个场地的身份认证。

与普通磁卡相比，使用 IC 芯片的 Felica 具有信息量大、安全性好等特点。根据这些特点，除可以像 Suica 和 Edy 那样作为预付卡使用外，还可以考虑用于会员证、飞机票、电影票等票券功能。另外，除面向个人消费外，还可以考虑应用于办公大楼的出入管理、公司内部食堂非现金结算、公寓智能钥匙等各种领域。

i-mode Felica 与普通 Suica 及 Edy 卡的不同之处在于，在 IC 系列中专门安装了电子货币 Edy 用的 i-appli。用户可以利用 i-appli，通过终端的液晶查看剩余金额及点数等信息。

更方便的一点是，可以利用 i-mode 的通信功能通过信用卡往账户里面充值。使用手机的网上银行早已出现，但基本上只能是存款和确认剩余金额，并不能从里面提取现金。而如果使用某些手机（如松下 P506iC）的话，就可以通过 i-mode 提取具有现金功能的电子货币，给人的感觉就像是手机里内置了 ATM 取款机一样。

二、以银行为主体的商业模式

在以银行为主体的移动支付商业模式中，银行可以购买，也可以自己开发移动支付平台，但必须独立运营移动支付平台。所有交易以及信息流的控制均在金融机构一端，移动运营商只是充当此业务系统的信息通道，商家也就相当于系统上的一个 POS 终端。已有的例子如交通银行北京分行、光大银行与中国移动的合作。

（一）模式结构与特点

在以银行为主体的模式下，各家银行通过与移动运营商搭建专线等通信线路，自建计费与认证系统（一般通过网上银行并行，并与银联的 CFCA 金融认证体系相通），同时在用户手机终端增加 STK，并植入银行账户等加密信息，实现移动支付功能。其结构如图 3-10 所示。

这种模式虽然完善了计费与认证两个核心体系，但由于用户需要承担换机或换卡成本，并且各银行只能为本行用户提供移动支付服务，因此，市场推广并不顺利。

移动支付过程发生的费用可分为三部分：一是数据流量费，这部分由移动运营商收取；二是业务手续费，这部分由银行收取；三是移动支付软件每月的使用费，这部分收入由移动运营商、银行及第三方共享。

银行通过专线与移动通信网络实现互联，将银行账户与手机账户绑定，用户通过银行卡账户进行移动支付。银行为用户提供交易平台和付款途径，移动运营商只为银行和用户提供信息通道，不参与支付过程。当前我国大部分提供移动银行业务的银行（如招商银行、广发银行、工商银行等）都自己运营移动支付平台。

以银行为运营主体的移动支付业务具有如下特点：

各银行只能为本行用户提供移动银行服务，移动支付业务在银行之间不能

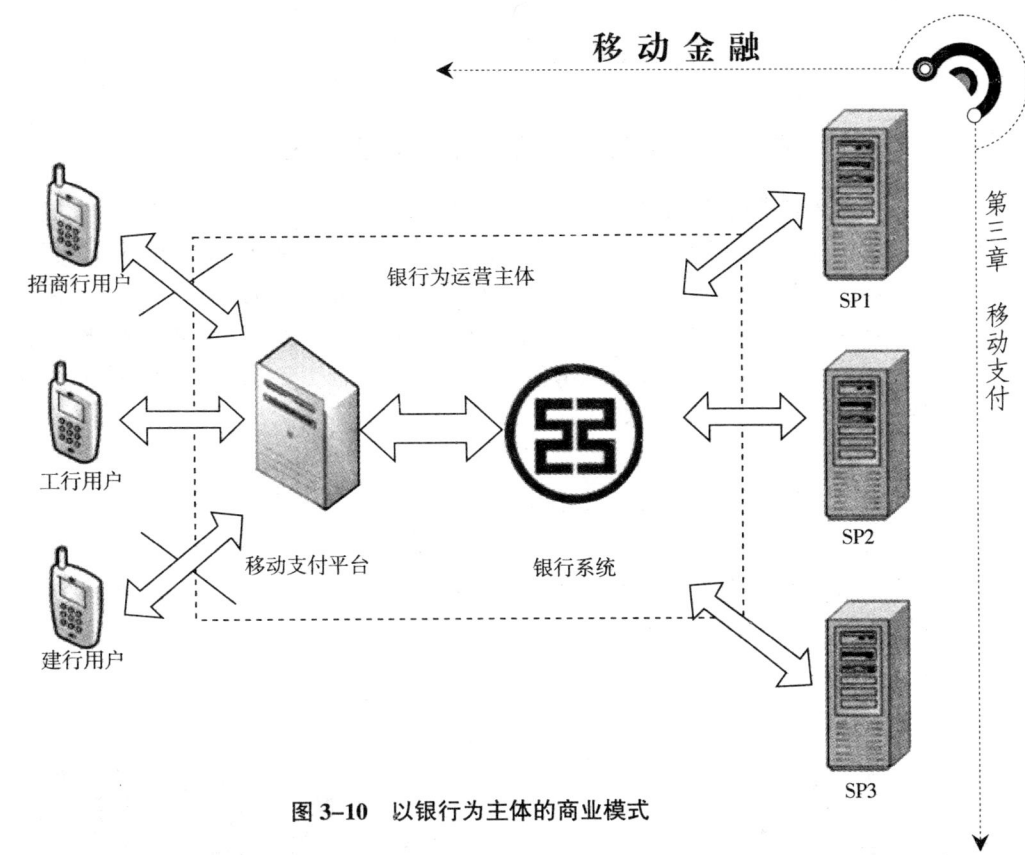

图 3-10 以银行为主体的商业模式

互联互通；各银行都要购置自己的设备并开发自己的系统，因而会造成较大的资源浪费；对终端设备的安全性要求很高，用户需要更换手机或 STK 卡。应当看到，每位用户正常情况下只拥有一部手机，但他可能同时拥有几个银行的账户。如果一部手机只能与一个银行账户相对应，那么用户无法享受其他银行的移动支付服务，这会在很大程度上限制移动支付业务的推广。

（二）实践应用

在移动支付尝试发展期，各地运营商与本地的一家主要商业银行进行移动支付试点，形成了这种模式。比如 2003 年，在上海、深圳等城市，移动与联通公司所采取的大都是与单个的银行或者特约商户合作的形式。上海移动与交通银行合作，采用短信息方式购买彩票和缴纳公用事业费。广东移动和联通与深圳工商银行、招商银行等银行合作，在部分大型超市中推出移动支付业务，而商家也可以通过这种方式支付进货的货款。

这种模式下，并不是所有的银行卡都可以实现移动支付，银行卡之间不能互联互通，而且由于标准不同，用户还需要将手机的 SIM 卡换成 STK 卡。这种模式为用户带来了很多的不便，也限制了移动支付的推广。后来随着银联的介入，这种模式地位逐渐下降。

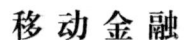

三、以第三方服务提供商为主体的商业模式

移动支付服务提供商（或移动支付平台运营商）是独立于银行和移动运营商的第三方经济实体，同时也是连接移动运营商、银行和商家的桥梁和纽带。通过交易平台运营商，用户可以轻松实现跨银行的移动支付服务。例如，Paybox.net AG 与 IBM 公司合作开发的 Web Sphere 平台、北京泰康亚洲科技有限公司的"万信通"平台、广州金中华通讯公司的"金钱包"等，都是由独立的平台运营商运营的移动支付平台。

（一）模式结构与特点

第三方运营商是独立于银行和移动运营商的经济实体，同时也是连接移动运营商、银行和商家的桥梁和纽带。通过第三方平台的计费（或合作）与认证系统，用户可以轻松实现跨银行的移动支付服务。以第三方运营商为主体的商业模式的结构如图 3-11 所示。

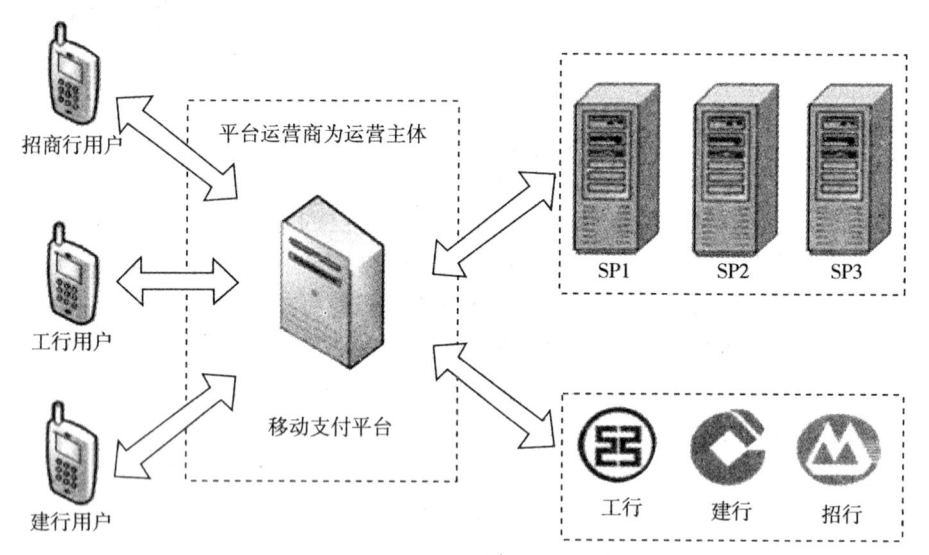

图 3-11 以第三方服务提供商为主体的商业模式

由于第三方运营商发挥着"插转器"的作用，将银行、运营商等各利益群体之间错综复杂的关系简单化，从而大大提高了商务运作的效率，也使得用户有了多种选择，只要加入平台，即可享受跨行之间的各种支付服务。

第三方运营商的收益来源有两部分：一是向移动运营商、银行和商户收取设备和技术使用许可费；二是通过参考银联 1‰ 标准（各家有一定差别），向移动运营商、银行等金融机构收取信息交换佣金。

虽然移动支付的第三方运营商优化了产业链结构，但也为自己增加了负担，这将考验其在研发、市场、资金等方面的能力。

以第三方交易平台为运营主体提供移动支付业务具有如下特点：

银行、移动运营商、平台运营商以及 SP 之间分工明确；平台运营商大大提高了商务运作的效率；用户的可选择性强；平台运营商简化了其他环节之间的关系，但为自己增加了处理各种关系的负担；在市场推广能力、技术研发能力、资金运作能力等方面，都要求平台运营商具有很高的行业号召力。

（二）实践应用

PayBox 是由瑞典的 PayBox（独立的第三方移动支付运营商和应用供应商）公司推出的移动支付解决方案。在德国，由于银行和移动运营商在移动支付合作上的意见不一致，为独立的运营商 PayBox 提供了机会。PayBox 公司先后在德国、瑞典、奥地利、西班牙和英国等几个国家成功推出了移动支付系统。PayBox 无线支付以手机为工具，取代了传统的信用卡。使用该服务的用户，只要到服务商那里进行注册取得账号，在购买商品或需要支付某项服务费时，直接向商家提供你的手机号码即可。

PayBox 支付流程包括六个环节：

（1）用户将手机号告诉提供商品的商户。

（2）商户将手机号和支付金额发送给 PayBox。

（3）PayBox 系统自动拨打用户手机，并用语音提示用户进行支付确认。

（4）用户输入 4 位的 PIN 码以确认支付。

（5）PayBox 通知银行处理此支付，银行收到通知后进行处理。

（6）PayBox 通过短信或语音通知商户，进行支付确认。

PayBox 的优势在于银行、移动运营商和第三方运营商都可以采用 PayBox 方案。此方案的特点在于：

（1）用户可以将钱存入银行账号或移动手机号上。

（2）用户随时随地可以取钱。

（3）用户可以安全地在互联网和大街上进行交易支付。

（4）用户需重新安装新的移动手机卡。

PayBox 与 Simpay 有共同的特点，就是通过短信或电话语音进行身份认证和支付确认，用户的支付过程比较复杂，不适合时间要求较高的支付场所，如加油站、便利店等。

四、银行与运营商合作模式

目前，中国移动和银联以及各大国有和股份制商业银行纷纷展开更大范围的合作并加紧和完善移动支付平台的建设，推出了银行与运营商合作的商业模式。

（一）模式结构与特点

相对于第三方移动支付运营公司，移动运营商与银联/银行的强强联手则优势明显。中国移动与中国银联联合推出的"手机钱包"业务就是区别于第三方移动支付平台模式的经典案例，它是中国移动与各商业银行共同开展银行信息服务、银行中间业务和移动支付的自有业务，具有天生的优越性。同时，经过前几年的摸索，中国移动和银联/银行也看到了由于自身体制限制，在业务创新、快速市场反应等方面的不足，所以也引入了一个第三方——联动优势科技有限公司。联动优势的定位，或者说中国移动和银联这两大股东给联动优势的定位，并不是一个独立的第三方运营公司，而是一个在中国移动和银联/银行背后、对整个业务进行运营支撑的支持性公司。在这个价值链里面，联动优势更多的是协助和支持，即协助中国移动和银联/银行进行支付系统软件的开发、支持移动支付平台的运营、拓展行业应用并进行有针对性的市场营销策划，而真正面向社会大众提供服务的仍然是中国移动和各大银行。

显然，由移动运营商与银行跨行业合作并由专业化的公司负责运营移动支付平台，才能够避免第三方支付平台提供商介入时，在信息安全、产品开发、资源共享等方面存在的先天性障碍。这种模式可以迅速实现对金融信息服务和银行中间业务的共享与管理，并能最大化满足用户对移动支付服务、信息安全的迫切需求，是较适合我国移动支付产业发展的商业模式。

（二）实践应用

1. QUICPay

QUICPay 是在 NTT DoCoMo 发布的 i-mode 手机基础上，由 JCB（日本国际支付公司）、AEON Credit Service（零售会员制信用卡公司）、NTT DoCoMo 联合发布的，由 JCB 和 AEON 共同开发的基于非接触式智能卡芯片的移动支付解决方案。QUICPay 与 i-mode Felica 一样，都使用 NTT DoCoMo 的智能卡手机。

QUICPay 提供的是一种简单、快速、离线的支付方式。用户通过申请此项服务，就可以将部分个人信用信息写入某个特定的智能芯片中，此芯片可能包含在一个独立的塑料卡中，也可能与目前的 i-mode Felica 卡合二为一，共同使用智能卡手机。由于 QUICPay 使用的是用户目前的信用卡账户进行移动支付，所以用户以前的忠诚积分和里程回报同样可以继续使用，同时用户使用 QUICPay 进行支付也同样可以增加用户的信用回报。

QUICPay 是一个开放的支付解决方案，它希望更多的信用卡公司加入到 QUICPay 服务中。

2. MONETA

MONETA 是韩国 SK Telecom 联合五家卡类组织（Koram Bank、Sumsung Card、LG Card、Korea Exchange Card、Hang Card）共同推出的移动支付业务品牌。起初，MONETA 只是一种有"理财帮手"之称的多功能卡，通过与 VISA 等信用卡机构合作，凡持有 MONETA 多功能卡的用户，均可轻松使用信用卡、公共汽车卡及地铁卡等电子化支付。此后，为了全面推动包括移动商务在内的移动数据业务的发展，SK 对无线和有线系统进行整合，构建了多媒体互联网共用平台——NATE，使用户能够随时随地通过手机、PDA、车载电话和 PC 等终端设备进行信息沟通和交流。由此，SK 将 MONETA 移植到了手机上，并采用 IrFM 和 RF 技术，基于 EMV（Europay-Master-Visa）国际标准，推出此现场移动支付方式 MONETA。现在，申请了该项业务的移动用户可以获得两张卡：一张是具有信用卡功能的手机智能卡，另一张是供用户在没有 MONETA 服务的场所使用的磁卡。移动用户只要将具有信用卡功能的手机智能卡安装到手机上，就可以在商场用手机进行结算，在内置有红外线端口的 ATM 上提取现金、在自动售货机上买饮料，还可以移动支付地铁等交通费用，无须携带专门的信用卡，而且同样可以得到发票。MONETA 服务支持各种交易，包括信用卡功能、电子现金、移动证券贸易、移动银行、购票和赠券服务。用户可以通过无线互联网将票据和赠券下载到手机上。他们可以在购买点出示票据和赠券，来购买或获得折扣服务。

本章案例

用友移动首推移动交易支付产品和服务

家住武汉市江汉区步行街附近的小谭是一位超级影迷，有时为了得到首映大片的电影票，要在家附近的天汇影城排上好几个小时的队，而最近却可以通过手机支付轻松购买天汇影城的电影票了。

"借助手机交易支付，可以随时购票，还不需要排队，真是太方便了。"小谭说。

这种便利要得益于用友移动"移商交易支付中心"产品和服务的推出。该产品是基于移动商街（hapigo.cn）平台，使买家和卖家通过 WAP 界面直接完成交易的移动应用解决方案。移动商街是用友移动在移动互联网上创建的商业中心，众多的企业、商家和消费者会聚在这里，开展移动商务活动。作为国内移动应用领域领先的移动电子商务服务提供商，用友移动推出此项产品，也使得移动商街成为国内首家实现 WAP 支付的移动电子商务平台。

移动金融

"移商交易支付产品的推出,变虚为实,使得应用落地,也推动我国移动电子商务的业务应用环节更趋完善和成熟。"用友移动总经理杨健表示。

通常,一个简易完整的移动电子商务业务环节包括浏览商品、选择商品、提交订单、支付、交货等几个基本环节。随着移动互联网以及现代物流的发展,选择商品、交货等环节相对容易实现。而由于安全、信用体系等方面的影响,手机支付,尤其是WAP支付一直没有突破性进展,这已经成为制约国内移动电子商务发展的"瓶颈"之一。商家和消费者不得不采取"线上搭线,线下交易"的方式,这大大降低了移动电子商务的效率。

"移商交易支付"的推出,弥补了当前移动电子商务中最薄弱的环节。"移商交易支付"通过集成第三方支付平台提供的WAP支付解决方案,并整合移动商街原有的移动商铺、商品展示、商品比价等业务,支持商家在线开设WAP店铺、发布和管理商品、管理和履行订单,以及手机用户选择商品、提交订单、在线支付,从而形成了完整的移动电子商务业务环节。

移商交易支付产品在测试期间,就受到了商家、企业的青睐。武汉市江汉区步行街上的天汇影城就主动与用友移动合作,利用该产品为其顾客提供购票服务。为了能够让更多的消费者来试用该产品,该商家还与用友移动湖北运营中心合作,推出"手机支付,1元看大片"的活动。消费者只需要登录移动商街,应用该产品,花1元钱就可以购得价值50元的电影票。

天汇影城负责人表示,移动商务是未来发展的趋势,面对越来越多的手机顾客,移商交易支付产品是"打开移动商务之门的钥匙"。事实上,移动电子商务在国内的发展年增长率超过30%,移动交易支付产品的不断完善和成熟,会给市场的长足发展带来新的动力。

资料来源:改编自时务:用友移动首推移动交易支付产品和服务.泡泡网(www.pcpop.com),2008-11-18.

问题讨论:

1. 移动交易支付产品和服务为用户和商家带来了哪些改变?
2. 你认为企业、商家和消费者如何进行合作才更有利于用友移动商街的发展?

本章小结

移动支付是银行业务结合无线通信技术的新型支付方式,它超越时间和空间的限制,并提供安全、便捷和个性化的服务。随着3G即将大规模应用,移动支付已成为牵动各方的热点话题。

本章从四个部分详细介绍了移动金融中的移动支付业务。

第一,阐述了移动支付的概念、分类与特征。移动支付是指用户使用手机、掌上电脑、笔记本电脑等移动电子终端和设备,通过无线方式来完成账务支付、银行转账等行为的一种新型支付方式。按照交易金额、获得商品渠道、接入方式、业务模式、应用类别等方式,可以将移动支付进行分类。移动支付具有商业性、协调性、服务性、虚拟性、安全性和可扩展性等特征,与传统支付相比,移动支付具有方便、快捷、安全的优点。

第二,介绍了移动支付的技术平台。移动支付平台体系主要包括门户管理、通信管理、交易管理、账务管理和系统管理等模块和单元,还包括多种接口,以便与外部支撑系统进行交互。外部系统主要包括用户、CP/SP、充值中心、网管中心、运营支撑系统、预付费平台、短消息中心、短信网关、WAP网关等。在此基础上,详细说明了基于智能网建设的移动支付平台和基于短消息增值业务建设的移动支付平台的结构。

第三,叙述了移动支付业务的典型流程,剖析了移动支付的整体运作过程。介绍了包括电子现金、电子钱包、智能卡、电子支票的移动支付工具。

第四,论述了包括以运营商为主体、以银行为主体、以第三方服务提供商为主体和银行与运营商合作的四种移动支付商业模式,并举出实际例证,便于读者综合全面地把握移动支付业务。

本章复习题

1. 搜寻更多的有关移动支付的不同定义,分析出你认为比较科学、完整的说法。
2. 叙述移动支付的特征及优势。
3. 比较移动支付平台两种构建模式的区别。
4. 结合实例,叙述移动支付业务的运作流程。
5. 分析目前中国移动支付的商业模式并总结相应的发展策略。
6. 展望分析应用 3G 技术的移动支付方式可能存在的问题。

第四章 移动银行

学习目的

知识要求 通过本章的学习,掌握:

- 移动银行的概念和特征
- 移动银行的功能
- 移动银行的优势与劣势
- 移动银行与网络银行、电话银行的区别

技能要求 通过本章的学习,能够:

- 正确认识移动银行对传统银行的影响
- 解释移动银行的系统架构
- 深入了解移动银行的各类业务构成
- 熟悉移动基金、手机理财的实践应用,并分析其发展过程中存在的问题
- 全面理解移动银行的系统运作流程,并把握其未来发展方向

学习指导

1. 本章内容包括:移动银行的概念、类型、特征及功能;移动银行的业务构成;移动银行的系统架构;移动银行系统的运作流程。

2. 学习方法:理论学习与实践应用相结合。对移动银行的架构与运作流程要用心思考,移动银行的业务构成主要靠熟悉,而移动银行的概念、分类和功能是需要牢记的。本章内容涉及业务较深,看上去容易,但实际对没有接触过通信与银行业务的学生来说理解起来较困难。

3. 建议学时:6学时。

移动金融

引导案例

手机银行——炒汇宅男的贴身助手

薛力是个不折不扣的宅男,对他来说,他的生活不是在家里,就是在回家的路上。薛力最喜欢的东西,只有两样——电脑和手机。有事没事,薛力就倒腾电脑,加个内存、升级个主板、换个显卡、下载个最新软件,像很多女孩子追求漂亮衣服一样,薛力电脑的升级速度非常惊人。对于手机更是如此,你可以看到薛力穿着过时的衣服,但是你绝对看不到薛力会拿着老土的手机。他说,3G时代,玩转手机才能避免成为"奥特曼"("out man"的谐音,意为落伍之人)。

2006年,薛力辞职离开了一家IT公司,开始了真正的宅男生活,在家专职炒汇。薛力的愿望是到30岁那年一定要积累足够的物质基础。电脑成了薛力最亲密的伙伴,一天可以十几个、二十个小时待在电脑前面,白天炒汇,晚上恶补炒汇知识。确实,汇市瞬息万变,稍有差池,就会血本无归,薛力只能和电脑捆绑在一块。

过了3年宅男生活的薛力现在越来越觉得电脑有时候也是个麻烦,需要有事外出或偶尔出门旅游,带个电脑难免不方便,但不带电脑又心里没底,总惦记外汇市场行情。薛力也曾想过用手机上网炒汇,但是老担心风险,而且觉得手机上网的速度不够快。不过那天和朋友说起这些烦恼的时候,朋友的话让他醍醐灌顶,朋友说:"3G时代,玩转手机银行才是流行时尚。3G时代的手机银行不仅速度很快,还非常安全。亏你还换手机那么勤快,居然还不会用手机银行,你啊,真是out啦!"

回到家,薛力就开始上网搜索关于手机银行的相关信息,还在网络论坛里查阅了很多网友们的帖子,发现很多人都在关注手机银行对炒汇的作用,而且还有对几家运营商的服务体验的对比。

薛力了解到手机银行不仅可以使人们在任何时间、任何地点处理多种金融业务,而且极大地丰富了银行服务的内涵,使银行能以便利、高效而又较为安全的方式为客户提供传统和创新的服务,而移动终端独具的贴身特性,使之成为继ATM、互联网、POS之后银行开展业务的强有力工具,成为继网上银行、电话银行之后又一种方便银行用户的金融业务服务方式。它一方面延长了银行的服务时间,扩大了银行服务范围;另一方面无形地增加了银行业务网点,真正实现24小时全天候服务。另外,薛力发现大家还认同手机银行的安全性,于是第二天,他就开通了手机银行业务。

现在的薛力还是很忙,他凭着这些年摸索出来的经验,在外汇市场打拼,小有成就。有了手机银行之后,薛力觉得如有神助,离开电脑、走出蜗居,每天都很精彩。

资料来源:改编自手机银行,股市宅男的贴身 CFO.硅谷动力网站(www.enet.com.cn),2010-01-07.

问题:

1. 手机银行与传统银行之间有哪些区别?
2. 你认为利用手机银行还可以进行哪些业务?

第一节 移动银行概述

移动银行服务是无线通信技术与银行业务相结合的产物,它将无线通信技术的优势应用到金融业务中。作为一种新型的银行服务渠道,移动银行不仅具有网上银行全网互联和高速数据交换等优势,更具有移动通信"随时、随地、贴身、快捷、方便、时尚"的特性。手机银行是网上银行、电话银行之后又一种方便银行用户的金融业务服务方式,它延长了银行的服务时间,扩大了银行的服务范围,也在无形之中增加了银行业务网点,真正实现了"七天二十四小时"的全天候服务,大大拓展了银行的中间业务范围。

一、移动银行的概念与分类

移动银行是一种现代化银行服务渠道,客户可通过移动设备实现与银行的信息沟通,并可得到银行提供的各种服务。加之其 24 小时全天候服务,将使银行不受时间、地点、空间的限制,随时、随地向客户提供金融服务。

(一)移动银行的概念

移动银行又称"手机银行",是指通过移动通信网络将客户的移动电话与银行系统连接,实现通过手机界面直接完成诸如账户查询、账户转账等各种金融服务的一种崭新的业务产品。即银行以手机为载体,依托移动 GSM 无线网络,利用移动的短信息资源,通过短信息、WAP 等方式对银行账户进行操作,实现手机"金融理财"、"无线 POS"、"电子钱包"等功能。简单地说,移动银行就是利用移动电话办理银行相关业务的简称,是银行实现电子化的一种渠道,是将货币电子化与移动通信业务相结合的崭新的服务方式。

移动银行是继网上银行出现之后,由于移动通信技术的迅猛发展而出现的一种银行服务渠道,它是网络银行的延伸。移动银行不仅具有网络银行的互联和高速数据交换等优势,还具有移动通信随时随地的独特性,是客户随身携带的"银行",客户可以利用手机随时随地进行支付或交易,从而增加银行的中间业务收入,使银行能以便利、高效而又较为安全的方式为客户提供传统和创新的服务。因此,移动银行是商业银行开展的一种便利、快捷、竞争力强的服务方式。

(二)移动银行的分类

1. 根据移动银行的业务功能,可分为简单信息型和复杂交易型

简单信息型的移动银行主要提供以金融信息通知、账户信息查询为代表的服务功能,对于移动银行的安全性能要求较低,手机型号限制较少,目标客户范围广泛,市场拓展相对容易。

复杂交易型的移动银行主要是在高安全技术保障下,提供通过手机进行银行账户资金交易的功能,其服务功能丰富,安全性能高,客户与银行的交互较多,对于客户和手机型号有较多限制。

2. 根据移动银行采用的技术方式,可分为短消息服务和无线应用协议

短消息服务型的移动银行业务系统是由手机、GSM 短信中心和银行业务系统构成的。手机与 GSM 短信中心通过 GSM(2G)无线网络连接,而 GSM 短信中心与银行系统之间的通信可以通过有线网络来完成。某些情况下,短信中心还可能通过一个业务增值平台与银行前置机相连,以减轻短信中心的负担。技术方式主要包括普通短信息方式、STK 卡方式和 USSD 方式等。在亚洲市场上,短信息型的移动银行得到了消费者的高度青睐,但由于安全程度不高,服务器端是明码报文,银行提供的服务相对要少,交易开放程度低。

无线应用协议型的移动银行产品的主要特征是执行无线应用协议,是目前欧美市场上公认的主流产品。无线应用协议型移动银行技术实现方式多种多样,主要包括 WAP 方式、K-Java 方式和 BREW 方式等,安全程度较高,银行提供的服务相对要多,服务的层次较高,但技术本身是否已完全成熟尚需考证。

3. 根据移动银行的市场推广主体,可分为银行的"移动银行"、移动运营商的"移动银行"和手机制造商的"移动银行"

银行的"移动银行"是以银行品牌推出为主,为银行客户提供新的服务渠道。由银行进行系统建设,制定业务标准,移动、联通只作为运营商提供接入服务,在市场营销、客户推广、服务功能以及操作方式上都以银行为主。对于银行而言,不仅可以通过移动银行为已有的客户提供新的服务,更大程度地降低成本,提高客户服务质量至整个社会的中高层次,而且可通过移动银行对客户开展营销活动,利用其短信息功能向客户介绍银行的服务和产品,从而显著提高工作效率和营销力度。

移动运营商的"移动银行"是以移动通信运营商品牌推出为主,为手机客

户提供的新服务种类。例如，由移动、联通制订标准，银行作为服务提供方接入，市场营销、推广、操作方式以移动或联通为主。对移动通信运营商来说，移动银行是在现有的网络框架和设备基础上，通过短信息系统平台来完成移动银行业务的，移动银行的开通可以丰富通信服务种类，提供服务质量和手机利用率，在正常的话费之外获得大量的增值业务服务费，保证了低成本和高效率。

手机制造商的"移动银行"是指手机制造商在激烈的市场竞争中寻求业务亮点，看好移动银行的未来发展，与商业银行联手，在新推出型号的手机芯片中，固化菜单加入移动银行功能，由于这种增值服务及个性化服务，平添了手机的魅力，会激发人们对手机的需求，手机销售市场被激活，有力地促进了手机制造商的生产和销售。

二、移动银行的特征与功能

移动银行发展经历了短信服务（SMS）、用户识别应用发展工具（STK）、非结构化补充数据业务（USSD）、无线二进制运行环境（BREW）/K-Java 和无线应用协议（WAP）几个技术阶段。

世界上率先实现商业化运作的移动银行项目是由东欧的捷克 Expandia Bank 银行与移动通信运营商 Radio Mobile 公司在布拉格地区联合推出的，可为客户提供包括账务资料和安全支付在内的大量在线金融服务，功能包括账务结算、股票和货币信息查询、账单支付以及客户服务热线等。该移动银行系统从 1998 年 5 月 1 日运行，已由最初的支持一家银行业务发展为目前支持多家银行业务。

1999 年 1 月，美国花旗银行与法国 Gemplus 公司、美国 M1 公司携手推出了移动银行业务，客户可以利用短信信息服务向银行发送文本信息执行交易，还可以从花旗银行下载个性菜单。而法国截至 2001 年底已有 90%以上的银行开通了移动银行业务。

日本和韩国虽然开展移动银行业务较欧美稍晚，但是发展迅速。截至 2005 年，手机在日本和韩国已经成为主流的支付设备。2004 年韩国通过移动电话完成的银行业务量平均每天达到 28.7 万笔，比 2003 年增长了 104.4%，到 2005 年底，注册手机移动银行业务服务的用户已达 190 万人，比 2004 年增长了 108%。目前，韩国消费者把手机作为信用卡使用，所有的商业银行都能提供移动银行业务。

2005 年，WAP 移动银行出现，通过手机内嵌的 WAP 浏览器访问银行网站，提供在线金融服务，并且采用国际公认的工业标准和开放技术平台，具有无须下载客户端、实时交互、界面友好和安全性高等优势。WAP2.0 非常适合开展移动银行业务，WAP 在线交易移动银行已经成为移动银行的发展趋势。

(一) 移动银行的特征

一个完善的移动银行电子化系统通常具有及时有效、准确可靠、连续可扩、开放多功能、可随时随地进行资金交易、安全保密、操作简便、方便灵活等特点。

1. 及时有效

资金融通时间的长短意味着资金成本的高低，在现代经济社会中缩短资金在途时间、提高资金使用效益，是充分发挥资金效益的有效手段。而现代计算机技术和通信技术能够提供高精度、高容量的技术支撑，运用这些、技术建立起来的移动银行电子化系统能够为客户提供及时、有效的各项资金融通服务。

2. 准确可靠

移动银行电子化系统采用了现金的技术和手段，采用自动化的处理方法，减少了人工干预，避免了由于各种人为因素造成的不安全。高精度的运算工具避免了人工计算所造成的差错，自动化的通信线路能快捷、准确地确保信息顺利通畅地到达目的地，各种加密防伪技术也能避免外在干扰和破坏，使得数据的处理、存储、传输等过程准确可靠。

3. 连续可扩

移动银行采用了先进的技术手段，使得其能良好地保持业务的连续性。随着新技术的运用，移动金融电子化系统通过先进的结构化、模块化设计方法，使其功能上的拓展简便且易于实现。

4. 开放多功能

移动银行服务商能为客户提供一年 365 天、一天 24 小时的不间断服务，客户可根据自身需要随时随地使用移动银行业务进行转账、查询、缴费等多项操作，这对一些经常出门在外而且业务频繁的人士起到非常重要的作用。

5. 可随时随地进行资金交易

移动银行服务商能为客户提供一年 365 天、一天 24 小时的不间断服务，客户可根据自身需要随时随地使用电话银行业务，这对一些经常出门在外而且资金交易频繁的人士起到非常重要的作用。

6. 安全保密

移动银行的信息在传输过程中全程加密，由于其解密的密钥不在通信网络中，而是保留在银行的主机里，解密的过程全部在银行主机中进行，从而能有效地保证客户资金和信息的安全。

7. 操作简便、方便灵活

移动银行界面主要由菜单和人机对话框组成，其业务提示均通过移动电话网络的短信息系统来实现，使用直观、方便。

(二) 移动银行与电话银行、网络银行的区别

移动银行并非电话银行。电话银行是基于语音的银行服务，而移动银行是基于短信息或无线网络的银行服务。目前通过电话银行进行的业务都可以通过移动银行实现，移动银行还可以完成电话银行无法实现的二次交易。例如，移动银行可以代用户缴付电话、水、电等费用，但在划转前一般要经过用户确认。由于移动银行大多采用短信息方式，用户随时开机都可以收到银行发送的信息，从而可在任何时间与地点对划转进行确认。

移动银行与 WAP 网络银行相比，优点也比较突出。首先，移动银行有庞大的潜在用户群；其次，移动银行必须同时经过 SIM 卡和账户双重密码确认之后，方可操作，安全性较好，而 WAP 是一个开放的网络，很难保证在信息传递过程中不受攻击，安全性相对较弱。另外，移动银行实时性较好，折返时间几乎可以忽略不计，而 WAP 进行相同的业务需要一直在线，其服务时间还将受到网络拥挤程度与信号强度等诸多不确定因素的影响。

(三) 移动银行的功能

移动银行在各银行都限定以个人客户为对象，客户可根据实际需要方便灵活地使用各个商业银行提供的不同服务功能。目前移动银行服务是以银行所掌握的资源为基础，旨在提供市场所能接受的、方便、实际、安全性高的业务，主要包括转账余额查询和交易明细查询等服务内容。

移动银行的业务功能分为对内、对外两部分，对外可为各种不同类型的手机用户提供信息通知、移动银行交易、移动支付等金融理财服务或增值服务；对内可为银行实现签约客户的资料管理、商户管理、运营监控、接口数据转换、计费及业务统计分析等后台管理功能。

1. 银行基本业务功能

此类功能是在银行网点柜台的非现金业务中，挑选出适合的功能移植到移动银行上。它与电话银行、网上银行的业务功能大致相同，是对业务渠道的补充，充分体现了银行服务渠道多元化的特色，是移动银行最基本的功能。移动银行提供三类基本业务服务功能：账户查询功能、账户交易功能、账户管理功能。

（1）账户查询功能。客户可通过移动银行进行账户余额查询、账户明细查询、到期账户查询、消费积分查询、公积金查询等。登录移动银行，选择需查询的账户，移动银行系统将账号信息发送到对应的银行账务系统中进行查询，查询成功后将信息返回发送至客户手机。

（2）账户交易功能。

①账户间转账。客户可以通过移动银行从个人名下账户向其他账户进行资

金划拨，服务功能主要包括活期账户转账（卡间转账、卡内转账）、活期账户转定期、定期账户转活期。由于STK、WAP、K-Java等方式的安全系数较高，此类移动银行可以进行小额的资金定向外转业务，仅适用高级客户，同时转出账户为与银行有事先约定的签约账户。

②电子汇款。客户可以通过移动银行从签约账户汇款到异地银行客户账户，服务功能主要包括电子汇款、汇款查询。汇款成功后，提示用户是否用短信通知收款人，如果用户选择发送短信汇款留言，手机会生成一条短信的模板，用户可以修改，输入收款人手机号码后，发出这条短信；如果用户放弃发送短信，则汇款服务结束。

③缴费功能。缴费功能是为银行客户提供的一种全新的电子化缴费渠道。客户首先申请缴费项目，到缴费期时，系统主动通过手机短信息把缴费通知发送给客户，待客户确认后再向银行核心业务系统发出扣费请求，完成缴费。如果账户余额不足则发送欠费通知。通常的缴费项目有水电费、煤气费、电话费、手机话费、物业管理费等。基于传送密码的安全性考虑，短信方式的缴费必须建立在银行账户的绑定关系上，即缴费是以手机直接发送的方式进行交易，通过与缴费账户的绑定关系，实现缴费账户的扣费处理。缴费可采用已建立绑定关系的银行账户，也可采用客户已签约的任一活期账户作为扣费主体。缴费交易根据发起角色的不同分"主动缴费"及"通知缴费"两种。主动缴费是指由手机用户主动发起缴费交易；通知缴费是指由移动银行平台以群发的形式向手机用户发送缴费信息，提供手机用户确认的移动缴费方式。

④外汇买卖。客户可以通过移动银行实现的功能有实时交易、委托挂单、委托撤单、止损挂单、双向挂单、查询当日成交明细、查询历史成交明细、查询委托结果、即时外汇买卖、查询外汇汇率、查询外汇走势图等。外汇买卖基于移动账户的绑定关系，交易过程虽通过手机号码完成，款项却在与手机号建立绑定关系的银行账户中结算。

⑤银证转账。客户可以通过移动银行实现的功能有银行账户转保证金户、保证金户转银行账户、查询保证金户等。将资金由证券资金账户转入对应的银行账户，事先必须进行券商设定和股东代码设定。

⑥银证通。客户可以通过移动银行实现的功能有委托成交、委托撤单、资金查询、股票余额查询、行情查询、查询委托明细、查询成交明细、查询交割明细、配号查询等。银证通业务基于移动账户的绑定关系，交易过程虽通过手机号码完成，款项却在与手机号码建立绑定关系的银行账户中结算。

⑦基金债券业务。客户可以通过移动银行实现的功能有基金认购、基金申购、基金赎回、查询资金账户、查询基金账户、查询当日明细、查询历史明

细、查询配号、查询基金价格、债券认购、债券买入、债券卖出、查询债券交易牌价、查询债券交易代码、查询债券现价收益率、查询债券账户余额、查询资金账户余额、查询明细、债券账户挂失等。基金债券业务基于移动银行账户的绑定关系，通过手机号码完成交易过程，而在与手机号码建立绑定关系的银行账户中进行款项结算。

(3) 账户管理功能。

①账户临时挂失。客户通过移动银行输入或选定要挂失的银行账户，身份验证后对该账户进行临时挂失。身份验证的方式是签约客户核对移动银行密码、非签约客户核对开户时身份证件号码或账户查询密码等。

②密码修改。登录移动银行，选择更改登录密码，输入原密码一次、新密码两次，确定提交。输入移动银行系统校验密码，若成功则返回"修改成功"，否则返回"错误原因"。

③不确定交易查询。由于在移动银行的交易过程中可能发生异常情况，如移动通信堵塞、移动银行服务器和银行业务系统之间信息传输故障等，造成交易结果不确定。客户在登录移动银行后，在欢迎页面自动提示有不确定交易发生，并提示客户进行不确定查询。用户选择不确定交易功能，移动银行系统将不确定交易表中的数据发往银行业务系统查询处理结果，同时修改不确定交易表中该交易的完成状况。

2. 短信息通知类功能

银行利用移动通信运营商的 SMS 网关服务、移动网上的 USSD 通道和手机短信息功能，结合银行客户自身需要，为客户提供个性化的特色信息通知服务。客户可以选择通知服务的品种，可以设置各种个性化条件，同时，对所定制的信息服务可选择定时或实时推送方式。定式推送方式还可以自由指定一天中的某个时间段。银行根据客户定制，选择性地批量发送信息，降低运营成本，减少对客户的打扰。信息通知服务提供的短信息主要有四类：账户信息通知、银行信息通知、客户关怀信息（如生日祝福）和催收催缴信息。

短信息通知类功能是移动银行自身独特的功能，有着其他银行服务渠道无法比拟的优势，是移动银行最吸引客户的功能。首先，移动银行的短信息通知类功能信息传输的安全性高。通过电话查询客户资料易被窃取，对账单邮寄中间环节多、时间长、易丢失，而手机短信息功能可以实现事先简单通知客户，客户同意后再主动点播的方式。其次，用户界面友好，信息容易保存。最后，由银行主动发起，是银行在提高服务质量的同时，降低信息发布的费用。这些特点是其他银行服务渠道无法具备的，因此短信息通知是目前移动银行中使用最多、最频繁的功能之一。

(1) 账户信息通知。账户信息通知主要是在客户账户发生变动的情况下，银行按照客户事先约定的内容和方式，编辑账户信息，通过短信息中心将账户变动信息发送给客户。

①指定账户变更情况的通知。客户在银行制定一个或多个账户，当账户资金余额或账户状态发生改变时，银行系统将该变动情况发送到移动银行，移动银行将账户变动信息以手机短信息的形式通知客户。例如，客户指定的账户有资金到账、取款、账户冻结等变动情况发生时，银行就能以实时或者批量汇总通知的方式，通过手机短信息及时通知客户，使客户全面掌握账户的整体情况。

②特定账户变更情况通知。客户在银行指定自己的一个或多个账户，同时制定这些账户的特定变更情况，或者由银行定义几种特定的账户变更情况，客户与银行就此异动情况签订协议。当客户指定的账户发生协议中所签订的变更情况时，银行系统将该账户的变更信息实时下发到移动银行，移动银行将该信息通知客户。例如，客户账户发生大额取款、异地交易，客户便可实时接到通知，使客户及时了解账户的特殊变动情况。

③定期账户到期通知。当客户在银行指定的相应定期存款账户中的定期存款到期时，银行系统就会将该定期存款的到期信息下发给移动银行，移动银行将该信息通过手机短信息通知客户，客户可根据自身银行存款考虑到期后的资金流向，避免了定期账户到期后资金长时间闲置的问题。

④贷款到期通知。客户在银行的贷款到期前，银行系统将该客户的贷款即将到期的信息以及该客户需要还银行贷款的详细信息（如贷款本金、贷款利息、还款时间、还款方式）下发到移动银行，移动银行将该信息通过手机短信息通知客户，善意提醒客户贷款将要到期，可有效减少贷款逾期不还的客户数目，降低银行的不良贷款率。

⑤缴费扣款不成功通知。客户和银行签订了缴费自动扣款业务协议，在银行系统自助为客户进行缴费扣款的过程中，如果发现客户指定用来缴费的账户余额不足，或是客户缴费金额超过客户约定的上限金额，则该次缴费扣款不成功，银行系统将该账户余额、扣款不成功的原因及催缴的通知信息下发到移动银行，移动银行接受该信息并将该信息通过手机短信息通知客户，客户收到信息后可及时采取其他方式进行补缴。

⑥定期对账服务。银行将客户一段时间内的对账单发送到移动银行，移动银行将通过手机短信息将账单信息通知客户。

(2) 银行信息通知。

①产品推介。当银行有新产品或新服务出台时，银行系统将该新产品或新

服务的介绍信息下发给移动银行，移动银行接受该信息并将该信息通过手机短信息通知客户。

②发布定制金融信息。客户与银行签约定制汇率、利率、证券指数、期货指数等信息的协议，银行根据协议定期将客户在银行定制的有关金融信息详细下发给移动银行，移动银行接受该信息并将其通过手机短信息通知客户。

（3）客户关怀信息。

①VIP 客户生日祝福。银行系统检测到当日是某个 VIP 客户的生日时，便将该客户相关的信息下发给移动银行，移动银行生成给该客户的生日祝福，同时将该祝福通过手机短信息发送给该 VIP 客户。

②销户挽留。当客户在银行的账户发生非正常到期的销户或是取消移动银行服务时，银行系统在销户的通知，将客户信息下发到移动银行，移动银行将生成感谢支持的信息，并对客户进行服务满意度调查，了解客户离开的真实原因，进而对客户开展客户挽留。

（4）催收催缴信息。客户的信用卡透支或各种贷款逾期不还达到规定天数以上时，就形成了不良资产，对于这些客户银行要在不同阶段采取各种不同的方式进行催收催缴，移动银行的短信息通知方式是银行进行第一次催收催缴时主要选用的方式。

3. 移动支付功能

移动支付功能基于移动账户的绑定关系，为每个移动用户建立一个与其手机号码关联的支付账户，消费过程通过手机号码完成，自动链接与之建立绑定关系的支付账户，完成支付账户的扣费处理。通过移动支付，企业和用户可以随时随地通过无线方式进行交易，大大增强了买卖双方交易的灵活性和可支付性。

我国拥有广大的移动用户群，移动支付业务具有很大的发展潜力。在我国，目前还主要采取现金交易方式，而在国外，不但大部分交易已经采用电子交易方式，而且移动支付以其便捷的交易方式，越来越受到消费者的欢迎，逐渐成为一种非常流行的支付方式。实际上，如果能实现手机用户实名制，移动支付几乎可以满足所有的支付需求。如可以从大型超市、百货商店街边的零售服务厅进行购物，可以通过手机进行相应的彩票购买、电话费的支付以及通过手机购买公共车票、交过路费、交过桥费等。

4. 移动银行内部管理功能

在商业银行内部，建立起一个功能强大的移动银行平台，通过移动银行平台系统实现与银行业务系统的连接，由移动银行平台系统将移动银行的交易报文格式转换为业务处理系统的交易报文，提交业务处理系统进行处理；同时，平台本身具备客户数据管理、运营监控、计费、短信发布及业务统计分析等后台管理功能。

（1）签约客户资料管理。移动银行平台一方面可通过银行各分支机构的网点柜台、电话银行等前台服务窗口接受客户的服务申请，建立签约客户资料库；另一方面可通过后台对签约客户资料库的数据进行增加、修改、删除等特殊操作，尤其是可根据业务发展的需要进行批量签约处理。

签约客户资料库的数据可根据电子银行业务整合的需要，建立共性数据的有机关联，数据内容及结构（如客户基本资料、客户号、客户密码等）可采用银行现有系统已发展成熟的统一标准，如网上银行、电话银行等。同时，需要考虑移动银行的服务特点，建立个性化的专门设置，如建立移动支付绑定关系、信息服务的定制标志等。

（2）商户管理。对在移动银行中提供移动缴费、移动支付的商户进行集中管理及业务量统计。商户管理模块包括对商户资料的注册、资料修改、撤销及业务量统计。需要考虑商户的地域位置及可提供移动商务的地理范围，这些特性会影响到交易账户对账清算的流程及方式。

（3）运营监控。移动银行平台实时监控整个系统各个交易环节的通信及交易状况，对数据通道（接入、输出或转接）、每个服务功能的技术实现、商户或合作单位的异常情况发出报警，在必要时采取对商户、客户或业务功能（或交易通道）的交易暂停、交易恢复等交易控制手段，还能根据各环节的运营数据（如因通信问题、程序设计、客户或商户操作失误及状态异常等各种因素造成交易失败的数量等）进行运营分析。

（4）交易清分。提供每日交易对账功能。交易清分应有两层概念：一是提供移动银行平台与商业银行各一级分行前置系统、跨地域商户的每日交易对账；二是提供商业银行各一级分行前置系统与本分行核心业务处理系统对账，以及商户与银行间的交易对账。

（5）计费功能。分别面向手机用户端、商户端和合作伙伴的数据流量（或交易数据）统计和缴费处理进行参数化管理并提供执行手段，为银行与支付服务提供商、网络运营商之间进行业务分润提供原始数据及统计、折算划分等支持。

（6）业务查询、统计与报表分析。对通过移动银行发生的各种交易进行实时的记录，提供按统计时段（按日、月、旬、半年、年或任意起始、终止日期）、各种关键条件组合的查询或统计，提供不同基点（如年、月等）下相同统计时段的可比性数据化分析（如去年同期、本年各月等的业务数据对比）。按不同层级机构划分的统计口径（总行——一级分行—二级分支行—网点），同级不同层系分支机构的签约数据、交易数据，依据不同的分析角度获取各类报表。

（7）系统维护。对移动银行凭条提供必要的系统参数设置、数据备份及操作管理权限设置功能，使整个系统可随业务的发展进行适度地自我调节及业务功能上的扩展。

（8）短信发布中心。银行与网络运营商合作，利用手机的短信息功能，在移动银行系统中建立一个银行短信息推送服务的功能模块——短信发布中心。短信发布中心对手机用户定制的短信息推送服务的运营进行整体的监控和管理。商业银行的各级部门可依据职能划分对每类短信息进行标准制定、参数化管理、定义短信息模板，实现短信息基础数据的定制（或实时）采集（或接收）、处理、发送等流程，以及对短信息定制和发送的统计及分析。

（9）用户管理。移动银行平台提供面向银行分支机构的用户管理，功能分为业务申请注册和服务功能设置。业务申请注册的内容包括分支机构的名称、机构号、IP地址、业务联系人、技术联系人、联系电话等基本资料，可进行新增、修改和删除。服务功能设置包括服务功能的开通和关闭，可根据分支机构的业务需要进行调整。

三、移动银行对传统银行的影响

狭义地说，移动银行本身并不是一种新的银行业务或金融产品，而是一种银行业务或金融产品的新的服务手段，其与传统银行业网点柜台和客户经理面对面的服务方式有根本的区别，银行开展移动银行业务的目标是将移动银行建设成集银行服务、信息服务、电子商务为一体的移动社区。

（一）移动银行的优势

移动银行通过对传统渠道业务的整合，提供了全面的非现金业务功能。客户只需将手机号与银行账户绑定，就可以享受查询、转账汇款、缴费、支付、外汇买卖、银证业务、手机股市、基金查询等在线实时金融服务。较传统银行业务而言，移动银行具有以下优势。

1. 业务功能有所突破

主要体现在以下三个方面：

（1）手机到手机转账。传统的转账方式要求付款方必须知道收款方的银行资金账号，才能进行转账操作。但很多情况下，付款方并不知道收款方的银行账号，或者收款方不愿意透露自己的银行账号，这就会导致无法实现资金划转或降低资金划转的效率。移动银行可以为客户提供手机到手机转账的便利服务，客户无须知道收款方的银行账号和真实姓名，只要确定收款方是移动银行客户，知道其手机号码就可以实现安全快捷的转账交易。

（2）基金投资。移动银行基金投资服务可以提供随时随地的基金认购、申购、赎回、查询等基金交易。客户无论在公交车上、地铁里、路上还是在家里，都可以通过手机进行基金认购、申购、赎回、撤单、修改分工方式、转换等交易，同时还可以查询各个基金的实时行情、账户余额、基金交易记录等。

（3）跨行转账。客户输入网点名称关键字或网点号，即可准确定位资金转入方开户网点，实现跨行转账。

2. 安全防护有保障

保障客户的资金、隐私安全是银行最基本的义务。移动银行采用移动金融安全技术专用协议，利用业务和技术措施共同组成的双重安全机制，保障客户的资金安全和信息安全。

（1）资金安全。在资金安全方面，客户身份信息与手机号码建立了唯一绑定的关系。客户使用移动银行时，必须使用其开通移动银行业务时指定的手机号码，即只有客户本人的手机才能以该客户的身份登录移动银行，他人无法通过其他手机登录，这是一种硬件的身份识别方式。

客户登录必须进行密码校验，密码输入三次不正确时移动银行服务将被锁定；移动银行的登录密码和客户资金账户密码不同，移动银行密码由客户在开通时设置；客户登录成功，可进行密码修改，有效保证账户安全。

客户进行转账前必须输入签约的账户信息激活该服务，移动银行还设有交易限额等控制措施保障资金的安全。

万一客户丢失了手机，在登录密码不泄露的情况下，其他人无法通过该手机登录移动银行对客户的账户进行窥视与操作。客户只需马上寻找一部可以上网的手机或者登录移动银行网站注销移动银行服务即可。

（2）信息安全。在信息安全方面，移动银行使用移动、联通的专用无线通信网络。该网络不同于开放性的国际互联网，它是相对封闭的网络，且手机终端不具有病毒滋生的环境，因此，移动银行业务几乎不受黑客和木马程序的影响。

为了进一步保障信息安全，移动银行系统一般采用 1024 位的 RSA 公钥加密安全通道建立信息，数据传输全程采用 128 位 SSL 硬件加解密，手机终端和银行核心业务系统之间采用点对点的加密连接，确保了移动银行服务的实时性、安全性和可靠性。同时还对客户个人及账户的关键信息进行加密处理，确保不被窃取和篡改。

3. 客户操作更加便捷

移动银行提供 24 小时全天候服务，客户根据自身需要，只要通过导向式提示、关键信息确认等方便、快捷、温馨和可靠的方式就能随时办理银行业务。

4. 交易成本有所降低

移动银行的通信费用小，在客户使用过程中，接收业务完成短信息时，仅收取单向的短信费用，计费以短信息中心收到成功接收的回应为准。同时，目前某些银行（如建设银行）鼓励客户使用移动银行，可为用户免费开通，且通过移动银行转账仅收取柜台转账的三成费用。

5. 银行服务更深层

在银行众多的金融产品和服务渠道中，绝大多数是由客户端发起，即由客户提出服务要求和申请，银行被动地提供服务。移动银行采用短信息方式，使客户随时可以收到银行发送的短信息，即便客户关机也不影响信息的发送，客户打开手机后仍可收到银行发送的请求信息，实时保持与银行的信息联络，使银行变"被动服务"为"主动服务"，加深了银行服务的深度。

（二）移动银行的劣势

1. 涉及的产业链较长，对各环节的兼容性要求高

移动银行所涉及的产业链比较长，包括银行、信用卡组织、移动运营商、支付服务提供商、手机制造商、手机供应商、手机软件开发商、内容提供商、手机用户等。如果产业链中的任何一个环节对数据和技术出现了不兼容，都会影响移动银行的正常使用，因此对各个环节的兼容性与协调性有更高的要求。

2. 受到网络环境的制约

一方面，由于无线网络带宽较窄，且稳定性较差，容易产生信息阻塞，影响移动银行的快速、正常使用。另一方面，手机无线网络所提供的资源在质量上和数量上都远不及互联网所提供的资源，这也使得移动银行的应用推广在一定程度上受到了制约。

（三）移动银行对传统银行的挑战

随着一些无线通信企业介入支付服务领域，传统银行在社会支付体系中的地位受到了挑战。同时，移动银行的发展，降低了传递和处理信息的成本，银行的中介作用逐渐减弱，银行的传统特权面临着危机。因此，金融服务创新也由单一的提高服务质量阶段，发展成为调整市场营销与客户服务方式，向客户提供多元化、全方位的进入服务阶段。这对传统的商业银行经营管理是一个严峻的挑战。

1. 使传统银行竞争格局发生变化

（1）移动银行使银行竞争多元化、深层次。随着移动银行的兴起、无线移动金融的出现，银行业与其他行业的界限变得模糊。银行机构的虚拟化和电子化使得开设银行机构变得更加容易，许多行业或机构可以利用自身特有的技术

和资金的优势,尝试着开展金融服务业务。银行业的竞争不再是传统的同业竞争、国内竞争、服务质量和价格竞争,而是金融业与非金融业、国内与国外、移动银行与银行网点等多元竞争格局。可见,移动银行将使金融竞争走向深层次和多元化。

移动银行借助网络与计算机结合技术提供服务,各家银行在提供移动银行服务方面,都处于同一个起跑线,这就为那些中小银行提供了可以与大银行在相对平等的条件下竞争的机会,有利于打破大银行对银行服务市场的垄断,也使得银行竞争日趋白热化。在今后银行的发展中,当前衡量银行业务最主要的指标(资产资本和分支数量)的重要性将相对下降,银行电子金融创新的程度、处理信息量的能力及为客户提供优质方便服务的能力才是未来银行竞争的焦点。

(2) 移动银行使银行竞争逐渐国际化、集约化。移动银行的兴起,使银行的管理机制更趋简单化,地理区域优势不再是银行业务兴盛的必要条件,资产的多少也不再是银行价值的唯一衡量标准,银行的分支机构也不是越多越好,银行的经营将由粗放型向集约型转变。移动银行的出现和迅速发展,带给我们一个金融全球化的新时代,但随之也带来了一系列需要我们解决的问题,比如谁有资格发行电子货币、怎样控制电子货币的发行量、如何确定设立移动银行的资格等。为了适应新时代的要求,国与国之间必须加强金融合作,以期在各国的共同努力下,建立一个超越国家金融主权的金融权威,由其发行电子货币,控制电子货币发行量,确定设立移动银行的资格,从而使国际金融秩序由离散走向统一、由无序走向有序。

(3) 移动银行使银行竞争策略发生变化。传统银行服务的差异主要体现在实力上,如资金和服务质量等。移动银行服务的差异主要体现在服务观念、服务方法和为客户提供的各种增值服务上。移动银行的整体实力,将主要体现在前台业务受理和后台数据处理的集成化能力上。在无线通信时代,银行的竞争优势在于拥有信息量的多少和如何最好地利用这些信息为客户服务,即在于高效率的"信息交换"。由此,大力推动移动银行业务的发展,是银行的高层管理者深刻体会到信息和技术优势对于银行的重要性,促使管理者重新思考和调整银行参与激烈的市场竞争的策略。同时,移动银行的应用将导致银行业的分化和重新组织,那些拥有资金和技术优势的银行必将获得巨大的盈利机会,也使得一些无力开展移动银行业务的银行处境日趋艰难,一些弱小的银行将逐步在竞争中被淘汰出局。

2. 使传统银行经营理念发生转变

(1) 移动银行使商业银行的经营理念从以物(资金)为中心逐渐走向以人为中心。移动银行的出现改变了我们现在对银行经营方式的理解和对国际金融

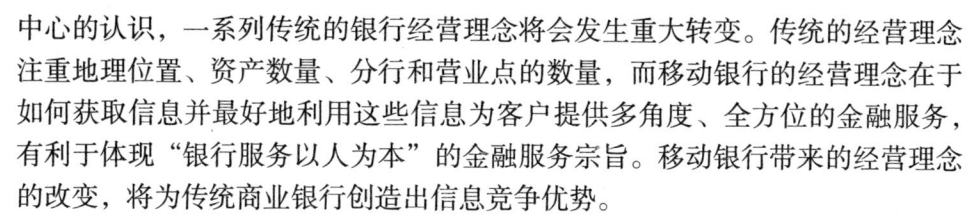

中心的认识，一系列传统的银行经营理念将会发生重大转变。传统的经营理念注重地理位置、资产数量、分行和营业点的数量，而移动银行的经营理念在于如何获取信息并最好地利用这些信息为客户提供多角度、全方位的金融服务，有利于体现"银行服务以人为本"的金融服务宗旨。移动银行带来的经营理念的改变，将为传统商业银行创造出信息竞争优势。

（2）移动银行使传统银行营销方式发生改变。移动银行是高科技、智能化的银行，它不仅会改变银行与客户之间的关系，而且将会改变银行服务的传递方式、产品推销方式和交易处理方式等一系列银行营销方式。移动银行能够主动与客户进行交互式沟通，从而促使传统银行的营销活动由以产品为导向转变为以客户为导向，能够根据客户的具体要求去创新出具有鲜明个性的金融产品，最大限度地满足客户日益多样化的金融需要。可见，移动银行将使银行营销由柜面的间接被动提供服务转变为直接主动推广服务。

3. 使传统银行业务和管理有所突破

（1）移动银行重新定位银行客户群体。移动银行为吸引优势客户创造了重要条件。最频繁使用移动银行业务的是那些追求时尚的年轻人，他们受过良好的教育，是创造社会财富的主力，收入远远高于社会平均水平，是一个正在成长的客户群体，能为金融服务业带来丰厚利润。抓住这个客户群体，将是银行提高收益、降低成本的重要策略之一。而对于那些没有移动银行服务的银行，所流失的客户也将大部分是这样的客户。移动银行将使客户群体进行重新划分，对银行的业务范围（包括功能、服务区域等）进行重新定位。据有关统计，美国的许多银行每年都会有8%~10%的老客户离开，他们离开的原因主要是因为客户的住所或工作地点迁移，离开了银行传统经营模式下有效的服务范围。通过提供移动银行的服务，搬家后的客户仍能够通过个人手机，继续在原来的银行办理业务。这样，就扩大了银行的服务区域。

（2）移动银行扩大银行服务范围。传统银行业务的范围较为清晰，而移动银行的业务范围正处于高速扩张之中，因而具有模糊不清的特点。可以认为，移动银行的业务范围不仅将会得到拓展，而且将会有大量的非金融机构介入移动银行的业务中。这些非金融机构的介入，将会不断推出新的移动银行业务。移动银行的出现，提高了银行业的信息服务水平，银行可以及时更新、便利地向客户发布有关政策，如利率的调整、汇率的变化、新服务介绍、广告服务等，而且发布信息的表现形式将更加丰富多彩。移动银行的快速信息传输、查询功能，使得银行与企业间的信息互通更加迅速。银行更能兼顾客户的个性化需求，提高了银行业针对世界上的每一个客户的需求而适时适地地提供服务的能力。

（3）移动银行改变银行业务实现方式。传统银行规范化的业务经计算机处理后，改变了传统业务的概念。为此，应该产生新的业务规范，在新的业务规范前提下进行开发，这样才能使移动银行向纵深发展。传统业务处理系统通常是模拟手工操作方式，只对业务关键要素进行采集和加工，信息内容非常有限。客户关系管理、客户行为分析、市场分析所需要的信息都散失在业务处理过程中。移动银行改变了这种不足，能满足客户关系管理及银行信息管理的要求。

（4）移动银行调整银行管理模式。传统银行服务以柜面业务为主，而移动银行作为虚拟化银行，要求以客户自助服务为主。在风险控制、事中复核、事后监督等框架结构上，都要采用新的模式进行设计。传统银行按产品设置组织架构，各级业务部门为业务处理的主体。银行虚拟化和服务个性化要求银行以客户为中心设置组织架构，成立业务处理中心，通过业务处理中心完成"一站式"服务。这种新的业务处理模式涉及对银行业务处理流程和组织架构的深度重组，要求业务处理系统支持跨部门的工作流管理，对业务处理的全过程进行跟踪管理。因此，移动银行系统必须面向资源的配置统一管理，实现跨部门工作流业务管理模式。

4. 对传统监管带来挑战

移动银行以其方便、快捷、超时空等特点，通过手机网络，可以瞬间达到资金的传送。由于这一过程全部通过手机往来，金融交易的"虚拟化"使金融业务失去了时间和地域的限制，交易对象变得难以明确，过程更加不透明。这无疑加大了监测和管制的难度。因此，金融领域商务的电子化给传统的金融监管提出了更高的要求。

第二节　移动银行业务构成

移动信贷、移动基金、移动外汇、移动期货以及手机理财，都是移动银行业务的具体应用。我国除四大银行外，招商银行、民生银行、交通银行、光大银行和中信银行等均推出了移动银行业务，本节结合各银行推出的特色移动银行业务，总结归纳了目前我国移动银行的业务构成。

一、移动信贷

"信贷"即信用贷款，是指以借款人的信誉发放的贷款，借款人不需要提供担保。其特征就是债务人无须提供抵押品或第三方担保，仅凭自己的信誉就能取得贷款，并引以借款人信用程度作为还款保证的。由于这种贷款方式风险较大，一般要对借款方的经济效益、经营管理水平、发展前景等情况进行详细的考察，以降低风险。信贷业务是商业银行最重要的资产业务，通过放款收回本金和利息，扣除成本后获得利润，所以信贷是商业银行的主要盈利手段。

整体来看，我国移动信贷业务种类暂时较少，目前各大银行通过移动银行推出的信贷类业务主要包括贷款查询、贷款还款、对账单查询、贷款提前还款测算等。其中中国农业银行为持该行惠农卡的客户提供农户贷款服务，通过移动银行办理自助借款、自助还款、还款试算、合约信息查询、还款明细查询等移动信贷服务。

二、移动基金

移动基金是指客户可以通过手机全天候地实现基金的认购、申购、赎回以及账户的查询等业务。通过移动银行进行申购基金业务，客户只需要向基金公司支付申购费、赎回费等，以及向移动运营商支付网络流量费，不向银行支付任何费用，但银行可能向基金公司收取一定的渠道费。具体来说，移动银行的基金业务功能包括：

（1）账户开户。可通过手机在线办理开放式基金交易账户开户，基金交易账户自动登记。

（2）证券卡转账业务。实现证券卡账户和对应的银行账户之间的资金转账。

（3）基金查询业务。7×24小时基金持仓信息查询、交易查询、分红查询、收益查询、密码变更查询、账户查询、账户资料查询和各基金的实时行情查询等业务。

（4）基金交易。进行基金认购、申购、赎回、挂单撤单（定期定额申购除外）、定投和转换等。

（5）关注基金。显示该银行全部代销的基金和加入"我的关注"的基金信息，包括基金名称、基金类型、成立日期、基金净值等。

（6）风险评级。进行调查问卷测评，可测试风险承受能力，为基金投资提供参考。

目前，除银行外，基金公司也积极发展移动基金业务，如2011年6月，鹏华基金苹果应用终端上线APPStore，成为国内率先推出移动基金服务平台的基金公司之一。鹏华基金应用终端具备七大功能，包括我的基金、专家答疑、基金产品、视点新闻、热销排行、理财计算器和了解鹏华。用户可以通过该终端查询个人基金账户、与基金经理互动、查看基金净值和收益走势、了解最新投资资讯和最新热销基金。可见，移动基金具有强劲的发展势头。

三、移动外汇

移动外汇是将移动银行与个人外汇实盘买卖业务联系起来，客户可以通过手机发送信息来进行外汇交易。外汇买卖基于移动账户的绑定关系，交易过程虽通过手机号码完成，款项却在与手机号建立绑定关系的银行账户中结算。涉及币种有人民币、港币、美元、日元、欧元、英镑、瑞士法郎、澳元、加元等。具体来说，移动外汇业务有以下功能：

（1）设置外汇交易账户、重设外汇交易账户。

（2）提供即时的外汇行情查询和外汇交易账户查询，包括查询当日外汇交易状况及委托结果、查询 12 个月内的外汇买卖成交状况、查询当日成交明细、查询历史成交明细、查询外汇汇率、查询外汇走势图等业务服务。

（3）最多可提供美元、港币、英镑、欧元、日元、加元、澳元、瑞士法郎、新加坡元等 9 种货币交易（各地区各银行可进行移动银行外汇交易的外币品种有所不同），支持最多 6 组常用货币对的定制，以便及时、准确地获取最新外汇行情信息。

（4）外汇实时交易、即时买卖、委托挂单、委托撤单、获利委托、止损委托、双向委托、二选一委托等多种交易方式（各地区各银行可以提供的交易方式有所不同）。

（5）提供即时资金结算，当日可进行多次外汇交易。

另外，中国工商银行还额外提供个人结售汇业务，客户可以使用柜面注册卡通过移动银行 WAP 办理指定额度内小额结售汇交易，并可在线查询小额结售汇交易明细信息。

四、移动期货

移动期货即运用手机随时随地查看期货行情、信息，并进行期货交易。目前我国各银行通过移动银行提供的期货业务包括期货转卡、卡转期货、银期转账等。基于期货公司在银行的保证金账户与期货投资者、银行结算账户之间的对应关系，投资者通过移动银行进行转账操作后，可以实现投资者银行结算账户与期货公司保证金账户的实时划转，期货公司根据其银行期货保证金账户的变动情况，实时调整期货投资者在期货公司的资金账户余额，为期货交易提供资金结算便利。

与传统模式相比，手机无线应用有随时、随地、随身进行商务信息查询和交易的独特优势，而期货投资本身对"实时性"具有很高的要求，市场良机瞬间即逝，这种要求甚至会精确到秒。对多数无法全天候盯盘的投资人，随时随地获取期市信息的需求非常强烈，而只有可以随身携带的手机终端才能满足这样的需求，因此，手机移动与期货投资的结合可谓"珠联璧合"。移动期货满足了人们随时随地进行期货行情查询、交易、结算的需求，在功能上有以下特点。

1. 高速、准确的期货实时行情

国内期货行情与交易所同步，行情每10秒甚至更短时间就可刷新，此外还提供多个品种的国外期货行情，使期货投资者随时随地获得期货投资所需要的实时行情信息。

2. 提供强大技术分析

提供多种技术分析指标、日/周/月K线图切换、排行榜等信息，实现移动行情分析。

3. 实现快速委托

快速、安全的期货交易，提供买入、卖出、撤单、委托查询、成交查询、账户查询、修改密码等功能。委托界面可与行情界面自由切换，方便委托操作，实现随身的交易。

4. 提供免费移动专业资讯

提供可供随时查阅的期货资讯，包括权威财经热点透视、农产品资讯、工业产品资讯、周报月报、业内动态、分析报告、交易提示、机构评论等行情及信息。

5. 即时资金查询

可以查询保证金账户资金及持仓的变化情况，方便自身风险控制及制定投资计划。

6. 个性化的拓展服务功能

除了行情、资讯、交易外，还可通过手机实现移动在线专家及移动客户服务等个性化的功能，提供灵活多样的扩展业务支持。

总而言之，"移动期货"业务将移动技术与期货业务完美结合，使期货投资不受时间和空间的限制，满足了期货投资"实时性"的要求。

五、手机理财

手机理财业务是指通过移动银行，实现通过手机界面直接完成各种金融理财业务的服务，主要包括查询、贵金属与国债的交易、证券服务、理财产品提醒和即时理财等功能。另外，通过移动银行进行基金、外汇的交易也是手机理财的一部分，由于本章已将这两部分单独讲解，因此此处不再赘述。

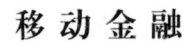

1. 查询功能

主要对账户余额、最近账户明细、证券保证金、外汇牌价、股票行情、黄金价格、国债行情、存款利率、银行最新金融产品等信息进行查询。

2. 贵金属与国债买卖功能

（1）支持贵金属的买卖。可以进行贵金属的买入、卖出和挂单交易；查询证券账户余额、委托记录成交记录和对账、持仓情况。查询委托记录的同时，对于没有成交的挂单委托可以单击"撤"的链接进行撤销。如建行推出的包括实物金和账户金的黄金投资产品，光大银行推出的白银投资产品，都以手机理财的方式提供了无须实物交割、保管的便利服务。

（2）支持储蓄国债（凭证式）和记账式国债的一站式购买。储蓄国债（凭证式）可以进行查询信息、购买、兑付、查询国债余额的操作。记账式国债可以进行查询国债相关信息、开立托管账户、购买、卖出、交易余额及明细查询的操作。

3. 证券服务功能

可进行沪、深两市证券行情查询、实时股票买入、实时股票卖出、撤单、成交查询、股票预定价格通知、股票预定价格买卖。

4. 第三方存管功能

手机理财的银证转账可以实现资金在银行账户和证券资金账户之间的实时互转，而银行存管除了可以实现资金在银行账户和存管保证金户实时互转外，还能够实时查询保证金账户余额。

5. 理财产品提醒功能

主动通知定期存款到期，贷款到期，汇款到账，挂失到期，信用卡到期，信用卡透支，电费、电话费、手机费缴费等内容。

相对于传统的理财服务，移动银行凭借手机灵活小巧的优势而显得更加方便，用户不需要输入一长串的代码就可完成操作，而且全部过程可视化，界面直观，并可做多种选择，进行多任务操作。理财业务具有操作方式新颖、简单易用、交易过程清晰、运行成本低、业务安全性高等特点，市场推广前景广阔。

第三节　移动银行系统架构

移动银行系统是以用户随身携带的移动设备为终端，通过签订移动金融服务协议，为用户和银行打造一个以客户服务为中心、集各种银行服务资源于一体、综合运用多种移动通信技术与渠道的新一代金融服务平台。

一、移动银行系统构成

移动银行系统总体上可以分为两个部分，即无线接入平台和移动业务系统，如图 4-1 所示。移动用户利用手机、PDA 等终端设备，通过移动通信服务商提供的无线网络，接入移动通信平台，获得金融服务；移动业务系统通过银行接入系统获取账户信息和金融服务，同时管理移动金融服务的签约客户。

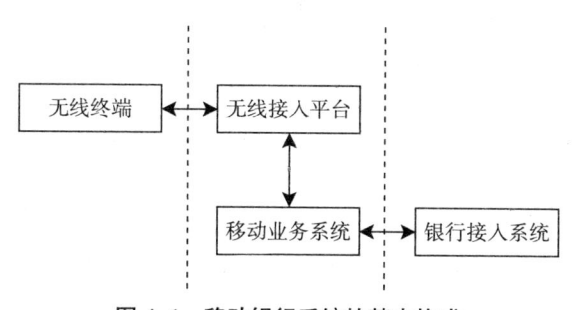

图 4-1 移动银行系统的基本构成

移动银行系统无线接入平台是一个整合了无线通信渠道，综合了无线通信技术模式的开放式平台。无线接入平台具备良好的兼容性和可拓展性。移动业务系统提供银行业务处理功能，能很好地兼容银行原有的 POS、ATM、网上银行等系统。

无线接入平台和移动业务系统的相对独立最大限度保证了系统的开放性与灵活性。通信模式的改变和业务逻辑的改变相互独立，使得移动银行系统成为一个自适应的动态系统，具有很大的优越性。

移动银行业务主要包含以下模块：

（一）登录模块

登录模块是离移动银行用户最近的模块，与它相关的有用户注册模块和用户认证模块。其主要完成移动银行与用户应用之间的认证和导航功能，对客户端数据进行认证和分析，并根据客户端的要求把用户应用导向不同的业务处理模块。

（二）业务模块

业务模块由业务请求接口、业务管理模块、业务线程控制模块和各具体业务模块组成。业务请求接口接受用户的业务请求，分析请求参数并传递给业务管理模块，管理模块根据请求内容将数据发送到对应的功能模块进行处理，负责访问移动银行数据库，并向业务请求接口返回数据。业务管理模块对参数分析后确定为个人用户账户查询业务,然后访问数据库获得用户信息,传递给查询业务模块进行业务操作。业务线程控制模块为每一个业务请求生成一个业务管理线程,并负责资源分配及线程同步。具体业务功能模块负责具体业务处理,并可以进行动态添加,从而方便系统升级,实现了系统的灵活性。

(三)数据库模块

数据库模块包括数据库、数据库管理模块、数据库访问缓冲池。数据库存放的用户信息包括个人信息、用户账户信息、用户开通业务信息、用户状态信息,以及银行业务数据等。数据库管理模块对所有数据库的访问进行管理,生成访问线程,进行调度,对数据库访问缓冲池进行分配管理。

(四)管理模块

管理模块包括系统监测模块、用户管理模块、业务管理模块、管理界面模块。系统监测模块监测系统运行参数,可以进行数据流量的查询统计、报表打印,管理员通过它查找和排除系统运行时的问题;用户管理模块管理用户数据库;业务管理模块负责子业务的升级、安装、卸载等;管理界面模块是系统管理员的操作界面,是系统监测模块、用户管理模块、业务管理模块和管理员间的接口。

(五)通信模块

通信模块的实现方式与移动银行系统的技术设计有关,分为两种:一种是基于 WAP 的通信网关设计;另一种是基于短信息的通信网关设计。无论是基于哪种设计方法,其目的都是与移动通信公司实现数据交换,区别在于数据的处理方式和传输模式的不同。

移动银行系统综合利用全方位的移动服务渠道,具有服务使用方便、安全、无用户接入壁垒、覆盖面广、实用性强等特点。该系统独立于无线通信技术,整合了多种无线通信渠道,综合多种技术模式的优点;按需而设,具有良好的可拓展性,为提供个性化的、以顾客为中心的崭新金融服务模式奠定了良好的技术基础。

二、移动银行逻辑网络结构

如何通过手机在用户和银行业务系统中架起一座桥梁,使得用户的业务需求数据能到达银行业务主机,这需要移动运营商和银行的紧密合作。结合当前银行自身业务系统建设、移动数据通信技术和市场发展的状况,具体有四类系统逻辑网络结构。

(一)普通短信方式

如图 4-2 所示,显示了普通短信方式的移动银行逻辑网络结构。在普通短信方式的移动银行系统中，客户使用手机短信息功能发送交易信息到移动或联通公司的短信息系统，短信息系统通过短信网将信息通过 Internet 发送至银行端的短信平台，该平台对接收到的信息解密，进行合法性验证。如果校验正常则发送到银行主机业务处理，最后主机将处理结果通过反向途径发送给客户。

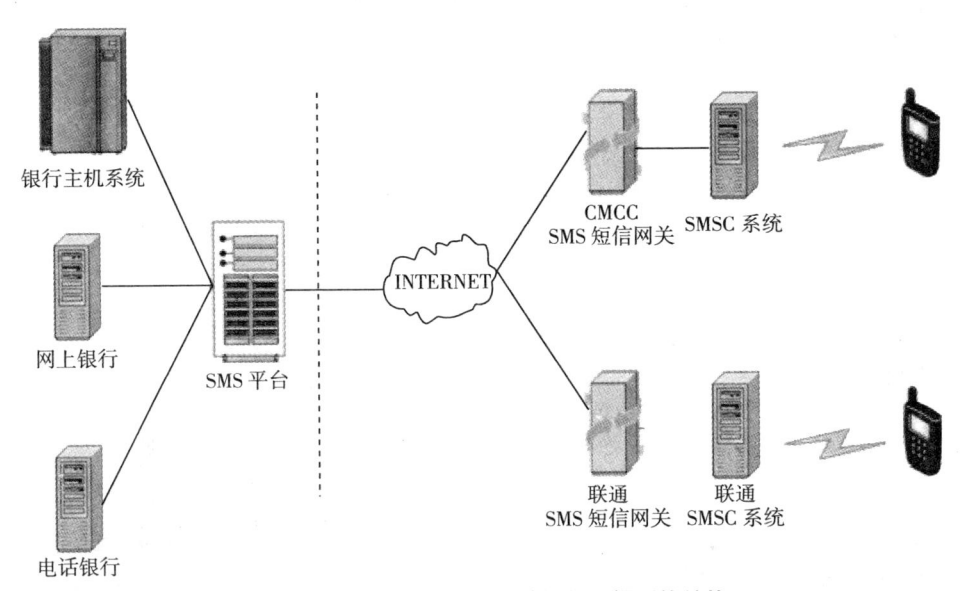

图 4-2　普通短信方式的移动银行逻辑网络结构

（二）STK 卡/USSD 方式

如图 4-3 所示，显示了 STK 方式的移动银行逻辑网络结构。客户手机使用具有 STK 功能的 SIM 卡，通过操作 SIM 卡中的手机菜单，输入有关交易信息，将要发送的交易信息按照约定格式打包并加密，通过短信息发送至移动通信运营商的短信息中心。短信息中心通过数据包头的识别确认请求的目的地址，并将信息通过数字数据网（Digital Data Network，DDN）或者帧中继发送到银行的移动银行交易服务器。该服务器对接收到的信息解密，并进行合法性校验。如果校验正确则送银行主机进行业务处理，最后主机将处理结果通过反向途径发送给客户。

（三）WAP 方式

如图 4-4 所示，显示了 WAP 方式的移动银行逻辑网络结构。WAP 移动银行的实现可以通过 WAP 手机配备的微型浏览器，利用手机的无线上网方式通过 GPRS 或 CDMA 接入 WAP 网关，WAP 网关与银行之间通过专线传递数据，数据到达银行的移动银行系统后，经过安全校验，无误后向银行的业务处理系

图 4-3　STK 方式的移动银行逻辑网络结构

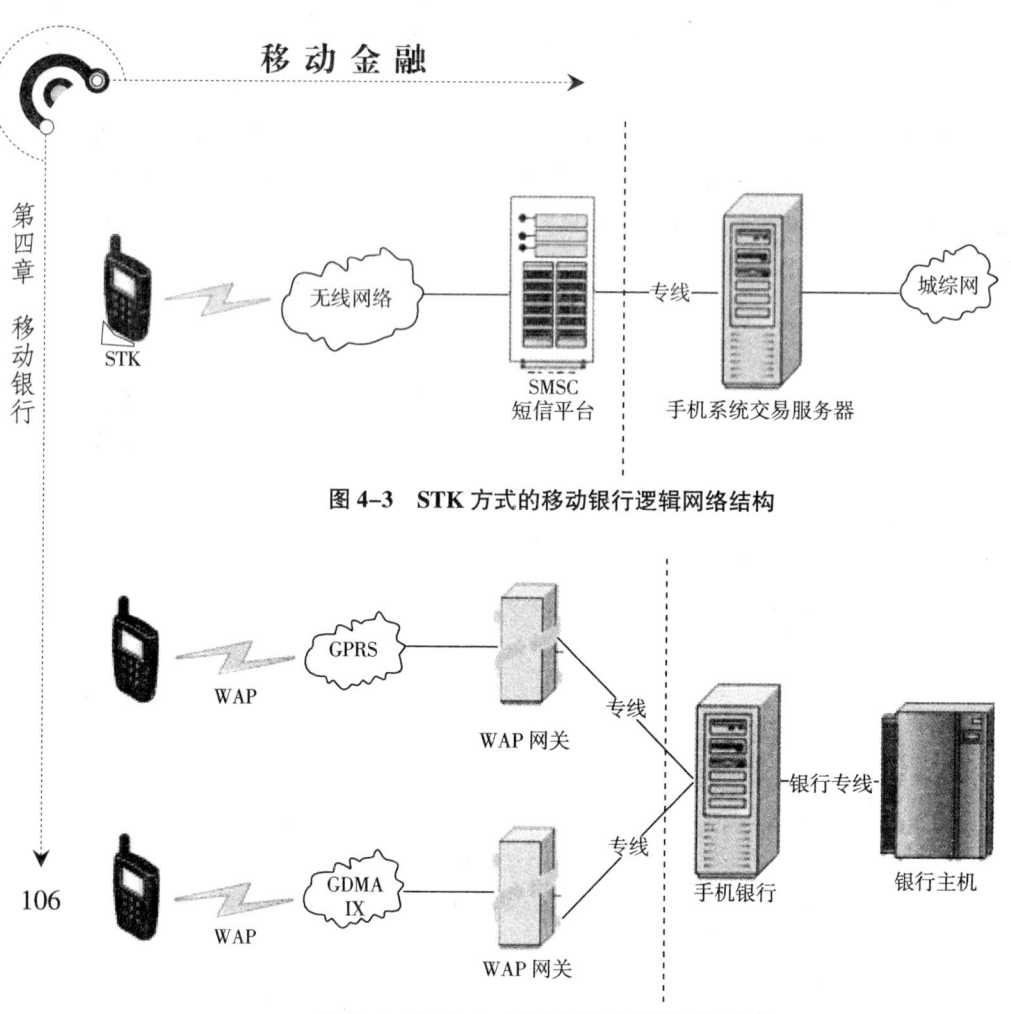

图 4-4　WAP 方式的移动银行逻辑网络结构

统发出交易请求，得到结果后返回至客户手机。

（四）K-Java/BREW 方式

如图 4-5 所示，显示了 K-Java/BREW 方式的移动银行逻辑网络结构。移动公司客户使用 K-Java 移动银行，联通公司的客户使用 BREW 方式，分别接入移动公司的百宝箱平台和联通公司的神奇宝典平台，这两个平台通过专线连接至移动银行平台，移动银行平台对数据进行处理后，将交易请求发送至银行后台业务处理系统，得到结果后返回至客户手机。

三、移动银行软件架构

在软件架构上有两种可行的实现模式：一种是采取 CS 架构将客户端软件装在客户手机内；另一种是采用 BS 架构的浏览器方式来与客户进行交互。

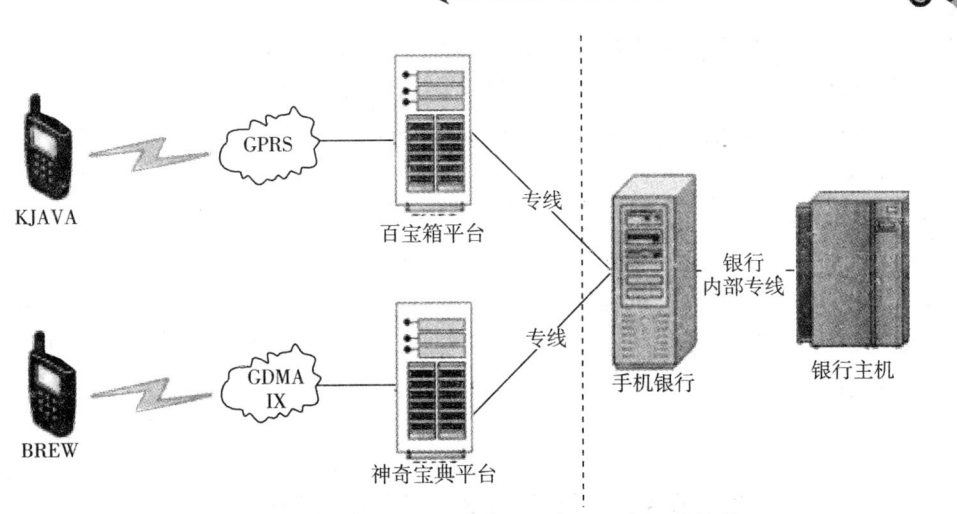

图 4-5　K-Java/BREW 方式的移动银行逻辑网络结构

（一）CS 架构

CS 架构采用 K-Java 技术将客户端软件安装在客户手机中。K-Java 技术是专门用于嵌入式设备的 Java 应用技术，使用 K-Java 技术的客户端软件其优势在于：第一，采用图形化界面，操作界面非常友好；第二，采用 1024 位的 RSA 认证加密技术和 128 位的三重 DES 加解密技术，安全性相对较高。其局限在于：第一，目前支持 K-Java 手机价格偏高，某些支持 K-Java 的手机可能不支持空中下载；第二，对不同型号的手机无法做到统一的显示，运行界面中文部分可能出现乱码，需要对不同型号的手机做部分针对性的开发，每推出一款新手机都要测试；第三，应用大小必须控制在 64K 以内。

（二）BS 架构

BS 架构采用 WAP 技术通过手机浏览器的方式与客户进行交互。WAP 方式的优势在于：第一，银行的开发量很小，仅需在网上银行的基础上开发 WML 的版本即可；第二，字符内容浏览，实时交易；第三，GPRS 的出现，改善了浏览速度。其局限在于：第一，客户需要有支持 WAP 的手机；第二，只能处理文字，界面简单。

可以看出，BS 架构与 CS 架构相比，具有开发周期短、扩展性强、推广性好的优点。移动银行在 BS 模式的基础上采用 J2EE 三层结构，将表示逻辑、业务逻辑、数据逻辑进行有效的分离，使得系统具有清晰的结构框架。

表示逻辑部分采用 WAP 技术，构建 HTTP Server 响应 WML 格式的内容。使用 WAP 网关，所有的 WML 内容都可以通过 Internet 使用 HTTP 1.1 请求进行访问，因此传统的 Web 服务器、工具和技术可以继续使用。

业务逻辑部分用 HTML、Java Servlet、JavaBeans、JSP、XML 等 Java 语言的标准，实现不同的交易应用，采用金融行业标准的 8583 数据包接入银行零售业务系统，系统连接采用 Communication Server 实现 TCP/IP-SNA 网关，采用 IBM CICS Transaction Gateway 实现与主机业务系统挂接，数据逻辑部分采用 JDBC 连接 Oralce 的方式实现对数据的存储和用户权限的控制。整个软件系统运行于 IBM Web Sphere Application Server 平台之上，该平台是第三方厂商的应用服务器产品，在应用系统透明的情况下，实现跨平台垂直扩展，尤其在电子商务类应用等难以充分预计系统负载的情况下，大大提高了系统的灵活性，足以满足企业级应用的要求。

第四节 移动银行系统运作流程

目前已经普遍应用的移动银行的实现方式主要有两种：

第一种是 GSM 短信方式，它利用移动通信公司的 GSM 短信息服务结合 SIM 卡技术，在移动通信运营商端建立短信网关，通过专线与银行连接，移动运营商提供无线接入平台。其交易流程为：银行前置系统接收短信网关转发的相关信息，提交银行后台主机完成相关查询和交易业务处理，然后将处理结果加密后转发至短信网关，通过短信中心发送到用户手机，手机解密后显示中文信息。GSM 短信方式要求用户手机使用具有 STK 功能的 SIM 卡，通过操作 SIM 卡中的手机菜单，输入有关交易信息。STK 可以理解为用于开发增值业务的小型编程语言，它为 SIM 卡的增值业务提供了可开发的环境，即一个简单、易操作的开发平台。

第二种是 WAP 方式，WAP（Wireless Application Protocol），即无线应用协议，是指通过手机等移动通信终端显示互联网的语言文字和相关信息的通信协议。WAP 方式的移动银行利用目前 GSM 语音通道接入移动通信运营商端的 RAS 服务器，通过 WAP 网关接入银行前置系统。这种方式可以通过 WAP 手机配备的微型浏览器，实现手机上网。

移动银行这两种实现方式各有特点，GSM 短信方式费用低，其包含的内容也有限；相比之下，WAP 收费明显要高，但其直接连入网络的特点给用户带来不少的便利。

一、移动银行系统运作流程概述

在移动银行的业务流程中，各要素的关系如图4-6所示。银行服务器、银行前端机及银行数据库相互协作，形成环路，通过银行服务器，连接到有线网络，再依托于运营商连接至无线网络，完成移动银行的整个业务流程。

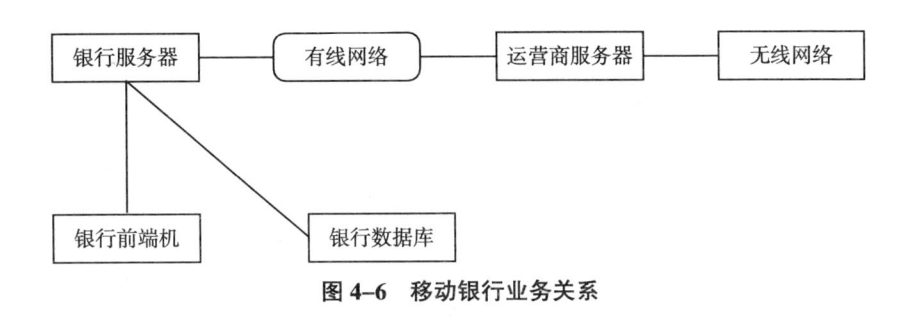

图4-6 移动银行业务关系

二、SMS移动银行系统运作流程

目前我国基于SMS技术的移动银行实现的基本路径是，中国移动的全球通用户在签约移动银行后，在网络覆盖范围内使用该公司推出的移动银行卡（STK卡），由客户端主动发起，通过手机操作智能菜单，依托移动GSM无线网络，以短信息为传输手段，将客户要求办理的转账支付业务或金融信息查询业务等传递给银行，银行再将客户的业务处理结果和金融信息查询结果实时传递给用户，使客户的需求得以随时随地实现。

（一）签约流程

客户在银行柜面办理移动银行签约手续时，选定所需服务项目，柜员将客户账号、手机号、服务内容发送给移动银行系统主机，主机将签约信息发送至银行后台，验证、登记成功后，移动银行主机再进行记录，如图4-7所示。

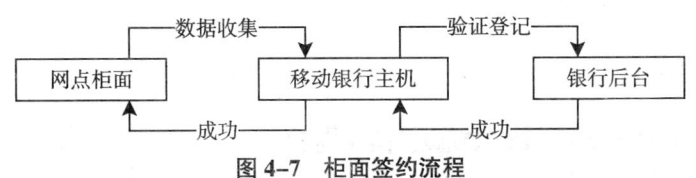

图4-7 柜面签约流程

（二）运作流程

用户通过移动银行输入相关业务请求，向移动公司发送短信息；经移动公司短信息平台处理后，通过专线传送到银行主机；银行数据中心收到移动短信指令，进行实时处理，将业务处理的信息以 SMPP 协议的格式，通过专线传输到移动短信息平台；移动短信息平台将银行相关信息传送到用户手机。详细流程如图 4-8 所示。

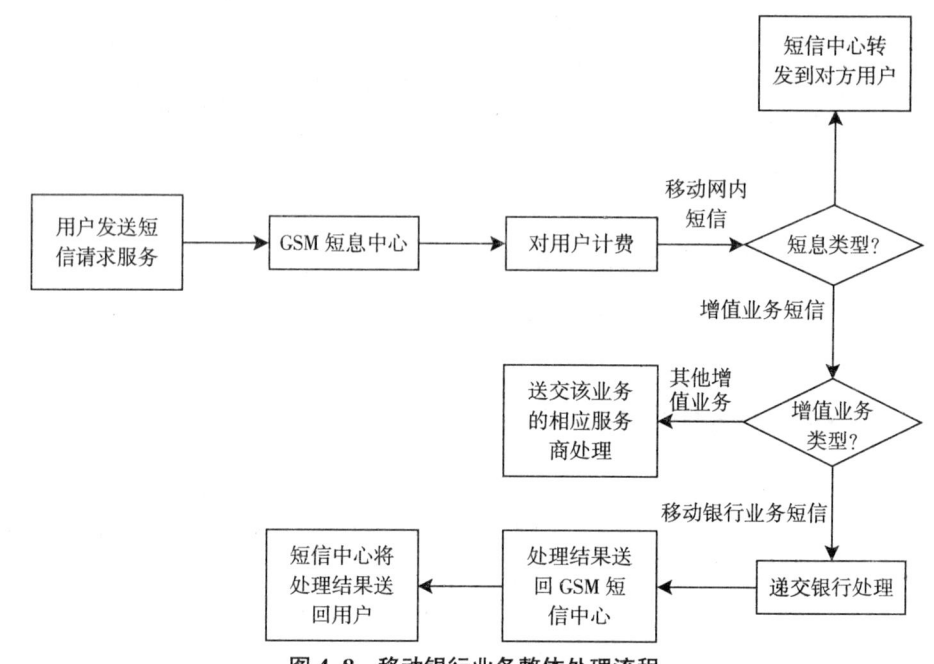

图 4-8 移动银行业务整体处理流程

客户激活业务请求，将短信息通过无线网络发送到移动网关，经基站收发台（BTS）、移动交换中心（MSC）等网络节点最终到达短信息交换中心（SM-SC），并由交换中心进行中继，转发至银行的短信网关（可直接通过 SMPP 转发，也可通过 ISMG 经 CMPP 转发），银行网关解析应用协议数据单元（APDU）并将负载部分转发到银行业务主机，并通过后台的数据处理生成回复报文，最终完成用户对移动银行应用的请求过程。根据以上过程，图 4-8 可简化为图4-9 的链式流程。

三、WAP 移动银行系统运作流程

随着 WAP 手机的广泛使用，手机上的无线应用越来越多，移动银行软件系统就是在无线应用平台上的一个具体应用。该系统是一个用于移动电话的无线互联网应用软件，它使得基于 Web 的有线互联网的网上银行的功能在无线

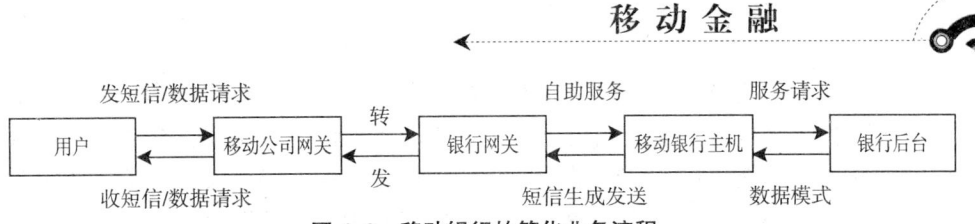

图 4-9 移动银行的简化业务流程

互联网中得以实现。目前，在无线应用平台上运行的移动银行软件系统已在交通银行的某些分行正式使用，使用户真正做到移动交易。

（一）无线应用平台

无线应用平台的设计思想是将功能模块化、通用化，软件人员在该平台上进行二次开发时只需很小的改动，就可以完成一个具体的应用开发。整个平台的功能流程如图 4-10 所示。

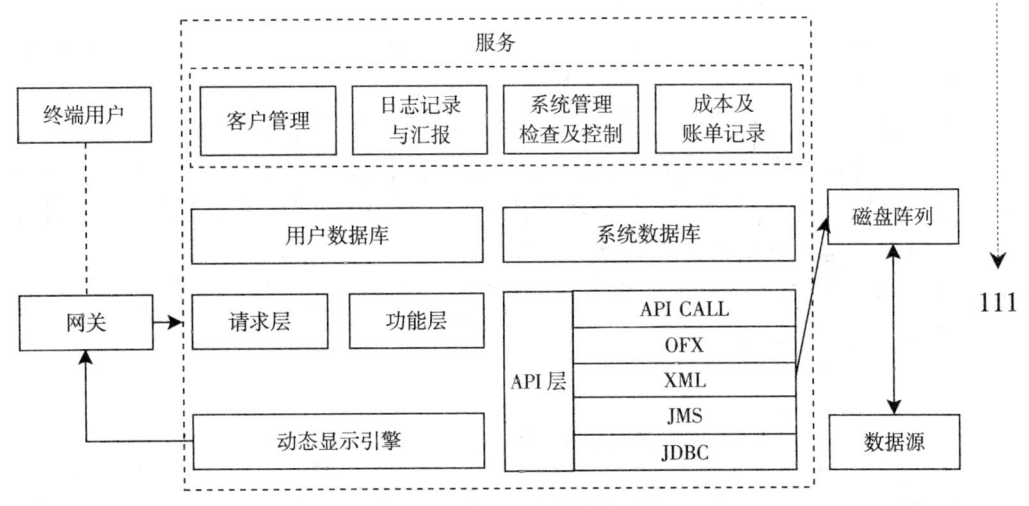

图 4-10 无线应用平台的功能流程

应用服务器的核心部分主要由请求层、功能层、API 层和动态显示引擎四部分组成，如图 4-11 所示。系统通过在这四个部分上的运行来提供服务。

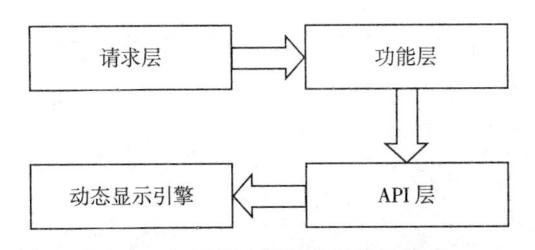

图 4-11 无线应用平台的核心构成

请求层负责从设备或网关获取 HTTP 请求，记录发出请求的呼叫者 ID，从而处理个性化和授权功能。它可以识别请求和找出该请求需要哪个功能，然后将请求转发给功能层做进一步处理。功能层根据从请求层获得的请求，调用合适的 API 和/或显示模板来处理请求。API 层主要用来连接后台数据库，处理接收到的数据。它通过可扩展置标语言（XML）、Java 数据库连接（JDBC）等技术，实施数据与后台系统的集成。动态显示引擎处理所有提供功能的显示逻辑。显示逻辑在动态显示引擎处理后，选择与之相匹配的显示模板，将 API 和后台系统处理过的数据显示在屏幕上。

从 WAP 网关传送过来的每个 HTTP 请求首先通过请求层进行预处理，然后转发给功能层；功能层调用相应的 API 来处理请求，再调用动态显示引擎获得最优的显示模版；最后，创建显示文档，发送回网关，最终到用户手机。

（二）WAP 移动银行整体流程

首先，服务器启动 WAP 网关和远程访问服务器，手机用户通过 Modem 拨号或分组无线电业务（GPRS）上网，登录到远程访问服务器发出请求，WAP 网关将 HTTP 请求传送到后台应用服务器进行处理，应用服务器从银行后台系统获取相应数据，以 WAP 置标语言（WML）格式返回给 WAP 网关进行压缩和加密，再通过移动运营商返回到用户手机上，用户就可以在手机上浏览所需的资料。整体流程如图 4-12 所示。

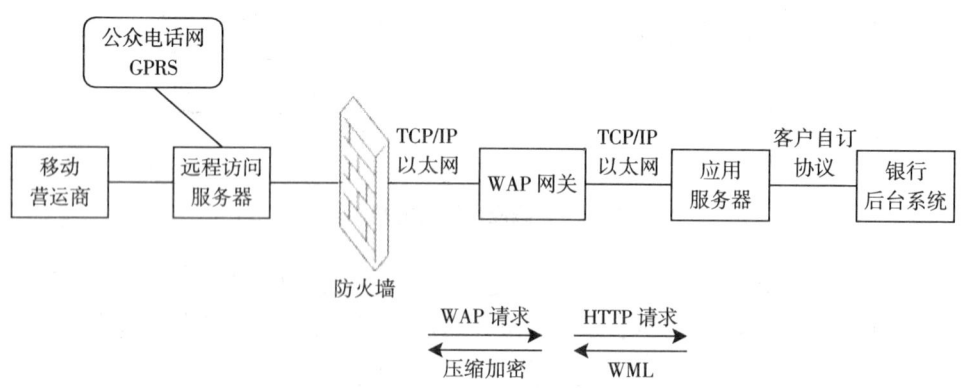

图 4-12 基于 WAP 技术的移动银行流程

移动金融

本章案例

挑战便捷的极限

不愿意到银行排长队，也不愿意到柜台花大笔手续费转账，又想随时随地查看股票、外汇、基金等行情，手机银行可以带给人们这一切。出差在外，想要转账、汇款不再难了；坐在出租车上，想买机票也是几秒钟的事情……这一切都是手机银行带来的轻松与潇洒。

手机银行在日本、韩国发展较快。在韩国，手机银行已经成为一些中小型企业发放薪水的主要通道。到了发薪水的日子，老板只需要在手机上操作一番，不用跑银行，就能够把薪水发到员工手中。

随着我国3G手机的普及，手机银行也正在悄悄改变着老百姓的生活。目前，很多股份制银行再次对WAP方式的手机银行服务进行全面推广，希望在手机银行业务上搭上3G快车。当下已有工行、建行、浦发、民生、招行、光大、兴业、华夏、交通等银行开通手机银行业务，手机银行优惠大战，硝烟弥漫。某银行负责人表示，3G手机市场的迅速发展，给商业银行金融服务水平的提升带来了一定的促进作用。迅速把握市场和客户需求变化，并且将最新技术和金融服务相结合，是银行服务的必然趋势。为此，手机银行是继网上银行之后，又一个新的中间业务增长点。

虽然手机银行还没有被老百姓广泛接受。但手机银行的方便、快捷的优势已经崭露头角。目前，手机银行基本可覆盖常用的网银功能，且不受空间、时间的限制。手机银行用户可通过手机银行查询账户、转账、汇款、缴费、分期付款以及买卖基金、黄金等投资理财功能。还可办理捐赠、手机充值、商旅服务支付等业务。

相关统计显示，我国通过手机上网的网民数量超过3亿人。这样一个庞大的市场，也必将引来各家银行的激烈竞争，但是目前手机银行还处于发展初级阶段，其功能还有待老百姓去认识、接受。某银行电子银行部相关人士在提到手机银行当前的发展障碍时如此感慨道："就像当初网上银行一样，客户对手机银行的认识还需逐步提高。现在很多客户还不知道什么是手机银行，以为手机银行就是银行的短信通知，对手机银行能干什么还不清楚。"对银行来说，手机银行是一个相对更加廉价的渠道，各家银行正在积极推广。众所周知，在所有银行服务渠道中，柜台的成本最高，其次依次为自助设备、电话银行、网上银行和手机银行。很多银行人士也认为，一旦手机银行发展到成熟阶段，银行的排队难问题也将会得到一定缓解。

移动金融

手机虽然携带方便，但丢失的情况也是屡见不鲜。一旦丢失，个人银行信息怎么办？加之现在智能机应用广泛，在手机上安装第三方软件也不是困难之事，手机中毒就更加不稀奇了。手机丢失、中毒后，个人信息是否也会被人获得呢？原来，对手机银行来说，该问题处于可控状态，由于手机银行并不在客户手机端存储个人资料和交易信息，因此，不会导致客户信息泄露。此外，手机银行数据传输使用的移动通信网络相对封闭，有利于控制病毒的传播。

与此同时，各家银行还设计了各自的安全手段。例如，招商银行的手机银行有图形验证码机制，防止程序自动试探密码；工商银行手机银行在转账时，除了密码还需动态口令卡。而兴业银行的手机银行采用的安全措施达十几种，其中有手机号绑定、数据多重加密传输、银行服务器端 VeriSign 证书认证等。但即使是这样，银行人士还是提醒客户在公共场所使用手机银行的时候要留意周边环境，避免他人旁窥。最后，应不定期更换密码，并将其设定得相对复杂一些。

目前，各银行纷纷打出转账手续优惠牌吸引客户。手机银行用户主要支付两部分费用，即数据流量费和转账手续费。其中，数据流量费并非向银行支付，而是向移动运营商支付，差别不大。例如，登录一次招商银行手机银行的流量约 6k，平均每笔交易的流量不到 10k。以移动 GPRS 标准资费方式（1元/1M 流量）计算，一次交易的成本约 0.01 元。此外，移动运营商提供各种包月套餐服务，手机银行用户可根据使用情况选择适当套餐，这样更节约成本。而转账手续费则向银行支付。在某些银行，也称为结算手续费、交易手续费等。各行的收费标准也不统一。但当下看来，多家银行纷纷打出转账手续优惠牌，对手机银行的优惠幅度甚至超过网上银行，比如建设银行推出手机银行转账仅为柜台转账三成的手续费。

资料来源：改编自唐元春. 手机银行，挑战便捷的极限. 金融经济，2009（12）.

问题讨论：

1. 根据上面的案例，分析 3G 时代的到来对移动银行有哪些方面的影响？
2. 了解一下各银行的移动银行业务，试述各银行移动银行业务的优势与劣势体现在哪些方面？

本章小结

移动银行是银行电子化与信息化建设的高级阶段，方便了银行借助移动设备提供多种金融服务。发展到现在，移动银行正越来越广泛地影响人们的生活与工作，移动金融时代已经来临。不管是在发达国家还是发展中国家，移动银行发展的势头都很强劲。移动银行服务既是银行业开展移动商务的主要领域，也进一步体现出移动支付的特点。

本章首先给出了移动银行的定义，叙述了移动银行的分类、特征、功能及优势。移动银行是指通过移动通信网络将客户的移动电话与银行连接，实现通过手机界面直接完成诸如账户查询、账户转账等各种金融服务的一种崭新的业务产品。其具有及时有效、准确可靠、连续可扩、开放多功能、安全保密、操作简便等特点。移动银行的业务功能分为对内、对外两部分，对内可为银行实现签约客户资料管理、商户管理、运营监控、接口数据转换、交易清分、计费及业务统计分析等后台管理功能；对外可为各种不同类型的手机用户提供信息通知、移动银行交易、移动支付等金融理财服务或增值服务。移动银行的发展，降低了银行传递、处理信息的成本，使银行的中介作用逐渐减弱，对传统的商业银行业务带来了挑战。

在使读者了解移动银行的概况后，本章进一步描述了包括移动信贷、移动基金、移动外汇、移动期货和手机理财的移动银行业务，并从系统构成、逻辑网络结构、软件结构三个方面详细阐述了移动银行系统（以用户随身携带的移动设备为终端，通过签订移动金融服务协议，为用户和银行打造一个以客户服务为中心，集各种银行服务资源于一体、综合运用多种移动通信技术与渠道的新一代金融服务平台）。

最后，针对目前移动银行的实现方式，分析了基于短信息技术和基于无线应用协议技术的移动银行系统运作流程。

由于移动银行服务充分利用了移动设备的优点，并能与银行的传统业务良好结合，且与移动支付服务相融合，因此，移动银行已经表现出巨大的发展潜力与良好的发展前景，必然带来银行业的业务与管理变革。

本章复习题

1. 比较移动支付、移动银行的概念，相互间有什么关系？
2. 移动银行可以分为哪几种类型？
3. 叙述移动银行的特征及功能。
4. 移动银行业务构成包括哪几个方面？你认为未来的发展趋势是什么？
5. 结合实例，分析移动银行系统的运作流程。

第五章 移动证券

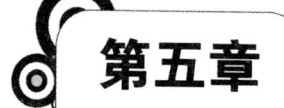

学习目的

知识要求　通过本章的学习，掌握：

- 移动证券的基本概念
- 移动证券交易系统、经纪业务以及业务平台的基本内容
- 移动证券与传统证券的区别
- 我国主流的移动证券及其使用方式

技能要求　通过本章的学习，能够：

- 理解证券交易和证券经纪业务的一般流程，以及 SMS、IVR 证券业务的流程
- 掌握移动证券交易系统的构成和功能，以及 WAP、Java 证券业务的流程
- 分析移动证券经纪业务的经营模式

学习指导

1. 本章内容包括：移动证券的概述；移动证券交易系统的基本内容；移动证券经纪业务的基本内容；移动证券业务平台和业务流程。

2. 学习方法：要理解移动证券的概念，对比学习我国三大主流移动证券及其使用方式，分别把移动证券交易系统和证券经纪业务的结构、功能和一般流程结合起来学习，效果会更好。在学习移动证券业务平台与业务流程时，应该与自己的实际生活联系起来，体会会更加深刻。

移动金融

3. 建议学时：6学时。

引导案例

移动证券——自由投资新生活

不知别人有没有这种感觉，一安排我出差，我就忧喜参半，谁不想出去见见世面呢？可是出差在外地，哪儿有时间盯盘啊。今年又碰上了大牛市，出差的日子里，错过了很多机会。

前几天的一个下午，请了半天假，去营业部打印交割单，听见大户室里几个人说，中国移动的手机"移动证券"业务可以看到实时行情，界面和钱龙一样。且慢，手机上也能看K线？这个什么新服务肯定收费很贵吧？问了问相熟的老裴，他说试用20天免费，正式使用是30元/月的信息费，并且当月不使用该月不计费。如果开通交易服务，则交易服务费用由券商决定。他正在办网上交易委托，办好之后他就不来营业部了。

"一个手机全搞定，你这个摩托罗拉388就行。"我跟老裴一起到柜台看个究竟，听介绍，目前中国移动的"移动证券"服务已可在支持K-Java"百宝箱"的手机上使用了，中国移动每月收30元信息费。和前几年炒得火热的短信炒股相比，这个"移动证券"又能"移动"到哪里去呢？老裴已经办好了，手机正在显示大盘走势，他说看起来和钱龙、胜龙那些股票软件差不多，也许为了让人没有陌生感，就是按惯常的页面设计的。要不我先"移动"一个月试试，不行就取消。

其实，作为中国移动"全球通"的忠诚客户，早先为了出差在外的时候也能上网收E-mail，处理文件，更为了能收到"彩信"，我就已开通了GPRS上网功能，还特地新换了一台能支持Java的手机，那会儿老裴看着我那手机居然能下载软件打网络游戏，他那目瞪口呆的表情和屁颠屁颠地跟着我东问西看的劲儿，真着实让我过足了虚荣的瘾。难怪，一向全力引领通信行业的中国移动介入证券市场并不出人意料，因为中国移动一直在讲：要让无线网络能更广泛地应用。这个"移动证券"可能就是它们打造的新商务应用吧。

我轻车熟路地进了百宝箱下的商用百宝箱，单击下载"移动证券"软件，下载速度还真快，自动安装后手机上就有一个缩小了的钱龙、胜龙。据说，"移动证券"的信息内容是由"北京掌上网科技有限公司"提供，一看主菜单，分成实时行情、在线交易、股市资讯通、系统帮助、通知公告，跟在线交易的内容一样，就是行情、资讯、交易三个部分，呵呵，看来不算是巧立名目了。那就逐个看看内容是不是也名副其实。

移动金融

单击进入我最关心的实时行情，这里边的界面分成自选股、综合排名、涨跌排行、大盘行情、在线交易。添加个"自选股"试试，按拼音方式或者数字方式，可以选中股票，返回到自选股列表里，刚才选的股票已经添上了，再单击一下这只股票，就进到了走势图里。想看技术指标怎么办呢？在屏幕下方有熟悉的F3、F5、F10、F6。点下F5，K线出来了。咦？怎么没有F4呢？噢，原来F3里面可以选择沪深指数、180指数呀。

这个快捷键的设计很方便，原来屏幕上下各有一排快捷键菜单，上方一横条菜单是上下左右键和〈换股票〉键。这两天大盘一路高歌，用F3看下大盘，在大盘行情里，同样有沪深两市的综指、成指、A股、B股、基金等。再想看个股呢？试了试，单击选中屏幕上面的〈换股票〉快捷键，用数字和拼音两种方法选择个股，就看到个股行情了，F6也能顺利切换到自选股里。在切换的过程中，这个软件反应灵敏，进入和退出界面很顺畅。移动的GPRS网络应该不比电视信号传输得慢，而且以后不管我是在火车飞机上，还是在外地的酒店里，都能收得到行情了。

既然随时挂在移动网络上，像装在计算机里的胜龙、钱龙软件一样，也可以收到资讯、专家股评吧？"通知公告"和"股市资讯通"应该就是这部分服务了，单击进去看看公告全不全。公告收到的还挺多，得用滚轮翻页看，屏幕上用的是大号字，考虑得挺细致。我正要看看"股市资讯通"，突然铃声响了，有来电，这怎么办呢？赶紧退出也来不及接了，情急之中忽然看到屏幕上面那排快捷键中间有个电话的图标，点了一下，传来"喂"的声音，我松了口气，原来可以在"移动证券"的界面里接电话。挂上电话之后我又琢磨，想打出去怎么办呢？再单击一下电话图标的快捷键，出来了一个数字的屏幕，有拨号、呼出、挂断、返回的功能。返回之后，我就又回到了"股市资讯通"页面，一进去才知道，原来内容还不少，如财经网站的分类栏目，分"要闻点精、操盘必读、大盘分析、苏武康看盘、黄硕说股、点石成金、个股龙虎榜、卓越投资"几个板块，我的第一感觉是：太多了。如果像网站一样，一股脑地拿出很多内容，不加整合，反而成了资讯垃圾。于是我随便点了个"大盘分析"，确实汇集了多家机构的分析，仔细看了一下，内容比较言简意赅，也比较客观，看来这个板块还行。再看"要闻点精"，确实都是今天的头条，没有杂七杂八的新闻，能看出做资讯内容的时候是花了心思的。

看了一遍，基本满意了，正要走的时候想起来：办了"移动证券"，如果以后交易资金通过无线网络流动，安全性怎么样呢？如果账号密码被窃取，股票被盗卖就坏了，问了柜台的工作人员，他们告诉我在这个"移动证券"的系统里，数据通过专用的内部网络传输，和外界互联网不发生关联，因此黑客、病毒都无法触及到"移动证券"。

好，终于放心了，将来可以安心地出差和旅游了，可以随"移动证券"一起，自由地"移动"着生活了。

资料来源：移动证券——自由投资新生活.北京电子，2004（4）.

➡ 问题：

1. 移动证券与传统证券在哪些方面具有相同点，又在哪些方面相异？
2. 通过以上案例，请思考移动证券的交易流程大致是怎样的。

第一节　移动证券概述

随着互联网和无线通信技术的发展，人们已不再满足于在固定地点与互联网连接的方式，而是希望随时随地、机动灵活地获得和处理需要的信息，于是移动电子商务应运而生。与此同时，证券业务的迅速发展为移动电子商务在证券上的应用提供了广阔的发展空间和市场。

中国证券业经过20余年的发展，经历了从最初的规模效益到目前的服务效益等各个阶段。各证券公司在市场规模、资金实力和客户资源等方面已经取得了一定的成绩。随着中国加入世界贸易组织以后，金融证券领域的开放，市场竞争更加激烈。证券交易手续费的进一步下降，也给券商带来了降低交易成本的压力。然而随着IT技术、特别是互联网技术的出现和发展从根本上改变了目前中国证券公司的运营模式，并在中国证券业取得了广泛的应用。并且电话委托、网上炒股、手机炒股非现场交易方式也得到了众多股民的认可。

2000年以后，移动证券增值服务迅猛发展，通过手机获取证券服务的方式不断创新，先后出现了基于GSM移动通信网的SIM卡、STK/UTK卡和OTA手机短信炒股信息服务，基于CDMA移动通信网的手机短信炒股信息服务，基于GPRS移动通信网的手机移动证券应用服务，以及移动证券语音杂志业务（IVR）。随着无线移动技术的发展，以实现证券交易的网络化、无线化为目的，为客户提供更加方便、迅捷、个性化的证券服务将成为证券公司的新的发展方向。

一、移动证券的概念

关于移动证券还没有一个准确、完整的定义。相关的资料和文献中，主要有以下几种定义：

移动证券是基于通信网的数据传输功能来实现用手机进行信息查询和交易的新一代无线应用炒股系统,而一个普通的手机就成为了综合性的处理终端。只要手机在网络覆盖的范围内就能够进行查询行情和股票交易。

移动证券是指手机证券,它是移动通信公司联合证券公司开发的一项业务。使用者可以利用手机客户端的软件来完成行情的查询和股票的交易,也是移动通信公司通过无线网络平台为移动客户提供的全新模式的证券应用服务。

移动证券是指利用手机的数据业务功能,在手机上接收证券行情、查看证券资讯、进行证券交易,是证券交易形式的一次新的突破。投资者可以用手机客户端软件或手机登录 WAP 网站进行证券交易,同时也可以获取实时的行情信息,如 K 线图、分时走势、报价及专业咨询。

移动证券是移动通信公司基于自身优势推出的一项全新业务,它通过无线网络平台为移动通信公司的用户提供全新模式的证券应用服务,内容包括:实时行情、在线交易以及专业的股市信息,方便用户随时随地把握证券市场脉搏。

通过对上面这些定义的总结,本书给出移动证券的定义如下:

移动证券是指移动电子商务在证券领域的应用,是证券行业以移动通信网络为媒介为客户提供的一种全新的进行信息发布和证券交易的移动通信网络服务。整个移动证券交易的参与者有证券市场、投资者、券商、证券交易所和登记结算公司五方。投资者可通过移动通信终端获取证券行情、查看证券资讯和进行证券交易,其具有操作简单、获取便利、突破地域限制等优点。

移动证券具有以下特点:

(1)操作简单。通过手机获取行情、交易和资讯等系列证券应用服务,操作和在证券营业部一致,简单易用。

(2)获取便利。用户无须开户和换卡,已经预装的通信终端可以直接使用,未预装的通信终端短信申请可以直接下载,订购后即可开通。

(3)多款手机支持。基于 K-Java、Symbian、Windows Mobile、Palm 和较新的 Android 等平台的手机终端都支持移动证券业务。

(4)多券商支持。支持多家券商交易、可以选择指定的券商,进行在线证券交易。

(5)实时行情。支持 K 线图、分时走势和报价等实时行情显示,信息交换速度已能赶上个人 PC。

(6)资讯丰富。提供即时、丰富的综合资讯和品牌资讯,包括专业的宏观资讯和个股资讯信息。

(7)突破地域限制。移动证券在移动通信公司信号覆盖的地方都能使用。

(8)服务完善。专门的移动客服和营业厅业务支持,为用户提供完善服务。

二、移动证券与传统证券的对比

移动证券是移动通信服务商携同券商联手推出的数据服务,这一业务定位在为用户提供实时、丰富的财经资讯和证券服务。"实时性"是移动证券最大的特点。对于证券业来说,移动证券改变了人们炒股的习惯,使交易模式发生了巨大的变化。作为一种跨行业的合作,一种全新的证券服务平台,移动证券给传统证券带来的冲击的影响是深远的。

1. 移动证券是证券产业整合的成功案例

传统的证券行业中,电话委托不能同时获取行情,短信炒股和电视看股业务的不可交易性,网络炒股的不可移动性,都使这些业务具有很大的局限性。而移动证券通过与移动通信产业联姻,具有可移动性、及时交易和大量的资讯服务的特性,很好地解决了以上的问题,十分方便。这确实是证券业产业整合的一次非常成功的例子。

2. 移动证券能利用移动通信服务商获取大量潜在客户

证券业以前的客户大多是通过证券交易场所来了解股票和交易股票,而移动证券业务的推出将使得中国亿万手机用户都成为其潜在客户或实际用户。这将使得证券业不用使用过多的宣传手段就得到了一大批潜在客户。而且证券业花费的经历将从如何寻找潜在客户的身上转移到如何营销自身的业务和服务上,这将节省其大量的人力和物力,也使得证券公司营销时借助移动通信服务商的平台高效地发挥自身专业化的优势。

3. 移动证券能改善证券公司的盈利能力

中国的证券公司的收入来源主要是经纪业务的佣金收入、投行业务的证券发行费收入和自营业务中证券的差价收入。长期以来,证券经纪业务是证券公司的重要利润来源,也是风险最小的利润来源,佣金收入在证券公司收入中占有重要地位。移动证券使得证券公司不用再建立新的营业网点,却可以达到同样的功效,这样证券公司的交易成本下降,将在很大程度上改善证券公司的盈利能力。

4. 移动证券引入了"信息有价"的概念

证券公司为投资者提供的资讯都是免费的,这种模式在传统的炒股方式中已经根深蒂固。随着大众传媒的日益发达,人们渐渐进入了信息膨胀的时代,然而海量信息并不代表着有效信息。在海量信息面前,消费者面临的是筛选有效信息带来的成本。因此,有效信息本身就是有价的,因为在获取时付出了成本。对于瞬息万变的证券业而言,信息的实时性和有效性要求非常高,一条及时和准确的股市信息价值无限,而证券业的传统视野制约了这一概念。"移动证券"的推出,首次将"有价信息"的概念引入了证券业,是对证券消费观念的一个重大变革，也为证券业开辟了一个崭新的利润通道。

5. 移动证券带动了整个证券产业价值链的延伸

移动证券基于移动通信服务商的网络和技术支持商的程序和信息提供，而广大券商可以加入到这个平台中提供交易服务。移动证券在证券市场不存在任何排他性，因此带来的是整个证券行业的巨大"蛋糕"。由此可见，移动证券的推出带动了整个证券产业价值链的延伸。一方面，移动证券的推出降低了交易成本；另一方面，又为移动通信业和证券业共同寻找了新的盈利点，产生了新的价值链，这对于证券业和移动运营业来说形成了一个"双赢"的格局。

6. 移动证券技术上更加可靠

移动证券采用了安全性很高的 Java 技术，并使用专门的安全加密方法，所以移动证券在技术上更加可靠，让用户没有后顾之忧。

三、我国主流移动证券及使用方式

目前，在我国能提供移动证券服务的有三大运营商：中国移动、中国联通和中国电信。下面分别介绍它们各自的移动证券系统。

（一）中国移动的"移动证券"系统

1. 中国移动"移动证券"系统概述

（1）系统的结构。中国移动的移动证券平台基于当今最通用的移动通信技术（GPRS、K-Java、IVR 等），涵盖了证券行情、证券资讯和证券交易等几乎所有证券业务。它利用了负载均衡、动态分配、线性扩展等技术，支持超大容量的移动证券用户，从而能够成为证券行业的应用平台。整个移动证券的网络简图如图 5-1 所示。

（2）系统的开放性。系统在设计中使用的多项技术，使其更具有开放性。系统客户应用程序采用 K-Java 技术。K-Java 程序很容易地被移植到其他遵循 J2ME 或 MIDP 并且符合 CLDC 规范的设备上。J2ME API 为呈现功能更强的 GUI 提供了更大的可能性，这些增强的功能包括了诸如事件处理和更丰富的图形等方面。在网络访问上，K-Java 根据不同的 MIDP，提供访问服务器信息。其技术本身为系统提供了广阔的开放性。

（3）负载均衡。负载均衡建立在现有网络结构之上，它提供了一种廉价有效的方法扩展服务器宽带和增加吞吐量，加强网络数据处理能力，实现地理位置无关性，为用户提供更好的访问质量，提高服务器响应速度，提高服务器及其他资源的利用效率，避免了网络关键部位出现单点失效。

在移动证券平台系统中，用户数量和系统实时数据的发送对系统提出较高的要求。系统从三个不同的角度对其进行优化。从传输链路、采用更高层网络

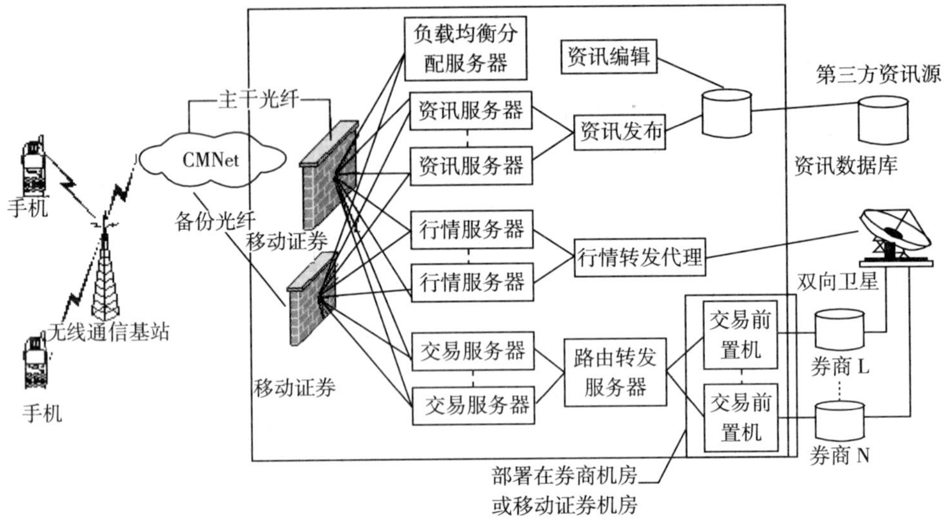

图 5-1 移动证券网络

交换技术和设置服务器集群策略三个角度实现。

第一个角度：容量上来讲是提高服务器宽带的容量，从移动无线接入到移动证券的行情服务器系统有 100M 的光纤，从传输链路上提高系统处理的容量。

第二个角度：大量专用技术设备组成的，如包括防火墙、路由器、第 2 层/3 层交换机、负载均衡设备、缓冲服务器和行情服务器等。将这些技术设备有机地组合，直接影响到网络性能的关键性问题。

第三个角度：系统由移动证券的行情服务器系统，通过移动网络为移动客户提供股票实时行情。系统在容量上考虑到系统的扩展性，通过行情负载均衡服务器动态分配所连接的行情服务器，以行情服务器集群的方式提高系统的容量。

（4）系统协议的开放性。该系统提供交易平台和开放的交易接口，不同的券商只需要采用开放的交易接口协议，通过券商交易前置机直接提交交易数据到券商的柜台系统，完成一次交易过程。

根据协议的特性，建立在协议上的交易网关，无须任何附加软件和设备，可以和不同的券商服务器进行数据交换，并且在数据业务内容的变换和定制中，具有非常灵活的特性，业务规则的修改可以很快地通过它实现，而不需要进行其他改造。更方便系统的扩展，使系统具有良好的开放性。

（5）系统的部署。移动证券平台分为三大部分：证券实时行情、证券交易网关和证券资讯服务。证券实时行情包括的行情分配服务器、行情服务器等都部署在移动证券机房，与移动之间使用专线接入。移动证券是建立在移动本身的网络上，移动证券的计费是通过 K-Java 计费平台统一计费，所以对于各地方移动，在技术实现上，不需要具体的设备投入——手机从各地通过 GPRS 上网，通过 CMWAP，访问移动证券的行情服务和证券咨询服务。对于交易服务网关，放在不同区域的移动总部机房，如北京地区，放在北京移动的机房，客户通过手机接入后，转到交易服务网关。通过安全加密协议打包数据，由交易服务网关连接不同的券商的交易前置机，由前置机与券商柜台进行交易。各券商部署交易前置机在券商自己的机房，交易前置机连接到券商的交易柜台系统外围接口机上，股民便可以通过移动证券平台实现证券交易。

（6）系统的服务内容和业务流程。服务内容主要有三项。

①实时行情：实时行情界面清晰，提供强大的图表分析功能（走势图、日/周/月等 K 线图），操作简便，同时提供自选股等个性化管理功能。提供沪深两市 A 股、B 股及基金、债券的实时行情查询。

②股市资讯通：为用户提供及时、全面、权威的财经资讯、个股点评、大盘分析，与知名专家实时互动交流。会聚名家策略、要闻分析、热点透视、潜力股推荐、投资组合等权威资讯。

③在线交易：通过手机进行深沪两市各种证券品种的交易、查询、转账等各项业务，操作简便、兼容性强。买入、卖出、撤单、查询、银证转账、修改密码、传真服务、人工服务等。

"移动证券"的业务流程如图 5-2 所示。

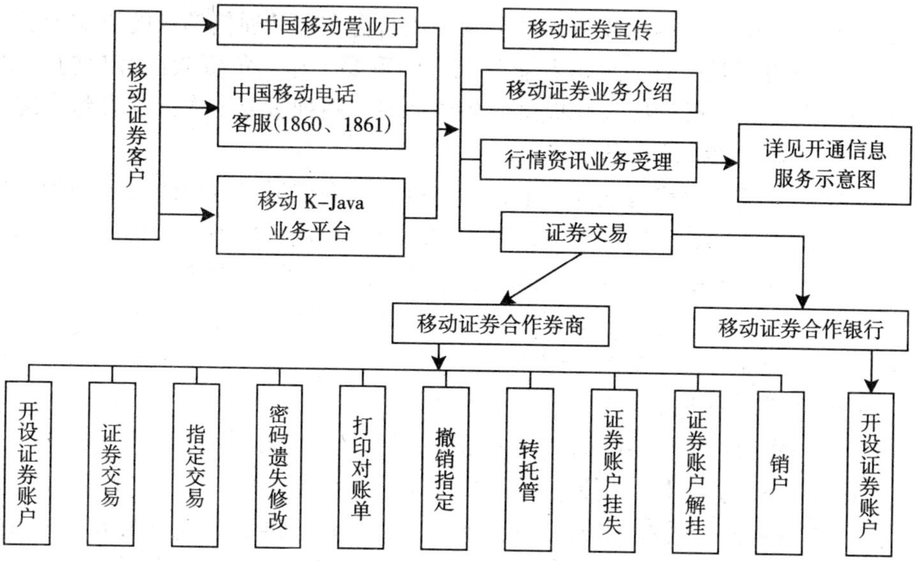

图 5-2 移动证券业务流程

2. 中国移动的"移动证券"运作模式和运作特点

中国移动通信集团公司是国务院批准成立的国有电信运营企业，已拥有客户超过 1.1 亿户，是当前全球最大的 GSM 运营商，也是中国电信市场上最大的通信运营商。中国移动互联网 CMNet 覆盖全国 32 个省市，是国内最大的骨干互联网之一，通过它中国移动向全社会提供全方位的多媒体信息服务。2002 年 5 月 17 日中国移动的 GPRS 网络在全国 160 个城市投入正式商用。

"移动证券"是由中国移动推出的基于无线网络应用，服务于金融证券行业的开放式综合业务平台。"移动证券"作为中国移动的商务应用新业务品牌，面向全国的移动用户和证券行业用户，提供移动证券（K-Java）应用和移动证券声讯（IVR）应用。其运作主体：中国移动、北京掌上网科技有限责任公司、合作券商。其运作方式：由中国移动提供完善的 GPRS 移动通信网络系统，由掌上网完成整个系统的技术平台搭建，业务平台构架和业务平台发展，并由中国移动、掌上网和接入的券商共同保证系统日常的正常运营。"移动证券"作为中国移动的一个开放式业务平台是面向所有证券公司开放的，证券公司利用该系统不但可以进一步降低日常运营成本，加强竞争优势，同时完善了对其股民的服务体系，丰富了股民的交易方式。"移动证券"系统建立的目的是为广大股民提供一个全新的服务模式，是为中国移动打造一个优质服务的品牌。

掌上网公司作为"移动证券"的运作核心，负责整合各方的资源，充分组织各方的优势力量来不断完善"移动证券"的服务。掌上网负责搭建、运营整个"移动证券"的技术承载平台和业务受理平台，同时担负着移动证券业务的发展工作。在移动证券业务中，掌上网利用自身在移动通信领域的影响力和在证券行业中的资源优势，承担着业务推广的重要工作，负责股民客户的转化，多券商接入发展，银行接入并提供业务支持等一系列重要工作，并且整合终端厂商的力量来共同推动业务发展。

合作券商接入"移动证券"平台后，有义务完成最终客户的业务处理（如交易，投诉处理）等工作，大力发展客户，对客户进行培训，并利用自身的全部资源，为客户服务，全力推广移动证券业务，并由此取得收入。

中国证券市场作为一个新兴的市场在不断地发展、变化、完善，掌上网公司依靠广泛的证券行业资源和多年的证券行业服务经验可以准确地把握中国证券行业的脉搏，根据业务发展的需要及时调整相关的系统或资源，以使"移动证券"系统作为一个完备的商业模式始终满足中国证券市场发展的需要。

在"移动证券"整个品牌的运作过程中，掌上网公司负责了市场前期调查工作，整个移动证券技术平台由掌上网开发，并且提供了平台的技术维护和业务运营，以及后期的业务推广工作。因此可以说，掌上网公司作为"移动证券"品牌的核心主体始终贯穿整个品牌的运作活动中。

在"移动证券"业务中，掌上网除了承担技术平台搭建，业务平台运营以外，还承担着业务发展的角色。掌上网利用自身在证券行业深厚的资源和移动领域的优势，发展对移动证券平台的券商接入工作，掌上网将发展行业中的券商、银行等接入业务平台。并且发展股民成为移动证券客户。利用在移动领域的影响，发展广大终端厂商积极参与业务的支持与推广。

（二）中国联通的"掌上股市"系统

1. 中国联通"掌上股市"系统概述

（1）系统的结构。可以从用户、券商、信息服务商等方面来了解其系统结构，如图5-3所示。

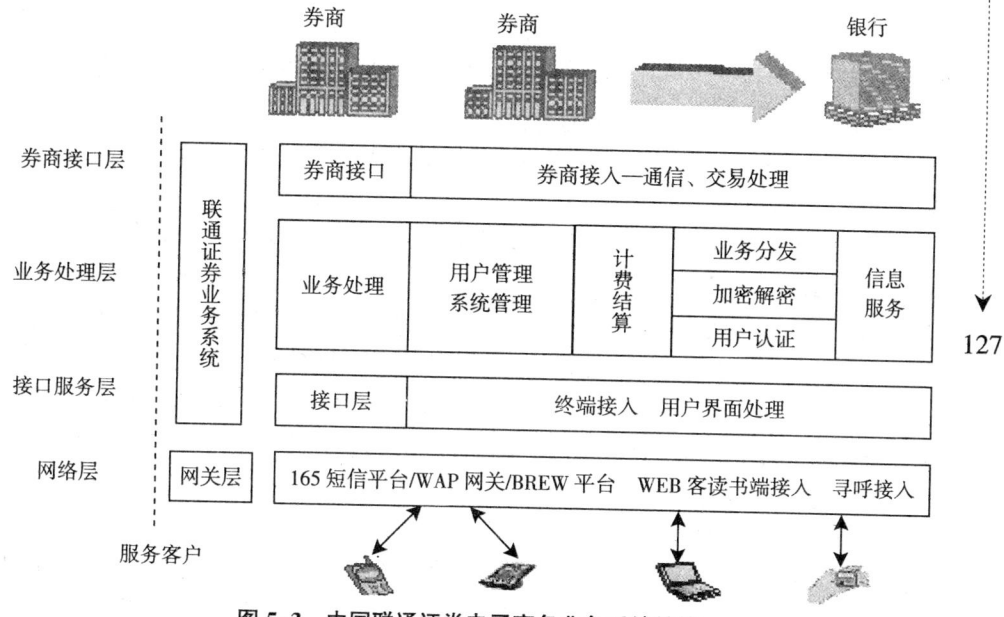

图5-3 中国联通证券电子商务业务系统结构

①用户。该证券电子商务业务系统在一期要实现短信、WAP、WEB以及基于BREW、Java等方式的移动证券交易功能和资讯获取功能，在二期实现了利用寻呼和固定电话、IP电话等通信手段的证券交易功能和资讯获取功能，随着技术的发展和更新，系统对于未来将会出现的新的通信方式提供证券交易和资讯获取功能上的支持。

②券商。该证券电子商务业务系统为券商提供接入手段，使券商可以很方便地接入本系统中，为用户提供服务。券商接入本系统可以采用数据专线或

165 网 IP VPN 电路的方式，目前券商的交易系统存在全集中、大区集中和分散三种模式，对于全集中方式可以单点接入本系统；对于大区集中或分散模式可以有券商内部实现互联，然后通过一点接入本系统。

③信息服务商。信息服务商的接入采用数据专线或 165 网 IP VPN 电路的方式，如果券商同时作为信息服务商，则可以共用一条物理电路，分别通过券商接口和信息服务商接口接入系统。信息服务商通过应用接口将所有信息提供给本系统，包括信息内容、收费方式等，由本系统按信息来源分别存储。对于浏览或客户端软件方式，用户可以选择访问不同信息，由系统按照用户访问信息计费，并与信息服务商结算；对于通过短息方式区分用户访问哪一个信息服务商，首先信息服务商分配不同的 SP 接入号码给用户，然后中国联通证券交易电子商务平台再根据用户发送短信的目的号码决定访问哪一个信息服务商的信息。

(2) 系统的功能及服务。中国联通证券电子商务业务系统主要向用户提供两大类功能：交易处理和资讯服务。为实现这两大类功能，系统需要提供业务处理、用户接入、计费结算以及所需要的其他支撑功能。

①交易处理。交易处理为股民提供与真正的营业厅类似的各种证券交易功能，分别介绍如下。

交易功能：接收不同的终端发送的交易请求，完成交易处理，包括账户查询（资金余额查询、股票余额查询）、交易委托、委托查询、成交查询等，交易处理的具体功能包括委托交易委托查询、批量委托、撤单和批量撤单、成交回报、成交查询（成交状态查询）、资金查询、持股查询、查询对账单、查询资金存取明细、证券余额查询、保证金对账单查询、个人信息查询、交割单、对账单查询、计算市值、盈亏计算、总资产核算、修改交易密码等，能根据股票代码自动切换市场和资金，支持智能委托功能，可在客户端下方以滚动的方式显示紧急通告。

行情资讯：通过券商或其他服务商获得行情信息、各种与证券有关的新闻以及券商提供的股市信息等，信息服务的主要内容包括实时行情报价，能根据用户使用习惯，提供人性化服务；大盘走势、个股行情；大盘指数，支持领先指标和各种大盘指标；行情浏览，支持上海 A 股、上海 B 股、深圳 A 股、深圳 B 股的行情显示，以及涨跌、振幅、成交量、综合等各种排名；个股行情查询，支持分时走势、日线图、周线、月线、分钟线的查询；技术分析指标，能够显示个股的分时走势及 K 线图的各种技术分析指标，包括量线指标、K 线指标、MACD 指标、KD 指标、OBV 指标、RSI 指标等；多股同列、特别报道、新闻浏览等；离线浏览和数据下载；股票模糊查寻、拼音查询；紧急公告功能；板块定义及分析；自选股设置；综合排名，按振幅、涨幅、跌幅、成交量、成交价、量比、委比、市盈率、股本排名。

交易通知：对于用户交易请求的处理结果可以通过各种方式灵活地反馈给用户，如短信方式、WAP PUSH 技术等，可以提供委托成功通知、交易成功通知、股票到达某价位通知等。

②资讯服务。资讯服务的核心是利用中国联通证券电子商务业务系统，开展各种免费或收费的信息服务，收费信息的来源可以是联通公司，也可以是社会上第三方信息服务商，由业务系统为其提供接入和计费结算手段；免费信息主要包括各种相关的财经新闻、国家政策以及为股民开设的各种论坛等。资讯服务主要使用方式如下：

信息点播：用户通过各种终端可以随时点播各种信息，系统根据用户发送的内容将信息回送到用户。

信息定制：用户定制某一类信息，系统定期将信息发送给用户。上述信息点播或定制可以采用短信、浏览等方式，这两类方式均可以与中国联通现有的增值平台相结合，将中国联通证券交易电子商务平台作为联通增值业务平台的一个信息服务商。

每日速递：当日之分红配股停牌等信息提示，昨日收盘分析，后市走势预测，海外股市指数、外汇指数、周边市场收盘数据，外汇牌价等。

热门股点评：对当日资金流向及涨跌居前的个股消息及走势进行回顾和分析，并提出操作建议。

券商、银行特别提示：将客户开户所在的券商营业部、银行或基金公司给出的每日特别提示或临时通知等通过推送的方式发送给在线用户（K-Java、BREW、短信等），非在线用户则在用户与系统连接后发送（WWW、WAP）。

评论中心：本栏目从宏观经济角度，按行业、地域、板块分析股市和经济基本面的发展趋势，包括国家信息中心、国家统计局等政府部门对中长期宏观经济走势的预测，财政、税收、投资等方面的统计和评测数据，以及各大机构的定位预测及新股的研究。

资料中心：包括股票、债券、基金、法规等方面的资料。具体来讲，股票方面的资料包括股票的年度报告、中期报告、股东大会公告、董事会公告、经营分析等，还包含了公司上市以来的所有文档，如财务数据、财务指标、招股说明书、发行公告书、上市公告书等；基金方面的资料包括基金的中报、年报、董事会公告及基金的投资经营状况分析等；债券方面的资料包括历年国债发行情况统计，本年度发行和到期国债一览表、国债回购交易、国债发行定价等方面的分析和评论性文件等；法规方面的资料包括较为全面的国家金融法律、证券与基金法规公告等。

在线咨询：为股民提供和专家直接交流的通道，可获得在线咨询即时解答。

网上论坛：在中国联通证券电子商务业务系统网站上提供论坛工具，券商或信息服务商可以依托联通公司中国联通证券电子商务业务系统开设自己的论坛，股民通过计算机或手机终端浏览论坛并参与讨论。

模拟炒股：为用户提供模拟股票委托交易，采用实时行情数据，虚拟资金交易。

2. 中国联通的"掌上股市"运作模式及特点

中国联通的"掌上股市"系统是利用移动通信网络、互联网等多种先进的手段，使用户随时随地进行证券行情查询、交易、结算以及信息定制而建设的一种移动的、安全的、个性化的、便捷实用的证券信息通信解决方案。从 2002 年 6 月开始投资建设，到 2003 年 3 月建成的中国联通 CDMA1X 网络，在语音和数据传输上具有高的安全保密特性和更高的传输宽带，更加符合证券交易领域的应用，成为支持证券行业电子商务业务的最佳选择。另外，中国联通电子商务平台会从用户身份认证、银行资金划转等方面对所有电子商务业务的发展提供强有力的支撑和促进。

（三）中国电信的"手机炒股"系统

中国电信用户可以使用"手机炒股"业务，用户进入"手机下载"，依次选择"软件超市"→"软件目录"→"手机炒股"。在手机炒股栏目下有多款手机炒股软件，主要分为三大类，一类是"鑫财通"系列；一类是"同花顺"系列；一类是"券商交易"系列。

鑫财通钻石版提供股票交易、个股走势、K线等功能，还有一定的选股功能，其特有的分析专家功能能够为用户选股提供一定的帮助。鑫财通精华版也是一款带交易功能的软件，其基本功能与鑫财通钻石版完全一致，但不具备选股功能，对于资深股民来说，应该是一款性价比较高的软件。神奇股票行情版软件是一款提供综合行情的软件，不带交易功能，但资讯和行情更全面。总体来说鑫财通钻石版功能最强大、最全面，鑫财通精华版偏重于交易的便捷性，而神奇股票行情版偏重于强大的行情和资讯功能。

同花顺系列的软件延续了计算机上同花顺软件的风格，与计算机结合得更紧密，但如果从手机用户的操作习惯来说，还是鑫财通系列软件更易上手。

券商交易系列软件是银河证券、中信建投证券等一些大的券商与电信合作伙伴共同开发的软件。这些券商交易系列软件会有券商提供的独家资讯，同时带有查看行情和股票交易功能，每个软件都有券商的个性化设计，对于在这些券商开户的用户来说，使用起来感觉会更亲切。

由于网络制式的原因，现在中国电信的手机用户只能通过上面提到的方法下载使用手机炒股软件，不能通过互联网直接下载网上流传的软件。这是因为互联网上能够直接下载的软件大部分都是 Java 版本的，而绝大多数的中国电信 CDMA 手机不支持 Java 软件。而且中国电信目前所有的手机炒股软件没有全免费的。但中国电信 CDMA 网络以其高度的安全性保障股民的交易安全，与交易时可能遇到的风险相比，缴纳信息费的成本更低（每月仅十几元）。中国电信证券电子商务业务系统结构如图 5-4 所示。

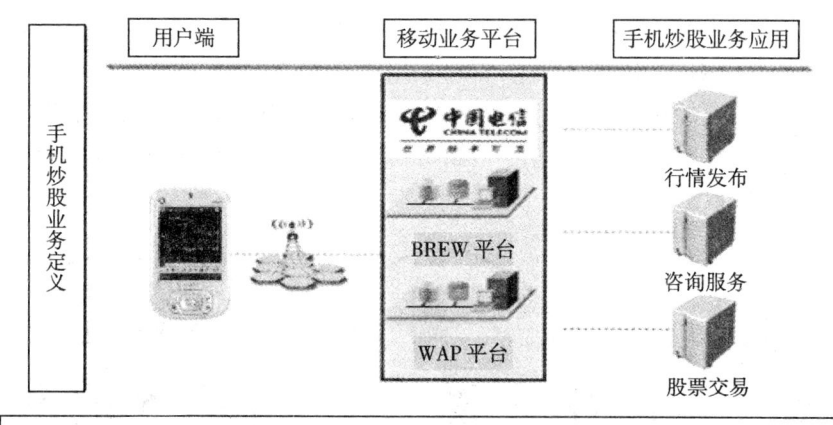

图 5-4　中国电信证券电子商务业务系统结构

第二节　移动证券交易系统

移动证券交易系统作为一种非现场交易的技术平台，和券商自己建立的网络媒体、分析师团队组成的服务营销平台一起构成券商的非现场移动交易系统。事实上，我国一些券商早在十几年前就开展了移动证券业务，只是受原有移动证券交易软件和营销模式的限制，移动证券业务一直没能得到大规模的推广，反而因运营商随意改变资费政策、软件更新慢、系统稳定性差、行情存在时滞等问题造成客户不断流失。而今，这些问题正逐步得以解决，我国一些券商联合移动信息商正大力发展新一代手机网上交易业务，纷纷推出了自己的新一代移动证券交易厅。其中，手机凭借其移动上网的便捷性正成为新一代移动上网的终端，以手机为终端的网上交易模式正在成为未来非现场交易模式的主要形式。

一、移动证券交易系统的构成

用户借助无线终端通过无线接入网关登录到移动证券业务平台，移动证券业务平台根据无线终端的请求类别提供实时的证券服务。

无线终端的请求通过无线网络进入移动证券系统的无线接入网关，经无线网关转发至移动交易行情服务平台。如果是读取行情资讯，行情服务平台直接提供行情资讯服务；如果是进行委托交易，由委托接入服务器将委托数据转发到总部或营业部，再由总部或营业部交易处理服务平台进行处理。换言之，在无线网关接入后，其后的委托服务、行情服务都可采用现有的网上交易的通道和系统。

无线交易系统的构成一般是从两个角度来看：逻辑功能的角度（如图 5-5 所示）和系统软件模块功能的角度（如图 5-6 所示）。下面分别从这两个角度来介绍无线交易系统的构成。

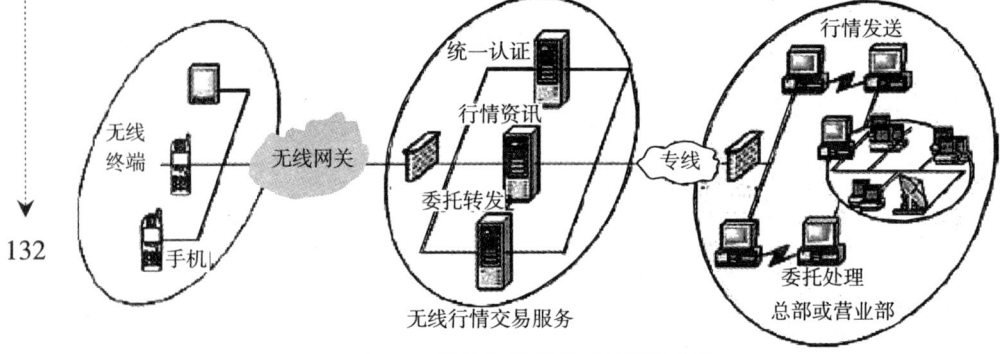

图 5-5　股票行情显示系统逻辑架构

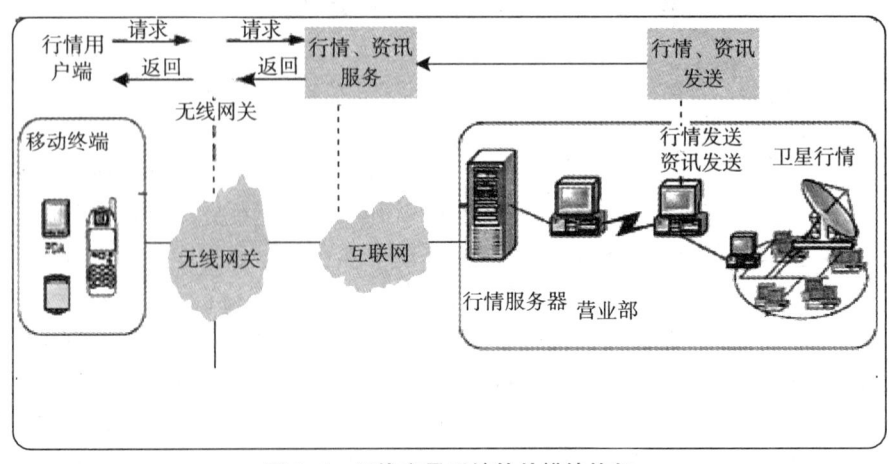

图 5-6　无线交易系统软件模块构架

（一）从逻辑功能的角度看无线交易系统的构成

从逻辑功能上来看，无线交易系统可分为四个部分：无线终端证券应用客户端、无线接入平台、移动证券应用行情/委托平台、认证中心平台。各逻辑模块在系统业务中所起的作用分述如下：

1. 无线终端证券应用客户端

无线终端证券应用客用端是针对各品牌移动终端开发的客户端程序，可以浏览股票的实时行情，获取资讯信息，实现实时交易。

2. 无线接入平台

无线接入平台是指由移动运营商提供的无线数据通道，包括中国移动的GPRS网络，其作用相当于网上交易中的互联网。

3. 移动证券应用行情/委托平台

移动证券行情/委托平台可以完全利用券商原有的行情主站与委托主站的现有资源，在移动终端客户端通过中国移动的GPRS网络发起登录请求后，采用与网上交易相同的通信协议与加密协议，直接联入券商现有的行情主站与委托主站，获取行情，并实现交易。券商现有的行情主站和委托主站无须做任何升级与改动。

4. 认证中心平台

在移动证券业务系统中，为了便于用户的身份认证和管理，还需要认证中心平台。其工作原理类似于微软的"PASSPORT"机制，采用认证中心向手机客户端发放通行证的方式，进行必要的身份确认和用户管理，确保运行和交易的安全可靠。

（二）从系统软件模块功能的角度看无线交易系统的构成

从系统软件模块功能来看，无线交易系统可以包括三大部分：系统功能模块、接口模块和移动证券交易应用模块。

1. 系统功能模块

（1）用户端手机的STK卡。借助手机菜单完成与用户的菜单交互，把买卖标志、股票代码、价格、数量等数据封装加密，通过手机发往移动通信网络，进入中心系统。

（2）移动短消息中心系统。接受业务数据包，过滤出证券交易业务数据包，发往券商汇接机；接收来自券商汇接机的数据包，将其发给移动通信网络。

（3）券商汇接机。从移动短信息系统接收证券交易业务数据包，分包发往券商前置机；汇集来自券商前置机的数据包，将其转发给短消息中心系统。

（4）券商前置机。对来自券商汇接机的数据包进行解密，从中拆出买卖标志、股票代码、价格、数量等数据，进行必要的数据格式转换，形成券商交易主机可接受的交易指令，传给交易主机；接收交易主机返回的数据，进行必要的转换、封装，然后发送给券商汇接机。

2. 接口模块

（1）与移动短消息中心的接口，主要完成券商短消息汇接机与移动短消息增值业务平台的连接，建立两条虚拟链路，采用相应的协议，完成交易短消息的接收和发送。

（2）与券商的接口，可根据不同的券商系统采用以下三种方式：①通过券商提供的函数调用借口与券商交易系统进行数据交换。②通过共享数据库文件的方式，将交易信息传递给券商系统并从特定文件中获得返回信息。③通过券商提供的特定协议规范以网络协议数据包的形式与券商交易系统进行信息交互。

3. 移动证券交易应用模块

主要完成证券交易服务用户的管理和请求的处理、消息的定制、相关数据段的统计和分析等。

（1）用户管理。主要完成接收证券客户的开户登记和分类管理。

（2）消息定制。根据券商的需求和用户端的需求，灵活地定制短消息的内容。

（3）统计结算。主要完成短消息的发送及各类分项系统和结算。系统可记录详尽的运行和操作信息，提供全面的统计分析手段，从而对系统的运行故障诊断、运行效率分析以及对移动运营商和证券服务商的业务运作提供有力的支持。系统的运行记录为计费系统提供了翔实可靠的基本信息。

（4）系统维护。主要完成系统数据的备份和系统配置。

毫无疑问，移动证券交易系统让投资者在经历了由柜台交易到网上交易这一"飞跃"后，又迎来了移动证券交易这一交易方式的"第二次飞跃"。只需一台无线终端，投资者就可以进行股票操作，轻松实现掌上炒股，这给投资者带来极大的方便，深受广大股民和投资者的青睐。

二、移动证券交易系统的功能

移动证券交易系统是证券网行情交易分析系统与手机的结合，它提供基于互联网和无线网的综合投资理财服务的技术平台，为客户提供各种具有特色的金融增值服务，包括手机客户端方式、WAP、短信定制服务、USSD 移动证券服务等。

从技术上说，移动证券交易系统主要采用 WAP 及专用手机客户方式，客户可以通过访问证券公司专门申请的域名，链接到证券公司的 WAP 手机炒股系统服务器，下载手机客户端软件，然后通过无线接入网关登录到移动证券业务平台。移动证券业务平台的行情及委托交易系统完全利用现有的网上交易系统的资源。

股民通过操作手机客户端程序在移动证券交易系统上可以看行情、查资讯和进行交易。以厦门广发证券公司"广发手机移动股票交易厅"为例，目前具有的基本功能如下：

1. 行情报价类

行情报价支持沪深A股和B股、期货、外汇、港股等市场，显示内容包括实时的指数报价、个股报价、排名、自选股、分时、多周期技术指标分析等。具体又包括：①大盘行情，对各种大盘指数进行切换；②个股行情，以表格的形式列出所有股票的报价分析；③自选股，显示分时走势图，量比指标等；④综合排名，显示涨跌幅排名、成交价振幅排名、成交量排名、成交量变化排名、资金流向排名、买卖量差、综合指标排名等；⑤技术分析，查询股票的技术分析指标，如MACD、DMA、CR、VR、OBV、W%R、KDJ等。

2. 财经资讯类

显示各类财经新闻信息、上海和深圳两个交易所的有关信息、券商的公告信息等。

3. 专家点评类

由经纪业务总部的分析师团队参考基金公司和其他著名证券公司的研究报告，经过加工、提炼、提供具有特色的咨询信息。

4. 委托交易类

主要有用户查询、委托买入、委托卖出、委托撤单等。

其中用户查询包括：①查询委托及成交，查询在某一段时期用户股票的委托和成交信息，包括交易日期、股票代码、股票名称、股票数量、买入/卖出等；②查询股票，查询在各个市场（深圳A股、B股，上海A股、B股）客户所持有的股票情况，包括股票代码、股票名称、股票数量等；③银证转账，实现资金从用户的资金账户到银行账户间的划转；④查询资金，查询某个币种（人民币、美元、港币）的资金情况。

5. 其他服务类

如提供期货、保险、黄金等其他金融服务。

三、移动证券交易一般流程

传统证券交易的参与者有证券市场、投资者、券商（即证券公司）、证券交易所和登记结算公司等。移动证券交易流程的不同之处在于，其在投资者与券商运作流程之间增加了移动通信公司和网络服务提供商（ISP），如图5-7所示。由于移动证券交易的流程与传统证券交易流程基本一致，现在我们讨论的移动证交易只涉及券商、网络服务提供商（ISP）、移动通信公司和投资者四方当事人的交易活动。这里，券商充当类似电子商务中网络内容提供商（ICP）的角色。

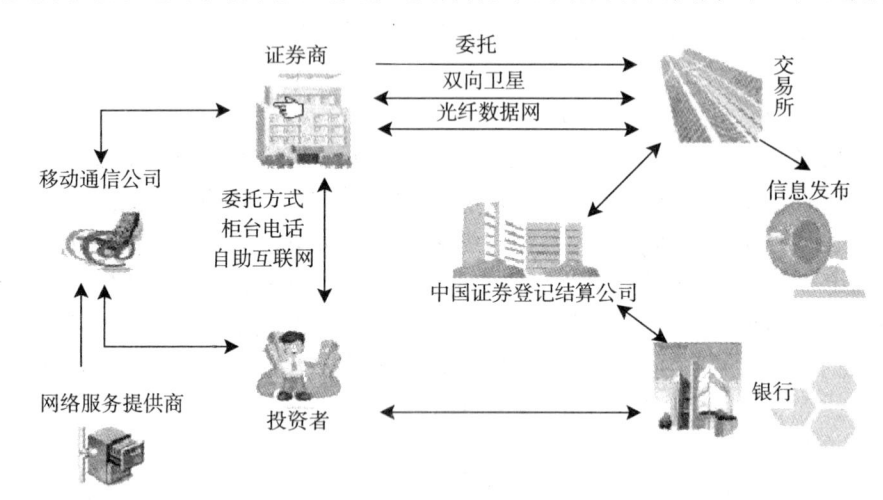

图 5-7　移动证券交易流程

以中国移动公司的"手机证券"业务流程为例，参与者主要是投资者、中国移动公司、北京掌上网科技有限责任公司和签约合作的券商。其中，中国移动公司提供 GPRS 移动通信网络系统，为移动证券交易提供通信通道和无线网络应用，保证短信息被安全、及时、正确地传输。北京掌上网公司充当网络服务提供商（ISP）角色，负责完成整个系统的技术平台搭建、业务平台构架和发展、投资者客户转化、多券商和银行的接入、提供业务支持等一系列工作。签约合作的券商则主要负责完成投资者客户的业务处理。也就是说，中国移动公司、北京掌上网公司和接入的合作券商共同保证系统的正常运营。

第三节　移动证券经纪业务

我国证券市场经过 20 余年的发展，证券公司的经纪业务规模扩展迅速。我国加入世界贸易组织后，我们的业务竞争不仅来自于本土券商，更多的是面临境外券商的挑战。因而，对证券经纪业务的发展已经提出了更高的要求，仅仅靠原有的方法"拉"客户，已经不能为日渐成熟的客户所接受。所以，一方面需要营业部主动地引导经纪人根据市场的变化不断更新和丰富知识，运用先进的营销方法和策略与客户进行沟通；另一方面则要利用快速提升的网络通信技术来大力发展移动证券经纪业务。

一、移动证券经纪业务的主要内容

移动证券经纪业务是传统的证券经纪业务在移动通信网络中的实现，它与传统的证券经纪业务既有联系又有区别。以下的部分先给出移动证券经纪业务的含义，再讨论其具有的特点。

(一) 移动证券经纪业务的含义

移动证券经纪业务是指证券公司通过其建立的移动证券营业部，接受客户委托，按照客户的要求代理客户买卖证券的业务。在移动证券经纪业务中，证券公司不收取买卖价差，只收取一定比例的佣金作为业务收入，但移动通信商会收取一定的网络流量费用。以前，证券经纪业务分为柜台代理买卖和证券交易所代理买卖两种。近几年来，从我国证券经纪业务的实际内容来看，柜台代理买卖比较少，大部分还是证券交易所买卖的形式，但移动通信终端代理买卖却快速发展起来。

在移动证券经纪业务中，包含的主要要素有委托人、证券经纪商、移动网络通信服务商、证券交易所和证券交易对象。由于委托人、证券交易所及证券交易对象在传统的证券经纪业务中已有涉及，所以在这里主要对其中的证券经纪商和移动网络通信服务商进行说明。

证券经纪商是指接受客户委托、代客户买卖证券并以此收取佣金的中间人。证券经纪人以代理人的方式从事证券交易，与客户是委托代理的关系。证券经纪商必须遵守客户发出的委托指令进行证券买卖，并尽可能以最有利的价格使委托指令得以执行，但证券经纪商并不承担交易中的价格风险。证券经纪商向客户提供服务以收取佣金作为报酬。

目前，我国具有法人资格的证券经纪商是指在证券交易中代理买卖证券，从事经纪业务的证券公司。

在证券代理买卖业务中，证券公司作为证券经纪商发挥着重要的作用。由于证券交易方式的特殊性、交易规则的严密性和操作程序的复杂性，决定了广大投资者不能直接进入证券交易所买卖，而只能由经过批准并具备一定条件的证券经纪商进入交易所进行交易，投资者则需委托证券经纪商代理买卖来完成交易过程。因此，证券经纪商是证券市场的中坚力量，其作用主要表现以下两个方面：

1. 充当证券买卖媒介

证券经纪商充当证券买方和卖方的经纪人，发挥着沟通买卖双方并按一定的要求迅速、准确地执行指令和代办手续的媒介作用，提高了证券市场的流动性和效率。

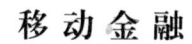

2. 提供信息服务

证券经纪商和客户建立了买卖委托关系后,客户往往希望证券经纪商能够提供及时、准确的信息服务。这些信息服务包括:上市公司的详细资料、公司和行业的研究报告、经纪前景的预测分析和展望研究、有关股票市场变动态势的商情报告等。

移动网络通信服务商是指在整个移动证券系统中提供通信网络和技术支持,从而使得委托人、经纪商、证券交易所和交易对象之间能够通过移动网络实现证券交易和咨询等一系列服务的移动通信公司。移动网络通信服务商是移动证券系统中的重要力量,它在移动证券经纪业务中的作用主要表现在以下两个方面。

(1)提供完善的移动通信网络系统,并完成整个系统的技术平台搭建、业务平台构架和业务平台发展,保证日常的正常运营。证券公司利用该系统不但可以进一步降低日常运营成本,加强竞争优势,而且完善了对其股民的服务体系,丰富了股民的交易方式;

(2)利用自身在移动通信领域的影响力和在证券行业中的资源优势,承担着业务推广的重要工作,负责股民客户的转化、多券商接入发展、银行接入和提供业务支持等一系列重要工作,并且整合终端厂商的力量来共同推动业务发展。

(二)移动证券经纪业务的特点

1. 业务对象的广泛性

所有上市交易的股票和债券都是移动证券经纪业务的对象,因此,移动证券经纪业务的对象具有广泛性。同时,由于移动证券经纪业务的具体对象是特定价格的证券,而证券价格受宏观经济运行状况、上市公司经营业绩、市场供求状况、社会政治变化、投资者心理因素、主管部门的政策及调控措施等多种因素的影响,经常涨跌变化。同一种证券在不同时点上会有不同的价格,因此,移动证券经纪业务的对象还具有价格变动性的特点。

2. 证券经纪商的中介性

移动证券经纪业务是一种代理活动,证券经纪商不以自己的资金买卖证券,也不承担交易中证券价格涨跌的风险,而是充当证券买方和卖方的代理人。证券经纪商发挥着沟通买卖双方以及按一定要求和规则迅速、准确地执行指令并代办手续,同时尽量使买卖双方按自己意愿成交的媒介作用,因此具有中介性的特点。

3. 客户指令的权威性

在移动证券经纪业务中,客户是委托人,证券经纪商是受托人。证券经纪商要严格按照委托人的要求办理委托事务,这是证券经纪商对委托人的首要任务。委托人指令具有权威性,证券经纪商必须严格地按照委托人指定的证券数量、价格和有效时间买卖证券,不能自作主张,擅自改变委托人的意愿。即便情况发生了变化,为了维护委托人的权益不得不更改委托指令,也必须事先征得委托人的同意。如果证券经纪商无故违反委托人的指令,在处理委托事务时使委托人遭受损失,证券经纪商应该承担赔偿责任。

4.客户资料的保密性

在移动证券经纪业务中,委托人的相关资料关系到其资产安全和投资决策的实施,证券经纪商和移动通信商有义务为客户保密,但法律另有约定的除外。保密的资料包括:客户开户的基本情况,如股东账户和资金账户的账号和密码;客户委托的有关事项,如买卖哪种证券、买卖证券的数量和价格等;客户股东账户中的库存证券种类和数量、资金账户中的资金余额等。如因证券经纪商或移动通信商泄露客户资料而造成客户损失,证券经纪商或移动通信商应承担赔偿责任。

二、移动证券经纪业务的一般流程

移动证券经纪业务的一般流程主要包括账户管理、资金存取、委托买卖和清算交割四个部分(如图5-8所示)。

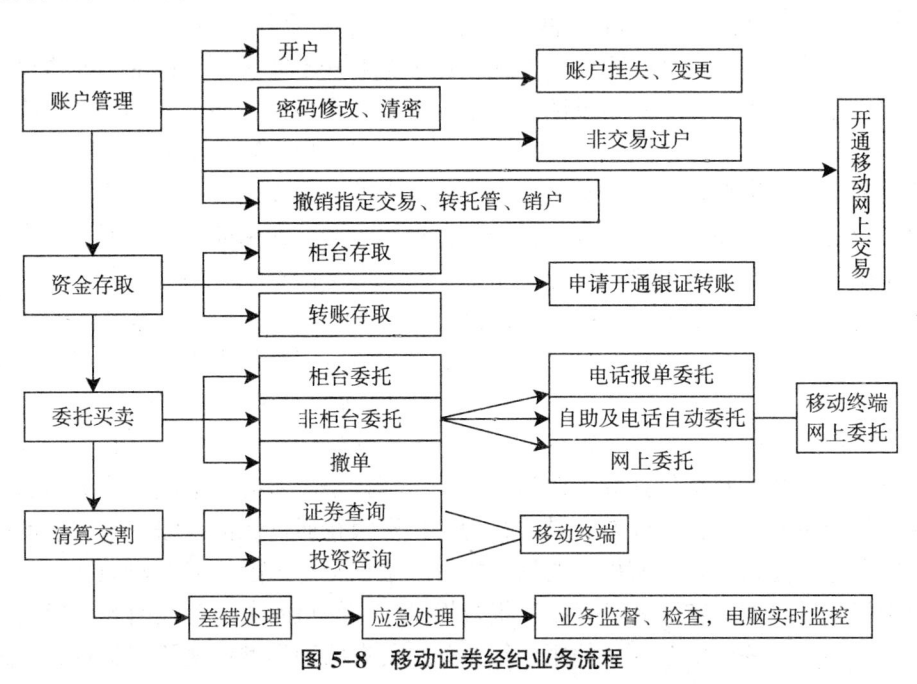

图 5-8 移动证券经纪业务流程

（一）账户管理

如图 5-8 所示，账户管理是对客户账户的一种全方位的综合的管理系统。其中主要包括：开户、账户的挂失和变更、密码的修改和清除、非交易过户、撤消指定交易、转托管以及销户。其中开户又分为开立证券账户和开立资金账户。

1. 开立证券账户

按照开户人的不同，可以分为个人账户（A 字账户）和法人账户（B 字账户）。个人投资者只能凭本人身份证开设一个证券账户，不得重复开户；法人投资者不得使用个人证券账户进行交易，投资银行开展证券自营业务必须以本公司名义开立自营账户。

按照目前上市品种和证券账户的用途，可以分为股票账户、债券（回购）和基金账户。股票账户可以用于买卖股票，也可用于买卖债券和基金以及其他上市证券；债券账户和基金账户则是只能用于买卖上市债券和上市基金的一种专用型账户。

2. 开立资金账户

投资者持证券账户卡与证券经纪商签订证券交易委托代理协议，开立用于证券交易资金清算的专用资金账户。资金账户的开立意味着客户与投资银行建立了经纪关系。在多数国家，客户可以选择开设现金账户（Cash Account）和保证金账户（Margin Account）两种。

现金账户与保证金账户的区别在于：现金账户不能透支，保证金账户允许客户使用经纪人或银行的贷款购买股票。现金账户最为普通，大部分个人投资者和几乎所有的大额投资者开设的都是现金账户。现金账户不能透支，客户在购买证券时必须全额支付购买金额，其所买卖的证券完全归投资者所有。保证金账户允许客户使用经纪人或银行的贷款购买证券。在保证金账户下，客户可以用少量的资金进行大量的证券交易，其余的资金由经纪人垫付，作为给投资者的贷款，所有的信用交易和期权交易均在保证金账户进行，称为保证金交易。保证金交易又称虚盘交易，就是投资者用自有资金作为担保，从银行或经纪商处提供的融资放大来进行证券交易，也就是放大投资者的交易资金。

信用经纪业务是指投资银行作为经纪人，在代理客户证券交易时，以客户提供部分现金以及有价证券担保为前提，为其代垫所需的资金或有价证券的差额，从而帮助客户完成证券交易的行为。投资银行通过保证金账户来从事信用经纪业务。投资银行对所提供的信用资金不承担交易风险，以客户的资金和证券担保，并收取一定的利息。投资银行提供信用的目的主要是吸引客户以获得更多的佣金和手续费收入。信用经纪业务主要有两种类型：融资（买空）和融券（卖空）。融资是指客户委托买入证券时，投资银行以自有或外部融入的资金为客户垫付部分资金以完成交易，以后由客户归还并支付相应的利息。融券是指客户卖出证券时，投资银行以自有、客户抵押或借入的证券，为客户代垫部分或者全部证券以完成交易，以后由客户归还。

（二）资金存取

开户后的客户对自己资金的存取主要有三种方式：一为柜台存取，这是最为传统的一种方式，需要客户本人亲自到柜台办理；二为申请开通银证转账；三为转账存取。

（三）委托买卖

委托买卖主要包括委托和成交两个流程。委托买卖的内容有：柜台委托、非柜台委托和撤单。其中，非柜台委托又有多种形式：电话报单委托、自助及电话自动委托、网上委托和移动终端委托。不管以什么方式进行委托买卖，都要通过委托和成交两个过程来实现。

1. 委托

（1）委托的要求。办理交易委托的手续包括投资者填写委托单和证券经纪商受理委托，这就相当于合同关系中的要约与承诺。投资者向投资银行下达买卖指令亦称为订单，就是投资者的委托。指令应包括：买卖证券的具体名称、买进或卖出的数量、报价方式和委托有效期。

（2）委托的种类。按照委托数量的不同特征，交易委托可以分为整数委托和零数委托。整数委托是指委托买卖证券的数量为一个交易单位或者交易单位的整数倍。一个交易单位俗称"一手"。股票交易中常用"手"作为标准单位。通常100股为一标准手。若是债券，则以1000元为一手。零数委托是指投资者委托证券经纪商买卖证券时，买进或卖出的证券不足证券交易所规定的一个交易单位，目前我国只在卖出证券时才有零数委托。

按照委托价格的不同特征，交易委托可以分为市价委托和限价委托。市价委托仅指明交易的数量，而不指明交易的具体价格，要求投资银行按照即时市价买卖。这种方法的优点是将执行风险最小化，保证及时成交，但这种订单的缺点是成交价格可能是市场上最不利的价格，而且成交价格不确定，投资者必须承担不确定带来的投资风险。限价委托是指投资者在委托经纪商进行买卖的时候，限定证券买进或卖出的价格，经纪商只能在投资者事先规定的合适价格内进行交易。其优点是指令的价格风险是可以测量和可以控制的，但执行风险相对较大。

2. 成交

（1）成交原则。证券交易所撮合主机对接受的委托进行合法性检验，按照

"价格优先、时间优先"的原则，自动撮合以确定成交价格。

（2）竞价原理。竞价包括集合竞价和连续竞价。集合竞价是指所有的交易订单不是收到后立刻撮合，而是由交易中心将不同时点收到的订单进行积累，在一定的时刻按照一定的原则进行高低排队，最终得到最大的成交量时的价格为竞价结果。在我国开盘价是集合竞价的结果，竞价时间为 9：15~9：25，其余时间进行连续竞价。

连续竞价发生在交易日的各个时点上，投资者在做出买卖决定后，向经纪商发出买卖委托，经纪商将买卖订单输入交易系统，交易系统根据市场上已有的订单进行撮合，仍然根据竞价规制，如果发现与之匹配的订单，可即刻成交。连续竞价的成交价格决定原则是最高买进申报与最低卖出申报相同。买入申报价格高于市场即时的最低卖出申报价格时，取即时最低卖出的申报价格；卖出申报价格低于市场即时的最高买入申报价格时，取即时最高买入的申报价格。

（四）股权登记、证券存管、清算交割交收

1. 股权登记

发行公司委托专门的登记机构建立其所有股东的名册，并在每一次股权转让行为发生后进行变更登记。

2. 证券存管

证券存管是指在交易过户、非交易过户、分红派息、账户挂失等变更中实施的财产保管制度。

3. 清算与交割交收

清算与交割交收统称为证券结算。证券结算是在每一个交易日对每个经纪商成交的证券数量与价款分别予以轧抵，对证券和资金的应收或应付净额进行计算的过程。清算后买卖双方在事先约定的时间内履行合约，钱货两清。这期间证券的收付称为交割，资金的收付称为交收。

证券结算主要有两种结算方式：净额结算和逐笔结算。净额结算方式又称为差额结算，就是在一个结算期内，对每个经纪商价款的结算只计其各笔应收、应付款项相抵之后的净额，对证券的结算只计每一种证券应收、应付相抵后的净额。净额结算的优点是可以简化操作手续，提高结算效率。但应该注意的是，结算价款时，同一结算期内发生的不同种类的证券买卖价款可以合并计算，但不同结算期内发生的价款不能合并计算；结算证券时，只有在同一清算期内且同一证券才能合并计算。逐笔结算是指对每一笔成交的证券及相应价款进行逐笔结算，主要是为了防止在证券风险特别大的情况下净额结算风险积累情况的发生。

三、移动证券经纪业务的经营模式

移动证券经纪是把电子化、移动化手段渗透到证券经纪活动的各个环节，如信息采集、发布、传输、检索、交易、货币支付、清算、交割等一系列过程。理论上，它可以减少从投资者到交易所、清算中心等"供应链"上的一些环节，有可能降低证券交易成本，加速资金的利用和信息传递。因此，基于移动网络平台的移动证券比传统证券经纪更有优势。然而，证券经纪移动化的道路在不同的环境、不同的运作方式下并不一定都能通畅。在美国掀起的证券业革命浪潮的证券电子商务在中国未必行之有效。

（一）我国传统证券经纪业务经营模式

由于我国是一个具有中国特色社会主义的发展中国家，因此我国传统证券经纪业务具有自己的显著特点。从1987年我国第一家深圳特区证券公司成立以来，证券公司就一直沿用同一种证券经纪业务模式即证券营业部模式开展证券经纪业务。每个证券公司为拓展经纪业务在各地设立了数量不等的证券营业部，这些证券营业部经营服务工作开展的好坏直接影响到证券公司的佣金收入和声誉，也影响到广大投资者的切身利益。我国沿用至今的证券营业部模式是由以下原因造成的。

1. 证券交易清算体制的制约

我国证券市场的交易清算体制是以券商为中介的资金运作，其资金流动过程大体为客户→证券营业部→交易所。由于我国现行的清算制度对客户实行全额交收制度，客户必须在证券营业部开设资金账户、存入相应的资金，券商将客户存入资金中的一部分再存入证券交易所的资金清算账户。在当天的交易过程结束后，交易所资金清算机制开始运作，首先在证券交易所会员的资金清算账户之间进行清算，然后证券营业部根据交易回报资料，在各客户资金账户上即时进行结算。在上述清算过程结束后，各客户的资金账户也结清，从而保证客户第二天的交易。

2. 信息服务手段落后

我国证券市场发展的早期，社会性的证券交易信息服务发展滞后，同步的证券交易信息由证券交易所通过证券营业部在提供经纪服务时封闭地提供，使得营业部成为证券投资者了解即时行情及相关证券信息的唯一场所。

3. 佣金比例较高

我国佣金水平在世界范围来看是相当高的，因此即使营业部形式的经营成本较高，但由于佣金收入较高，仍然支持了营业部模式。我国证券交易佣金手续费一直由国家统一管理和制定，并且一直处于较高水平，最初为0.4%，后来小幅下降，降为 0.35%，普遍高于美国证券公司 0.1%的水平。

4. 投资者绝大多数都是散户

我国设立证券市场最初的考虑是从广大居民那里直接融通资金为国有企业解困，所以最初的投资者绝大多数都是个人，因此证券公司设立了直接面向个人投资者的拥有大面积营业厅的证券营业部开展交易服务。

5. 社会信息化程度较低

我国的证券交易市场始建于 1986 年，当时信息产业的整体水平低下，计算机的处理能力也十分有限，社会的信息化程度很低，通信手段落后，连电话也不普及。因此为了适应分布广泛的投资者的投资需求，就只能将营业部开设到客户方便的地方，以降低客户的交易成本。

（二）国外移动证券经纪业务经营模式

以下介绍国外移动证券经纪业务的三种经典经营模式：美林模式、嘉信理财模式和 E-Trade 模式。

1. 美林模式

该模式是利用公司专业化的经纪队伍与庞大的市场研究力量为客户提供各种理财服务。

美林证券于 1999 年 6 月 1 日正式推出跨世纪的竞争战略——综合性选择策略。所谓综合性选择就是向客户提供连续的从完全自己管理到全权委托管理的系列产品。美林在综合性选择中提供的服务账户有无限优势、自助交易、网上交易及传统交易模式等几种，这些账户根据服务的内容不同，采取不同的佣金费率。例如，自助交易一般不需要理财顾问的指导和建议，每笔交易按 29.95 美元收取，是典型的佣金模式；无限优势服务则为客户提供全权的资金管理服务，按客户资产比例收取费用，收费起点为 1500 美元。

美林模式具有的三大特点：经纪业务的性质在很大程度上向资产管理方向转化；数量众多的投资顾问是公司的营销前台和公司与客户之间的纽带；强大的研究支持系统是公司提供的资产组合质量的保证，也是公司的核心竞争力。

2. 嘉信理财模式

该模式同时提供给投资者网上交易、电话交易及店面交易，嘉信理财通过技术的不断创新来降低交易成本，进而降低服务价格，但并不会牺牲服务质量。正是凭借良好的服务、低廉的服务价格，嘉信理财吸引了大批客户，公司获得了极大的成功。1996 年以后，嘉信理财模式通过网上交易击败了传统券商霸主——美林证券公司，经纪业务总量超过美林证券。

嘉信理财模式也具有三个特点：它能最大限度地发挥价格竞争在市场中的作用；因为其要努力降低成本，所以只提供单一的通道服务；整个经纪业务以

互联网为中心展开。

3. E-Trade 模式

该模式交易完全在网上进行，公司没有有形的营业网点存在，故其可以以尽可能低的佣金吸引对价格在意而对服务要求不高的投资者。这些公司的营业成本低，所以价格低就是这些公司的核心竞争优势，这种服务模式在市场上具有一定竞争力。2008 年以来，E-Trade 始终保持每季度 50%的业务增长速度。

E-Trade 模式的特点可以归纳为以下几方面：它是以网络为中心的营销体系；它具有丰富的信息咨询内容；其竞争策略和竞争灵魂可以用一句话概括："9.99 美元的低佣金、9 秒之内达成交易。"

以上介绍的国外常见的三种移动证券经营模式相互之间有差异，也有其成功的优势，如表 5-1 所示。对于移动证券经纪业务的经营模式，没有一个固定的范式提供给我们，只有根据自己国家的实际情况，综合考虑，才能探索到一条符合自身移动证券发展的模式。

表 5-1　国外三种移动证券经营模式的对比

类别	美林模式	嘉信模式	E-Trade 模式
目标客户群	大客户为主	中小客户为主，兼顾大客户（美国信托）	中小客户为主
交易结构	网上+网下，网下为主	网上+网下，网上为主	网上+网下，网上为主
佣金标准	高	中	低
信息咨询	丰富的投资咨询信息	较丰富的投资咨询信息	丰富的金融信息
信息来源	内部为主	内部+外部	外部为主
核心优势	强大的研究咨询力量，众多经验丰富的 FC，"综合性选择"方案	网上网下综合发展，较低佣金	丰富的金融信息，便捷的网站设计，低佣金
转型中最成功策略	推出综合性选择服务方案，由客户选择其服务、佣金、交易方式"套餐"	利用众多有形网点大力拓展客户，并成功地将网下客户转为网上客户	建设金融门户网站并成为点击率最高的财经网站之一
模式成功的前提条件	强大的研究咨询能力 众多经验丰富的 FC 成熟的资本市场	具备一定数量有形网点 先进 IT 技术 较高网络普及率	先进 IT 技术 较高网络普及率 丰富的交易品种和信息来源

第四节　移动证券业务平台与业务流程

移动证券是证券业和电信业交融发展的结果，需要证券市场参与者和电信市场参与者的共同关注。移动证券业务平台的搭建和定位将影响着移动证券业务流程的发展和价值创造活动的开展。本节首先从移动证券经纪业务入手介绍移动证券业务平台，包括概念、特点、涉及的技术、建立的目标、遵循的原则和其组成的部分，再讨论具体的证券业务流程，如SMS流程、WAP流程等。

一、移动证券业务平台概述

证券经纪业务是证券公司的主要业务之一，我国的证券公司过去因为固定佣金制一般能获得高于社会平均利润的垄断利润。当实行浮动佣金制后，对证券公司意味着实际到手的佣金比率最低可以为零，这也是最为彻底的佣金自由化。同时证券经纪业由管制行业转变为由市场调控占主导的半管制行业，证券经纪业务的竞争逐年加剧。

移动证券业务平台的建立是证券公司实施低成本扩张的必然选择，移动证券业务平台打破了原有相对稳定的市场竞争格局，证券公司可以凭借移动证券电子商务加速扩大客户资源，建立新的竞争优势实现规模经营。以下首先介绍移动证券业务平台的概念、优点和涉及的技术；其次介绍建设平台的目标和原则；最后确定了平台的系统组成。

（一）移动证券业务平台的概念、优点和涉及的技术

移动证券业务平台是支撑证券公司完成移动证券电子商务的软件系统和硬件系统的总称。平台的优点是：交易渠道畅通快捷、交易手段便捷多样、信息提供及时准确、投资服务富有成效、资金结算方便安全。移动证券业务平台还具有资源整合的功能，证券公司将来可以利用平台拓展自己的经纪业务范围，由股票、债券、基金等几个有限的品种，延伸到包括期货、保险、外汇、特色服务等更广泛的业务，形成金融超市，投资者可以从金融超市里随心所欲地挑选各种金融产品。平台涉及的技术主要包括：中间件技术、海量存储技术、数据仓库技术、并行处理技术、网络通信技术和信息安全技术等。

（二）移动证券业务平台建设的原则和目标

移动证券业务平台建设应当满足可靠性、前瞻性、标准化、模块化、高效性、伸缩性、安全性和兼容性的原则。

平台建设的目标如下：

第一，充分整合和利用证券公司的信息资源、人力资源、技术资源和设备资源，降低证券营业部日常的运行维护成本、人员成本和新网点的建设成本。客户端采用公共浏览器软件，避免建立专用客户网络所带来的成本及维护费用。实行交易的实时自动化处理，保证金融数据的生成与传递不受人工操作误差的干扰，降低单笔业务的费用。

第二，避开证券营业部交易方式的中间环节，避免证券营业部员工的工作差错及违规透支、越权自营、接受全权委托带来的行为风险。将分散在不同证券营业部的数据、资金、清算、信息、管理和交易渠道集中化，以解决证券各营业部范围过度、权力过大等问题，提高证券公司总部的控制力。

第三，将证券信息发布转移到有广阔覆盖面的移动通信网络上，快速地提供海量信息，提高信息的共享效果和互动性。信息可以随时更新、不受地域限制、使投资者可以及时、准确地获得，同时降低搜寻成本和时间。

第四，对证券公司的客户构成进行科学的分类，根据不同客户的不同需求，向客户提供量身定做的个性化投资建议，利用开放性的金融交易技术使客户获得银行、证券、保险等全方位的金融服务。

（三）移动证券业务平台的组成

移动证券业务平台由以下几个部分组成：一个终端、一个中心、四个系统，如图 5-9 所示。

图 5-9 移动证券业务平台结构

一个终端是指移动终端，如手机等。证券公司、证券营业部、证券服务部、银行、保险公司、基金管理公司、期货公司和投资者等将不再是相对独立的，而是在广域网平台上整合为一个系统。通过移动通信网络，投资者可以在任何有移动网络的地方、任何时间处理所有的证券业务或享受证券信息和个人理财等全方位的服务。

一个中心是指移动证券客户服务中心。移动证券客户服务中心是面向客户的标准服务界面，其通过信息技术将计算机系统、人工坐席代表、信息、电话线路等资源整合成统一、高效的服务工作平台。

中心除涵盖传统的电话委托等自动语音应答功能外，还具有坐席接听、网上呼叫、文字聊天、人工坐席下单委托、查询、客户资料的收集与管理、客户投诉受理、客户预约开户、证券业务知识库、信息的定制发送和咨询服务等功能。

客户服务中心可以由证券公司提供个股预警、成交回报、对账单、成交明细和定期咨询报告等主动性服务，还可以提供自动业务呼出和人工业务呼出，如投资者定制的行情信息、交易信息和通知关怀类信息等。系统支持电子邮件、电话、短信、QQ等主动外呼信息服务手段，信息可按客户类别、大户号发送，也可选择单个客户发送。

移动证券客户服务中心还可以根据客户的交易金额、是否有透支、是否频繁转移资金等情况，对其进行忠诚度的确定。对于忠诚度高的客户，主动关心其投资收益，及时地提出建议，让客户有主人的感觉；对于忠诚度不高的客户，及时研究，找出原因，积极采取措施，减少客户的流失。

四个系统是指集中型证券综合业务系统、银证通系统、网上证券交易系统和总部风险控制系统。

1. 集中型证券综合业务系统

集中型证券综合业务系统是建立在移动通信网络之上的处理各种证券交易业务的核心处理系统，如图5-10所示。它立足于证券公司总部，通过计算机通信网络进行实时交易、实时监督、实时备份和业务集中处理。集中型证券综合业务系统将分散在各个证券营业部的资金、证券、客户资料等数据和业务管理系统向公司总部集中，由公司总部将客户的交易指令集中处理后通过公司的席位向交易所集中报盘，交易完成后，资金实行集中清算。集中型证券综合业务系统取消了证券营业部的资金管理、证券管理等功能，将证券营业部变成一个为客户提供交易便利的营销场所，对于客户则实现了通存通兑、通买通卖。

集中型证券综合业务系统包含以下五个模块：

（1）股份集中托管模块。将证券营业部的客户资料和资金、证券数据集中托管在总部，并统一管理。

（2）开户数据校验模块。将证券营业部开户数据实时上传，避免重复开户。

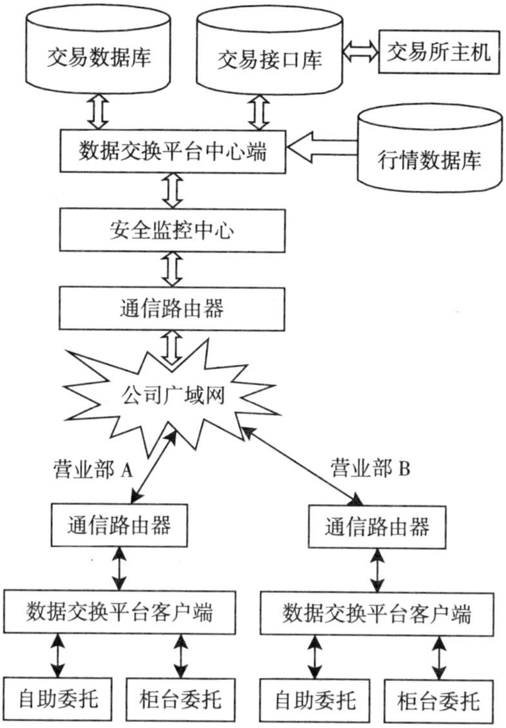

图 5-10 集中型证券综合业务系统结构

（3）集中报盘模块。完成委托申报和成交回报，把中心端数据库中各个证券营业部的委托数据申报到交易所接口库，同时把交易所的成交数据返回到中心端数据库。

（4）集中监控模块。对总部和证券营业部的集中报盘模块的运行进行监控，同时对证券营业部的申报和回报数据、席位报盘负载等数据进行实时监控。

（5）日终清算模块。根据交易所提供的清算和结算数据，统一进行所有证券营业部日终清算和结算。2003 年 12 月，中国证监会发布了《关于加强证券公司营业部内部控制若干措施的意见》，明确提出证券公司应当积极发展集中交易，控制证券营业部的风险，减少证券营业部需要人工直接介入的岗位。

2. 银证通系统

银证通系统以商业银行活期储蓄账户作为投资者证券买卖保证金账户和清算账户，银行为投资者提供资金的管理、冻结、划拨和解冻等专业的资金服务，证券公司以证券电子商务平台为投资者提供专业的证券服务。双方通过网络实时传输有关资金和证券的数据，在共同的利益基础上完成证券交易的全过程。银证通系统打破了区域限制,以商业银行为依托,利用商业银行遍布全国的营业网点,使证券公司向全国拓展成为可能。银行也因此吸纳和沉淀了大量的证券保证金,分享了证券交易佣金,而且提升了现有金融产品的附加值,吸引了更多的客户。银证通系统将投资者在银行的活期储蓄账户和在证券公司的证券交易保证金账户合二为一,避免了相互调拨资金的不便。投资者可以到银行的指定网点申请办理银证通开户手续,利用通存通兑系统,到银行联网网点存取交易资金,然后利用电话银行系统或证券公司提供的电话委托、手机炒股和网上委托等多种交易手段,方便地进行证券投资。投资者存取款不受节假日限制,也不受交易时间限制。

系统包含以下模块:

(1)账户管理模块。包括各类账户开销户、账户控制、客户信息修改、密码修改等。

(2)实时转账模块。包括银行转证券、证券转银行、查询银行余额等。

(3)交易模块。包括委托、撤单、指定交易、转托管等。

(4)日终对账模块。包括对总账、对明细账、生成日终清算文件等。

系统可以根据配置来支持银行端的各种接口,同时支持各种接口的相互转换,使得证券公司和各家银行的接入变得更加简单、方便。全国集中式联网是未来银证通系统的发展趋势,实现全国集中式联网后,只要证券公司与一家银行的系统联通后,这家银行所有的客户都可以通过这一系统进行证券交易。证券公司可以通过这种方式将其潜在的客户群体扩展到银行网点所能够覆盖的所有地区,而在这一扩张过程中,证券公司所需投入的边际成本基本为零。

3. 网上证券交易系统

网上证券交易系统包含以下子系统:

(1)行情分析系统。为投资者提供行情数据服务。

(2)交易处理系统。为投资者提供买入证券、卖出证券、查询资金、查询证券价格、查询最新成交情况、撤销委托和修改密码等基本功能。另外,还可以为投资者提供多用户多账号的批量买卖、交割打印、佣金结算和其他一些特殊功能。

(3)投资咨询系统。包括多个专家和机构对大盘走势的评估,证券公司和咨询机构提供的盘中和盘后的市场行情分析,全天候的财经新闻,国际国内的宏观评论等。

(4)智能选股系统。自动向投资者提供各种财务指标,自动在不同组合的条件下为投资者选择最佳证券,使投资者获得最大的投资收益。

(5)投资理财系统。为投资者提供证券买入后的保本卖出价计算,还可以为投资者提供所持证券的总市值和总资产，卖出证券后的盈亏计算和收益率的计算，以及每次证券买卖的历史数据查询等。

（6）认证中心（CA）。认证中心的核心功能就是发放和管理数字证书，具体如下：接收和验证最终用户数字证书的申请、向申请者颁发或拒绝颁发数字证书、接收和处理最终用户的数字证书更新请求、接收最终用户数字证书的查询和撤销产生和发布证书废止列表和数字证书的归档。

4. 总部风险控制系统

目前，证券公司的风险主要是证券经纪业务的风险，因为中国证券公司的主要业务为经纪业务，随着证券经纪业务的发展，对风险控制和防范工作提出了更高的要求。证券公司可以通过总部风险控制系统建立全方位的综合风险管理体系，为加强核心竞争力奠定基础。系统包含企业级的风险预警、风险监控、业务稽核、平行清算、查询统计、系统管理和风险分析等模块，对采集上来的业务数据、财务数据、清算数据和银行对账数据等各种数据按照系统内建立的风险分析模型，通过预警、监控和稽核构建风险三道防线，帮助证券公司尽早发现异常情况，达到及时、有效地防范风险的目的。

二、SMS 证券业务流程

SMS 炒股是比较常见也是使用较早的移动证券形式，它是通过手机短信的方式来获取证券信息服务，如个股行情信息、炒股资讯、大盘播报等。SMS 炒股服务的获取分两种情况：第一种情况是用户手机 SIM 卡、STK 卡、UTK 卡中预装有炒股短信息菜单，用户只需要单击该菜单即发出信息请求，该请求通过互联网短信网关（Internet Short Message Gateway，ISMG，是短信息中心和业务提供商 SP 之间的接口设备）发给业务提供商 SP，然后 SP 再将用户需要的信息萃取，通过 ISMG 传递到用户终端（手机）的短信息中心；第二种情况是用户手机卡中并没有预装任何炒股短信息菜单，此时用户可以从如下两种方式获得服务：

（1）用户将所需的 SMS 炒股业务指令（该指令由提供该业务的 SP 提出并经移动运营商确认）编写成短信息内容发到相应的 SP 特服号，该需求将通过 ISMG 传递给 SP，SP 在接收到用户需求后，再在规定时间内将满足用户需要的信息萃取，通过 ISMG 传递到用户终端（手机）的短信息中心。

（2）用户可以通过个人计算机上互联网，通过 SP 网站或提供该炒股信息产品的网站入口，输入获取信息服务的用户终端（手机）号码以及相应的身份验证码，订阅该产品，SP 会在规定时间内将满足用户需要的信息萃取，通过 ISMG 传递到用户终端（手机）的短信息中心。其业务流程如图 5-11 所示。

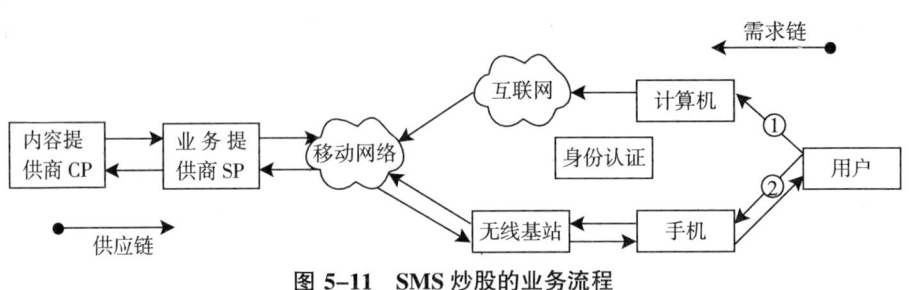

图 5-11　SMS 炒股的业务流程

通过手机短信发起的 SMS 炒股可以有手机点播业务和手机定制业务两种，通过网站发起的 SMS 炒股只能进行网上定制业务。点播是指用户每发出一次订阅请求后，及时得到回复，回复结束，业务即结束，信息费的支付即时完成。定制是指用户在规定时间内（一般以自然月为计费单位）只需要发出并成功完成一次订阅请求，就能在该期间接收到相应的回复信息（一般回复的信息是多条，且定期或不定期发送，具体发送时间根据业务有别），信息费是在发出并成功完成订阅请求的 3 天内（如果用户没有主动取消则在第 4 天开始）扣除当月信息费，如果用户当月没有取消服务，下月 1 日会接到是否继续订阅的通知。当 SP 接收到用户请求后，它可能从自己已有的内容数据库或者行情服务器中萃取相应的回复信息，也有可能需要临时来收集、整理并处理出相应的回复，例如专家答疑、实时专家解盘等需要临时作答。SP 提供的所有信息可能是由 SP 自己加工的，也有可能是内容提供商 CP 提供的，或者双方合作开发的，如果是 CP 提供的，则他们本身就已经形成了利益共同体。所以，SMS 炒股业务的利益主体有 SP、移动运营商、基础设备提供商、客户终端设备提供商以及 CP。

三、WAP 证券业务流程

WAP 的全称是无线应用协议（Wireless Application Protocol），它提供了通过手机访问互联网的途径，即能够使用手机浏览 WAP 网络或有条件地浏览互联网站。WAP 炒股是通过手机 WAP 功能获取个股行情、大盘播报以及各种炒股资讯服务。任何一部支持短信功能的手机都可以使用 SMS 炒股服务，与之不同的是，使用 WAP 炒股服务，用户必须拥有一部支持 WAP 功能的手机，并且该手机已经开通了 GPRS。GPRS 是中国移动先进的 2.5 代网络，为用户通过手机访问互联网提供了更高的速率、更短的连接时间、更优惠的资费。GPRS 网络好像是高速公路，WAP 好像是行驶在路上的汽车。WAP 炒股服务的需求发出分为五种情况：

（1）WAP 手机"移动梦网"中预装有证券理财频道、单击该频道下属相应栏目即发出信息请求。

（2）SP 与移动终端提供商（如手机厂商）合作，在移动终端芯片中增添 WAP 炒股频道，如证券理财频道，则使用该类手机的用户也能通过单击该频道下属相应栏目发出信息请求。

（3）在 WAP 手机的 WML 浏览器输入提供相应炒股资讯服务的 SP 网址，如 wap.stockstar.com，即可在该 WAP 网站提供的炒股信息服务栏目中进行选择。

（4）移动运营商为提供 WAP 炒股服务的 SP 分配了数字点播码，将所需 WAP 炒股栏目的数字点播码编写成短信内容，发送到该 SP 的对应特服号，也称"添加书签"，用户会收到一条确认短信，选择保存书签，则设置好了该栏目的手机书签，进入书签，单击对应的栏目发出请求。

（5）某些提供 WAP 炒股信息服务的网站提供网上设置功能，进入相关页面输入手机号码，也可以完成手机书签的设置，进入书签，单击对应的栏目发出请求。当然使用 WAP PUSH 的方式也可以设置手机书签，但这种方式用户是被动接收的，一般比较反感。WAP 炒股服务的需求发出后，进入了需求—供应流转环节：该请求经 WAP 网络编/解码器编码后传递到 SP 的应用服务器，SP 再将需要反馈的资源传递给 WAP 网关，然后 WAP 网关将通过编/解码器解码后的信息反馈给用户终端（WAP 手机），如图 5-12 所示。

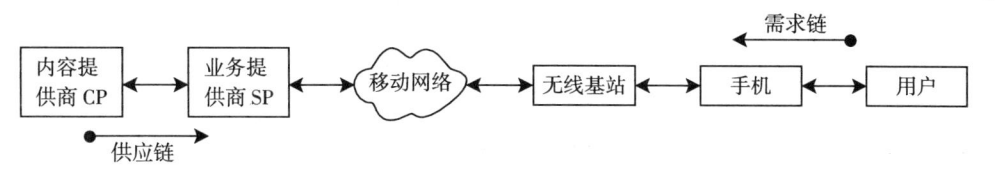

图 5-12 SMS 炒股的业务流程

四、Java 证券业务流程

传统手机出厂后，所有功能都是固化在手机软件中的，用户无法删除无用功能、增加新功能，即使用户找到了相应的应用程序，也无法解决该应用程序与手机底层软件的适配问题。Java 的出现彻底改变了这一局面。无线 Java 是一种开放与统一的技术，它与手机底层的操作系统无关。这样便解决了以前应用软件不能对不同操作系统兼容的难题，从而促进了空中下载 OTA（Over The Air）技术的发展。网络服务器可根据用户要求将程序下载到其 Java 手机中供在线或离线使用，Java 手机用户可以在移动网络中浏览、搜索、下载或交互使

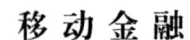

用各种 Java 应用，并可随时更新自己的手机功能，其核心技术是 J2ME（Java Platform，Micro Edition）。

Java 炒股就是在这样的背景和系统环境中产生的。获取 Java 炒股服务必须具备三个基本条件：拥有一部 Java 手机，开通 GPRS，Java 手机上装有获取炒股服务的客户端应用软件。前两个条件容易满足，第三个条件可采用如下三种方法实现。

（1）Java 手机中已经预装有炒股客户端应用软件。例如，中国移动订购了一批手机，并在手机"移动百宝箱"频道中预装了移动证券服务；又如有些 SP 通过与手机厂商的合作，在手机未出厂前预装了该软件。

（2）提供 Java 炒股服务的 SP 会在网站上提供相关软件的下载，登录网站下载软件包，下载后通过数据线传输到手机进行安装即可。

（3）提供 Java 炒股服务的 SP 会在 WAP 网站上提供相关软件的下载，登录手机 WAP 网站下载软件包，下载后安装即可。

WAP 炒股将互联网上用浏览器浏览证券网页的模式搬上了手机，它只不过是一个显示终端而不是计算终端，计算发生在网络服务器端，所有的计算结果都要通过网络传到手机来进行显示。与之不同的是，J2ME 技术赋予了移动终端从网络服务器动态下载应用程序的能力和本地计算能力，因而 Java 炒股服务不仅包括炒股资讯，还能进行在线交易，这也是它优于 WAP 炒股的地方。又由于证券交易必须连接证券公司平台完成，因此，出现了两种不同的业务模式和业务流程。第一种是以移动运营商为首的上下游整合模式，即它既和上游的移动终端设备提供商合作定制手机，开发或购买炒股应用软件，又将下游的证券公司直接纳入行情、资讯和交易服务体系。截至 2010 年底加入该模式的证券公司有 24 家。第二种是移动终端设备提供商、移动运营商、SP、证券公司上下游紧密形成产业价值链的模式，甚至还可能将专业的炒股应用软件开发商汇集进来。其需求—供应信息流转分别如图 5-13 和图 5-14 所示。

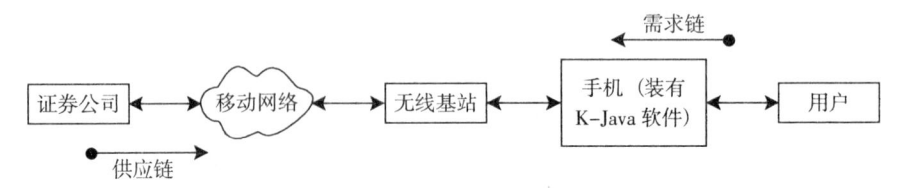

图 5-13 Java 炒股的业务流程

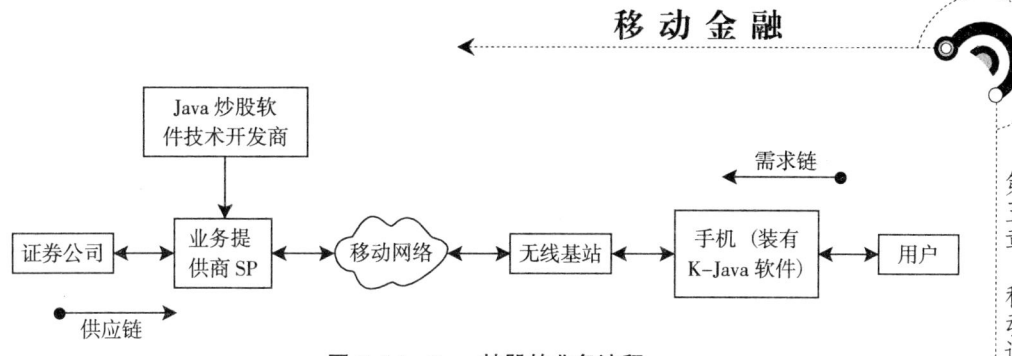

图 5-14 Java 炒股的业务流程

五、IVR 证券业务流程

IVR（Internet Voice Response）为互动式语音应答，是基于手机的无线语音增值业务的统称。中国移动推出的 IVR 服务称为语音杂志业务，该业务是以话音内容服务为核心，向移动手机用户提供一个集语音、短信为一体的信息服务获取平台，用户通过拨打以 12590 为字冠的语音接入号码，就可为自己或他人获得需要的信息服务。中国移动自 2003 年推出 IVR 业务后，当年收益达 2 亿元，次年接近 15 亿元，可谓爆发式增长。不过 97%以上的业务量是由娱乐服务提供的，证券业务量非常少。2005 年初和讯、证券之星等极少数的证券行业 SP 开始尝试这个领域，推出了 IVR 炒股服务，但业务量不理想。

怎么获得 IVR 炒股服务呢？操作方法很简单。手机用户不用申请，无须注册，直接拨打提供炒股资讯服务的 SP 指定的特定接入号码，就可根据操作提示收听、点播所需炒股语音信息，或者参与股友聊吧，将自己认为重要的信息点送给亲朋好友，获得交互式服务。目前 SP 提供的 IVR 炒股业务主要是实时证券行情、个股和行业资讯、专家咨询等服务。其业务流程简单来说是：用户拨打特服号—PSTN 或 PLMN 通信网通过交换机将呼叫请求信息交换—平台和用户进行语音交互—语音平台同步计时计费、记录用户日志等。通常情况下，语音业务中的大部分信息是预先录制的，然后在 IVR 流程中调用，例如各类资讯服务。在互动业务中，如实时证券行情和专家实时咨询，则通过程序控制调用，有两项关键技术，一是 TTS 文本语音转换，二是语音识别技术。相对来讲，TTS 在目前已经非常成熟，通过 TTS，文本信息已经可转换成比较连贯的语音，并且不觉得呆板。而语音识别技术虽然有了一定的进步，但识别率目前还不太高，无法大规模应用。目前，IVR 炒股业务的技术实现基本上由运营商所指定的技术开发商或系统集成商来完成，SP 只承担业务内容的提供和部分信息的录制工作。

移动金融

本章案例

"移动证券"卷起千堆雪

当弱势大盘彻底击碎一些人"红五月"行情之梦时,以中国移动和中国联通为代表的移动通信运营商推出的"移动证券"业务作为一种全新的证券交易工具悄然闯入我们的视野。

2004年5月,先是中国移动正式推出面向内地全球通用户的"移动证券"业务,并宣布加盟其"移动证券"在线交易服务的券商已由试商用期的1家增加到10家,其中除了曾在当年的"网上交易"热潮中勇拔头筹的昆仑证券,更赫然出现海通、华夏、国泰君安等重量级券商,而这个数目还在不断增加。

继中国移动之后,中国联通立即宣布借"5·17"电信日到来之际,开通"掌上股市"移动数据业务,并开展大规模的手机移动炒股业务推广。

如果加上中国网通前期推出的"网通证券服务",那么国内三大通信运营商都无一例外地成了"移动证券"业务的热烈推崇者。

"移动证券"究竟魅力何在,竟然能让三大电信巨头为之大施拳脚,并引来众多券商的热情追捧呢?

一、市场广阔令人垂涎

"一部手机,就相当于一个微缩版的大户室。"当中国移动在2003年7月底推出"移动证券"业务的试商用版时,这句极具煽动性的话成为其推广业务的最佳广告词。而在这句话背后,隐藏的是移动通信运营商对证券市场这片广阔天地的勃勃野心。

资料显示,我国目前约有7000万个证券投资账户,但常进营业部的投资者不足700万人。大部分投资者采用电话委托、网上交易等非现场交易方式,其中电话委托占大多数,这就给"移动证券"这一新业务带来了巨大的市场空间。1.5亿"全球通"手机用户与几千万股民之间融合、互动所形成的巨大市场,没有理由逃出中国移动寻找新利润增长点的目光。

中国联通被同样的理由吸引而介入证券服务业务。目前,中国联通CDMA用户总数已超过1700万人,其中使用CDMA1X数据业务的用户已达200万人。就以近日与湘财证券联手的上海联通为例,上海联通目前拥有手机客户超过400万人,其中CDMA客户占1/4,而湘财证券拥有20余万开户投资者。面对如此广阔的市场,中国联通如何控制得住想分一杯羹的冲动呢?

二、技术突破引爆商机

上亿手机用户的存在不是一天两天了，难道此前移动通信运营商就对此视而不见吗？其实说到底，相关技术的突破才是打开这片广阔市场的"金钥匙"。

为实现"通信"与"证券"的对接，移动通信运营商做出了不懈的努力。中国移动在正式推出"移动证券"之前，曾经进行了半年多的"试商用"，其目的就是通过实际应用，发现和解决相关的技术问题。

据介绍，目前，移动证券系统与股民在证券交易大户室使用的系统非常相似，在界面和快捷键设置上也沿袭了广大证券投资者熟悉的"钱龙"软件，用户不需要重新培训就能迅速掌握。"移动证券"系统的数据通过专用的内部网络传输，外界互联网上的各种不安全因素无法侵入此系统信号，交易信息的内容只会被股民和证券营业部的电脑系统所见，任何第三方的人或设备都无法窃取和破译加密的数据。

与中国移动的"移动证券"类似，中国联通推出的"联通掌上股市"业务利用CDMA1.X通信网络、互联网等多种先进通信手段，可以实现即时K线图和即时下单功能，使手机成为"接收即时证券行情、查看即时证券资讯、随时进行证券交易"的终端机。

三、共赢预期催生合作

通信运营商提高增值服务利润，券商营业部提高交易量、降低运营成本，手机制造商提高产销量，股民在减少交易成本的同时获得更便捷安全的交易方式，这种参与各方"共赢"的格局催生了相关方面积极合作的热情。

中国移动不久前宣布，已就"移动证券"业务与国内10大券商达成合作协议，而中国移动定制、可用于"移动证券"业务的手机已达9个品牌45款。中国联通也放出风声，已与国内前30名的证券商签订了逐步启用的框架性协议。

中国移动在推广其"移动证券"业务时，充分考虑到用户对于费用的心理承受力。对于用户而言，转化成本可以分为两块：其一是终端成本，即掉换能够使用"移动证券"的手机的成本；其二是使用成本，即使用"移动证券"的日常资费。据悉，中国移动准备定制一批预装了"移动证券"软件的手机，以超低价格提供给用户。

在服务费用的收取上"移动证券"也向用户"大抛媚眼"。如果只使用其中的实时行情和证券资讯两项服务，除了支付移动少量的GPRS流量费以外，每个月只需要付出30元的信息使用费。如果需要开通在线交易，资费视券商而定，每月费用在6~30元不等，但多数券商都表示要为这种交易方式提供一定的优惠，甚至还有部分券商有意免其佣金。

而中国联通用户要想用联通"掌上股市"来进行移动炒股，则有两种选择：一是用户保证在其保证金账户中存有一定资金量，证券公司将免费赠送一台最新手机；二是股民自己购买手机，由联通提供网络平台，券商提供证券交易平台。

"移动证券"革命传统的交易方式。在电信运营商与券商的携手推介声中，它正一步步向我们走近。

资料来源：张德斌，鲁孝年."移动证券"卷起千堆雪．中国证券报，2004-06-10．

问题讨论：
1. 中国移动证券产生的背景是怎样的？
2. 移动运营商与证券公司合作的模式以及合作后能提供的服务有哪些？
3. 你认为移动证券的发展前景如何？

本章小结

移动证券是证券行业以移动通信网络为媒介为客户提供的一种全新的进行信息发布和证券交易的移动通信网络服务。与传统证券相比，移动证券有六大优点：证券产业整合的成功案例，能获取大量的潜在客户，能改善公司的盈利能力，引入了"信息有价"的概念，带动了整个证券产业价值链的延伸和技术更加可靠。中国移动、中国联通和中国电信分别推出了自己的移动证券交易系统。

无线交易系统的构成一般从逻辑功能和系统软件模块功能两个角度来看。从逻辑角度看，有无线终端证券应用客户端、无线接入平台、移动证券应用行情/委托平台和认证中心平台；从系统软件模块角度看，有功能模块、接口模块和应用模块三大模块。无线交易系统为客户提供一系列资讯、交易等服务。

移动证券经纪业务是指证券公司通过其建立的移动证券营业部，接受客户委托，按照客户的要求代理客户买卖证券的业务。其具有广泛性、中介性、权威性和保密性的特点。移动证券经纪业务的一般流程与传统证券经纪业务大致相同，只是在委托买卖和交割清算时是采取的移动终端的形式。我国传统的移动证券经纪业务的经营模式存在较多弊端，这就要求我国努力学习国外先进的经营模式。目前，国外经典的移动证券经营模式有美林模式、嘉信模式、E-Trade模式。

移动证券业务平台是支撑证券公司完成移动证券电子商务的软件系统和硬件系统的总称。平台的优点是：交易渠道畅通快捷、交易手段便捷多样、信息提供及时准确、投资服务富有成效、资金结算方便安全。移动证券业务平台还具有资源整合的功能。现阶段证券的业务流程有 SMS、WAP、Java、IVR，其中 WAP 和 Java 为主要业务流程。

本章复习题

1. 试论述中国移动、中国联通和中国证券三大移动运营商推出的移动证券系统各自的特点。

2. 试讨论移动证券交易系统的结构和功能的结合实现。

3. 移动证券经纪业务的主要内容是什么？国外三大经纪业务经营模式是什么，它们的优缺点都有哪些？

4. 什么是移动证券业务平台？试论述 WAP 和 Java 证券业务流程的基本内容。

第六章 移动保险

学习目的

知识要求 通过本章的学习，掌握：

- 移动保险的定义
- 移动保险的要素
- 移动保险的特点
- 移动保险业务平台架构
- 应用移动保险平台的利弊
- 移动保险在实务中体现的优势

技能要求 通过本章的学习，能够：

- 掌握移动保险的展业流程和理赔流程
- 分析移动保险的营销策略
- 了解移动保险的客户管理
- 理解移动保险对业务人员的影响

学习指导

1. 本章内容包括：移动保险概述，移动保险业务平台，移动保险实务和移动保险营销管理。其中前两节着重介绍移动保险的理论基础；后两节着重讲解移动保险实务应用知识。

2. 学习方法：读者应首先掌握移动保险中涉及的保险和通信的相关概念和术语，在准确理解移动保险理论的基础上，学习移动保险实务，融会贯通。

移动金融

3. 建议学时：6学时。

引导案例

移动视频查勘系统提高车险理赔速度

车险移动视频查勘系统在太平洋产险山东分公司投入使用，截至2010年底，太平洋保险已在14个省市应用该查勘系统，车险定损理赔速度大幅加快。

太平洋保险公司的查勘员小张对此深有体会。自入职以来，小张就是车险查勘员，查勘定损主要依靠保险查勘员个人技能、经验和沟通能力，其工作质量高低主要取决于个人素质和责任心，由于缺乏后台及时的信息支持和实时有效监督，工作质量成为理赔管理的"短板"。此外，小张每天白天查勘后，晚上还要回到公司加班，进行资料录入的操作，工作时间经常延长，理赔效率不高，尤其是这样繁复的操作造成了小额损失案件理赔周期的不合理延长，大大影响了客户满意度。

据统计，损失金额小于3000元且不涉及人身伤亡的简易事故占车险索赔案件的80%以上。客户投诉中对查勘定损不满的比重占50%以上，并主要表现在查勘估损时效长、定损偏差且报价时效滞后等问题。为提高公司竞争力，太平洋保险创新开发了车险移动视频查勘系统，采用定制的合成式手持设备作为查勘员的手持终端，通过3G技术实现事故现场查勘、事故损失核定或事故维修回勘等工作的实时数据传输，后台核损人员能全程指导和监督现场查勘人员的理赔工作。公司从2009年开始在产险厦门、东莞分公司试点车险移动视频查勘系统。2010年，公司在试点的基础上，对系统进行了优化，并在全公司推行。

现在小张每天的工作因移动查勘系统得到了简化，使用这个系统可以同步完成查勘、核价、核损和估损单审核等工作，小张进行保险查勘定损的时效性大幅提升。从目前太平洋保险"车险移动视频查勘系统"试点运行情况来看，案均处理时长只有20分钟左右。

业内专家表示，随着市场发展的日益规范，车险竞争逐步从价格战变为服务战，"车险移动视频查勘系统"能实时在线一次性完成查勘定损，简化简易案件理赔流程，满足绝大部分客户在服务时效和服务质量上的需求，提高客户满意度，提升公司竞争力。

资料来源：纪旭. 太平洋保险创新开发移动视频查勘系统提高车险理赔速度. 中国保险网. www.china-insurance.com，2010-12-22。

问题：

1. 移动保险如何理赔？与传统保险业务理赔过程相比，移动保险有何优越之处？

2. 移动保险运营需要移动通信公司的哪些技术支撑？

第一节　移动保险概述

随着社会经济的发展和技术的进步，人们不再满足于传统的局限在有限空间里的信息存取方式，而希望将活动的地点延伸到广阔的地理区域。移动金融以其灵活、简单、方便的特点正受到越来越多人的关注。作为金融领域的一个大的分支——保险行业也纷纷将移动通信技术运用于业务实践中，使保险服务更加贴心、更加优质。移动金融的快速发展和移动技术的不断进步，为保险服务升级创造了条件，同时为保险公司的竞争开辟了新的领域。

一、移动保险的概念

移动保险是指保险公司以移动通信技术为基础，通过移动终端设备来进行各项保险经营管理活动的经济行为。具体来说，移动保险指保险公司以手机、平板电脑等设备作为终端，应用无线网络的一系列移动应用产品和解决方案，为客户提供有关保险产品信息并实现移动投保、理赔等围绕保险交易进行的全部商业活动。

移动保险是在电子商务环境中，保险业界创新的产物。利用移动通信技术，保险公司不仅可以通过移动通信终端直接、快捷地接触成千上万的新客户，而且随时可以为老客户提供更加详尽周到的服务，精简业务环节，降低运营成本，提高保险公司的效益与效率。对于客户来说，不仅可以不受时间和空间的限制，并且可以有选择性地接受符合自身个性化需求的相关服务。

二、移动保险的要素与特点

了解移动保险的定义之后，把握移动保险的构成要素和特点可以帮助我们更加深刻地理解它的内涵。

（一）移动保险的要素

移动保险的要素由保险人、投保人等保险要素和"移动"要素共同体现。

1. 保险要素

保险要素指构成保险关系的主要因素，主要指保险人、投保人、被保险人、保险标的及可保风险。

（1）保险人。保险人又称承保人，是指与投保人订立保险合同，并承担赔偿或者给付保险金责任的保险公司，其中包括国有股份有限公司和国有独资公司两种形式。保险人是法人，公民个人不能作为保险人。保险人的具体形式有保险股份有限公司、相互保险公司、相互保险社、保险合作社、国营保险公司及专业自保公司。

（2）投保人。投保人是指与保险人订立保险合同，并按照保险合同负有支付保险费义务的人。成为投保人需要具备的条件有：具有相应的民事能力和行为能力；对保险标的具有保险利益。投保人可以是自然人也可以是法人。保险法规定，订立保险合同时，保险人应当向投保人说明保险合同的条款内容，并可以就保险标的或者被保险人的有关情况提出询问，投保人应当如实告知。投保人故意隐瞒事实，不履行如实告知义务的，或者因过失未履行如实告知义务，足以影响保险人决定是否同意承保或者提高保险费率的，保险人有权解除保险合同。

（3）被保险人。被保险人是指其财产或者人身受保险合同保障，享有保险金请求权的人。在财产保险中，投保人可以与被保险人是同一人。如果投保人与被保险人不是同一人，则财产保险的被保险人必须是保险财产的所有人，或者是财产的经营管理人，或者是与财产有直接利害关系的人，否则不能成为财产保险的被保险人。而在人身保险中，被保险人可以是投保人本人，如果投保人与被保险人不是同一人，则投保人与被保险人存在行政隶属关系或雇佣关系，或者投保人与被保险人存在债权和债务关系，或者投保人与被保险人存在法律认可的继承、赡养、抚养或监护关系，或者投保人与被保险人存在赠与关系，或者投保人是被保险人的配偶、父母、子女或法律所认可的其他人。这样的规定主要是为了避免被保险人为获得保险金而故意制造保险事故。

（4）保险标的。保险标的是被保险人的财产及其有关利益，或者是人的寿命和身体，它是保险利益的载体。保险标的具有重要的意义：保险标的的种类决定保险业务的类型；保险公司依据保险标的的所有权判断投保人是否对其具有可保利益；根据保险标的的实际价值或者存在状况确定保险金额；根据保险标的的危险程度厘定保险费率；根据保险标的的损失程度计算赔付数额；根据保险标的的所在确定诉讼管辖范围等。

（5）可保风险。可保风险是指符合承保人承保条件的特定风险。尽管保险是人们处理风险的一种方式，它能为人们在遭受损失时提供经济补偿，但并不是所有破坏物质财富或威胁人身安全的风险保险人都承保。

成为可保风险，要具备以下条件：损失程度较高；损失发生的概率较小；损失具有确定的概率分布；存在大量具有同质风险的保险标的，大量的同质保险标的会保证风险发生的次数及损失值以较高的概率集中在一个较小的波动幅度内；损失的发生必须是意外的；损失是可以确定和测量的，具体指损失发生的原因、时间、地点都可确定以及损失金额可以测定，这样保险人才可以依据这些能够被测定的金额进行赔偿；损失不能同时发生，这是要求损失值的方差不能太大，如战争、地震、洪水等巨灾风险，发生的概率极小，由此计算的期望损失值与风险一旦发生所造成的实际损失值将相差很大，而且保险标的到时势必同时受损，保险分摊损失的职能也随之丧失，这类风险一般被列为不可保风险。

可保风险与不可保风险间的区别并不是绝对的。例如地震、洪水这类巨灾风险，在保险技术落后和保险公司财力不足、再保险市场规模较小时，保险公司根本无法承保这类风险，它的潜在损失一旦发生，就可能给保险公司带来毁灭性的打击。但随着保险公司资本日渐雄厚，保险新技术不断出现，以及再保险市场的扩大，这类原本不可保的风险已被一些保险公司列在保险责任范围之内。可以相信，随着保险业和保险市场的不断发展，保险提供的保障范围将越来越大。

2. "移动"要素

移动保险是一种通过移动通信网络进行数据传输并且利用移动终端开展各项保险经营管理活动的新型保险业务模式，其参与主体可以在任何时间、任何地点实时获取和采集有关信息。移动保险业务活动以应用移动通信技术和使用移动终端进行信息交互为特性。由于移动通信的实时性，移动保险用户可以在第一时间准确地与对象进行沟通，与信息数据中心进行交互，摆脱固定设备和网络环境的束缚，最大限度地驰骋于移动保险服务的广阔空间。

（二）移动保险的特点

在保险业大发展的时代，保险公司为拓展业务，希望通过移动保险使人们能够更加方便地接收产品信息、了解保险知识、办理保险业务。移动保险作为新时期保险业务与新技术结合的产物，主要有移动性、精准性、时效性、安全性和电子化的特点。

1. 移动性

移动通信网络不像有限网络那样受个人电脑地点、网线等条件限制，它让用户能够通过随身携带的上网设备随时随地上网。通过智能手机、PDA 笔记本电脑等产品，结合无线通信，无论人们身处何地，都可以办理保险业务，接收保险产品相关信息。

2. 精准性

移动通信技术使客户与保险机构的互动更加直接，与传统保险营销"一对多"的传播方式不同的是,移动保险营销可以随时随地根据消费者的个性化需要提供"一对一"的个性化信息服务。客户也可以主动选择和实现自己的投保意愿,无须消极接受保险中介人的硬性推销,并可以在多家保险公司及多种产品中实现多样化的比较和选择。准确地捕捉到用户的兴趣,并根据用户兴趣为其定制相应的保险服务,对保险业的发展意义重大。

3. 时效性

移动通信技术使得保险公司可以随时准确、迅速、简捷地为客户提供所需的资料,客户也可以方便、快捷地访问保险公司的客户服务系统,获得诸如公司背景、保险产品及费率等详细情况,实现实时互动。而且,当保险公司有新产品推出时,保险公司可以通过短信方式向有相关产品需求的客户发布消息。此外,公司可以向客户发送相关保险动态、防灾防损资讯等信息;投保人也可以自行查询信息,了解新的保险产品。移动保险有效克服了报纸和印刷宣传册时效性差的缺陷。3G 移动通信技术得到广泛应用之后,可真正实现高带宽和低费用,无须花费时间等待联网,移动保险的时效性将更加突出。

4. 安全性

一般认为,相对于目前较为广泛应用的有线网络,无线通信网络的安全性会高很多。这主要是由于 SIM 智慧卡以及各种加密技术的应用。

5. 电子化

客户与保险公司之间的沟通与联系通过网络进行,尽可能在经济交易中采用电子单据、电子传递、电子货币交割,实现无纸化交易,避免了传统保险活动中书写任务繁重且不易保存、传递速度慢等弊端,实现了快速、准确、双向式的数据信息交流。

随着无线传输环境的普及,移动保险服务的便利性将愈来愈深入人心,通过移动装置进行保险消费的行为也将会越来越普遍。

三、国内外移动保险发展概况

(一)国外移动保险的发展

目前,国外已有很多知名保险公司利用移动通信技术开展保险业务。例如,全球首屈一指的国际性保险服务机构美国国际集团(American International Group,AIG)有一款青少年车险产品,该产品为客户免费提供 TEEN GPS 系统,这个系统利用了 GPS 移动通信技术,使家长能够在孩子出行时得知子女的行踪。青少年在驾车过程中,TEEN GPS 还能将车速等其他安全数据传送给家长。不安全驾驶行为报告给家长后,家长可以及时采取措施尽快遏制这种不安全行为,进而降低青少年驾车出现交通事故的概率。英国最大的保险公司英杰华保险公司旗下的 RAC 汽车金融部门援救服务系统也利用了手机定位技术。经过客户的允许，该项服务即可开通，在客户出险并且不明具体所处位置时，客户服务中心可以立即通过定位服务准确得知地理位置信息。

国外知名保险公司主要在以下四个方面利用移动通信技术开展保险业务：

1. 移动交易

客户利用手机或笔记本电脑等移动终端设备通过无线网络直接购买保险产品，通过网上银行或手机话费等付费方式缴费。

2. 发布信息

从客户开始关注某一保险公司的保险产品时，公司通过短信系统向客户发信息，提供产品说明以及其他相关资讯。

3. 移动理赔

出险后客户可以自己对出险情况进行拍照，用手机将照片传送给保险公司，简化理赔流程，提高理赔效率。

4. 跟踪定位

保险公司利用移动通信技术，对查勘员进行定位，从而安排离出险现场最近的查勘员处理理赔事项；对客户进行定位，向客户提供定位信息，促进保险业务开展，或在出险时找到客户提供保险服务。

（二）我国移动保险的发展

进入 WTO 后，中国的金融市场进一步开放，保险行业以每年 20% 左右的速度快速增长，同时保险公司也面临很多困惑，如保险展业效率低、展业流程复杂；理赔难、理赔时间长；假案频繁发生，赔付率高；内勤人员工作量巨大且烦琐等，制约了我国保险业的发展。

移动保险将移动通信终端作为产品营销、客户管理等的一种新渠道，一定程度上解决了上述问题，以"移动"方式为准客户、客户提供优质低价的服务，可以达到深层开拓市场、树立公司品牌形象的目的。

平安人寿于 2010 年 10 月在全国范围内成功推行移动展业模式（MIT），并于 2011 年 7 月正式上线 MIT 升级版——MIT 二代，为客户提供更为全面的综合金融服务以及更为便捷的保费支付渠道。平安人寿自推出该展业模式以来，有超过 100 万客户通过 MIT 获得保险保障，2011 年的前 6 个月中，新契约中 MIT 件数占比接近 50%，6 月当月占比更提升至 60.7%。MIT 二代从客户实际需求出发，通过对客户需求的细致分析和专业化的流程设计，为客户提供涵盖寿险、养老险、车险在内的保障更全面、组合更灵活的保险服务。客户足不出户，即可享受真正的一站式综合金融服务。

中国人保财险于 2007 年与中国移动在深圳联合推出了车险自助查勘与车

辆防控系统。发生单方车险小事故时，车主只要用手机的"车险自助查勘"功能，就能自行拍摄出险现场，迅速上传至保险公司作为查勘依据。2010年，中国人保财险推出的手机WAP保险电子商务网站（wap.epicc.cn）可以提供手机投保、手机支付、车险理赔信息查询等多项服务。人保财险手机WAP网站在建设上坚持简洁、实用、安全、快捷的设计理念，网站保险产品设计覆盖面广，涵盖生活的方方面面，提供多种组合投保方案，并可以根据需要自行选择保障内容和保障金额。每款产品需要用户填写的投保信息简洁明了，从填写用户信息到实现在线支付，全程仅需三分钟。对于持信用卡的客户来说，短期出行保险、境内商务旅行保险、自驾游保险、家财险等保险产品的在线投保都可通过手机进行。此外，客户还可通过这一平台进行车险理赔进度查询。

2008年，中国太平洋保险研发的新型保险承保作业工具——GPRS移动出单系统（又称"即时保"移动出单系统）上线，有效地实现了原各类定额保单类业务的电子化出具和管理，得到了监管部门的充分肯定。2011年6月太平洋保险正式推出移动商务平台"E保通"，可为车险个人客户提供方便实用的信息服务。标志着太平洋保险也形成了电话、网站、移动"三网合一"的电子商务平台。

我国大部分保险公司都已意识到移动保险的重要性和迫切性，并在积极地进行尝试。移动通信运营商也看好这一领域的发展，积极与保险公司开展合作。智能手机、平板电脑的定制商与金融行业移动互联网应用开发系统集成商纷纷抢占商机，开发适用于移动保险业务开展的配套软件。移动保险的发展将大大有利于挖掘我国保险市场的潜能。

第二节 移动保险业务平台

移动保险业务平台是以终端设备和无线网络作为基础平台进行开发的办公系统，通过部署系统整体在移动办公服务器上的应用，完成企业内部的各应用系统的界面转换，再通过移动供应商的无线网络实现与用户终端设备相连通。移动保险要以移动保险业务平台为依托开展保险业务才能实现其移动办公的特色。因此，搭建一个较好的办公平台对移动保险业务的运行发挥着举足轻重的作用。移动保险业务平台可以实现报表推送服务、核保调查、现场理赔服务、业务员展业等一系列应用服务，为保险销售提供技术支持，并为规范化管理、提升服务水平及管理效率提供了强大、高效的运营保障。

一、移动保险业务平台架构

移动保险业务平台的搭建包括移动终端设备、移动保险商务系统、移动信息化解决方案、移动保险业务系统和软件四部分内容，下面分别进行介绍。

（一）移动终端设备

移动保险在实务中运用到的移动终端设备主要包括：E-POS 便携式支付终端机、笔记本电脑、3G 无线上网卡、3G 智能手机、蓝牙打印机。这里主要介绍 E-POS 机。其他移动终端设备较为常见，在此不再赘述。

E-POS 机是一种便携式实时交纳首期保费的设备，借助该设备，客户可以在投保后直接进行刷卡缴费。中国银联开通的移动 POS 业务，使移动保险成为不受时间、场地和线路限制的商务交易活动。

E-POS 机计算机缴费功能是指将 E-POS 机连接计算机，通过登录保险公司网站，绑定移动保险展业过程中产生的确认书条形码，自动获取交费金额等信息后，客户刷卡进行缴费。

如表 6-1 所示，使用 E-POS 机，签单时能够实现实时缴费，保险代理人不必再往返于客户和公司之间。投保人同意购买保险后，签订合同即可缴费，投保人不必在签订合同之后去保险公司自行缴费，减少了这期间投保意向改变、欠缴保费而使保单作废的可能，增加了保单促成机会，提高了保单的生效实效。由于首期、续期缴费账户绑定，只要账户余额足够支付下期保费则到期会自动转账，自动支付续期保费，减少业务员后续催缴时间，并且不会因客户忘记缴纳后续保费导致保单失效，即提升了保单继续率。

表 6-1　E-POS 机的运用为保险展业带来的好处

签单	实时缴费，增加保单促成机会
生效	提高保单生效时效
继续率	首续期缴费账户绑定，减少业务员后续催缴时间

（二）移动保险商务系统

移动保险商务系统是综合目前移动通信领域中的短信、WAP、K-Java、BREW 以及 IVR 等各项技术，将移动用户和保险公司的业务系统、网站系统、办公自动化系统、客户服务系统等有机整合在一起，架构成的一套功能强大、服务形式多样化的商务系统。

移动保险商务系统可以分为六个层次：通信管理层、设备识别层、安全控制层、应用逻辑层、应用整合层和系统配置层，如图 6-1 所示。

移动金融

```
        系统配置层
       应用整合层
      应用逻辑层
     安全控制层
    设备识别层
   通信管理层
```

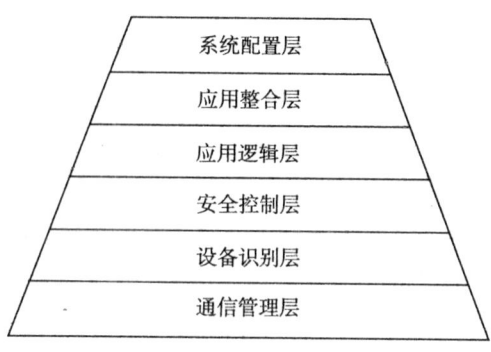

图 6-1　移动保险商务系统

1. 通信管理层

通信管理层位于最底层，完成对不同网络、不同通信协议的支持，终端软件通过提供可供选择的链接方式来屏蔽不同网络、不同通信协议之间的差异，使上层应用不受影响。

2. 设备识别层

设备识别层在通信管理层之上，完成对移动终端的识别，使程序能够根据不同设备类别选择输出策略，转换文字格式、图片格式，从而保障应用逻辑独立于硬件平台。

3. 安全控制层

安全控制层用于确保数据访问的私有性和数据传输的完整性。典型的安全控制策略包括数据加密和解密，如使用安全传输协议使数据不被未知的第三方理解；还包括数据编码和解码。同时，可采用加密盒编码的数据存储和用户鉴权。

4. 应用逻辑层

应用逻辑层完成业务逻辑的执行及业务界面的显示。根据实际应用的分布来划分，计算机终端可以分为瘦客户端和胖客户端，瘦客户端即客户端—服务器网络体系中的基本无须应用程序的计算机终端，较多功能在服务器上实现；与之相反则为胖客户端。在瘦客户端应用中，终端只有显示器，只需要标准的浏览器；在胖客户端应用中，应用逻辑层是系统功能模块的稽核。对于服务器端而言，应用逻辑层部署在 Web 服务器、应用服务器、推送服务器中，包括业务逻辑模块、数据访问模块、甚至移动代理组件等。

5. 应用整合层

应用整合层是将企业的后台系统如 ERP、外部系统如供应商使用的 Web 网站、其他门户网站如业务员 Web 系统等于移动应用系统进行整合的层次。

6. 系统配置层

系统配置层集中了移动软件的运行环境设置、系统参数设置、安全策略开关选项、加密数据复制备份和数据同步选项等功能。系统配置层是整个体系的外围，为其运行提供基础。

（三）移动信息化解决方案

移动通信公司可以针对保险公司的需求，为其推出保险行业移动信息化解决方案。通过手机终端实现流程化的保险信息提醒，帮助企业提高客户满意度，整合信息孤岛。这是对保险行业信息化办公体系的重要补充，而且投入成本低，为保险办公模式带来了新的飞跃。保险公司一般可以直接与运营商或平台方案供应商联系洽谈，确定合作协议后，通过一定的设置，将平台软件与企业内部系统之间连通，即可实现移动办公。

保险公司信息化需求主要包括三个方面，即基础网络、网络应用和行业应用，具体需求如表 6-2 所示。

表 6-2 保险公司信息化需求

基础网络	公司局域网、广域网的建设、扩充及外包维护，各级数据中心的建设和集中
网络应用	语音、视频、短信等应用，满足公司内外部便捷广泛的信息交流
行业应用	以呼叫中心等多种网络应用为手段的客户关系管理系统，多渠道的服务销售系统，规范代理人管理系统，远程定损系统等

移动通信公司针对各保险公司所处的信息化发展阶段和 IT 现状，将上述网络和应用模块灵活组合打包，以服务产品的方式提供给保险公司。

以 2010 年的中国移动通信公司保险移动信息化解决方案为例，该方案在"业务整合优化阶段"的具体措施如表 6-3 所示。

表 6-3 中国移动通信公司保险移动信息化解决方案

产品及服务组合		对客户的价值
产品	服务	
基础网络解决方案	● 内网 骨干精品网 高带宽接入业务 ● 外联网 商务专网 外网延伸 ● 互联网 CMnet	● 网络运营维护及管理服务 总公司：服务包 A 分公司：服务包 B ● IPSec VPN 开通及远程配置维护管理捆绑服务网络安全服务 网络安全咨询 宽带上网：安全专线 内外网连接：安全关口 WEB 网站：安全特区 ● 网络中心托管服务	网络结构扁平化调整 保障核心网络的安全可靠及稳定运行 支持从备份中心出发的第二套网络建设 支持建立海外数据中心 实现骨干中心节点的零中断保护，支持网点联网电路的提速和扩容 支持丰富的外网连接，加强与合作伙伴之间的联系 满足网络外包的需求，降低网络运维成本

续表

产品及服务组合		对客户的价值
产品	服务	
网络应用解释方案	• 语音通信 IP Centrex 语音专线 • 呼叫中心 与 CRM 系统深度结合，建立多媒体呼叫中心 400 集中组网模式 • 视频会议 专网延伸模式 扩展到合作伙伴 • 移动办公 实现远程访问公司业务系统 MAS、ADC 应用	• 呼叫中心整体服务 呼叫中心优化升级服务多媒体 呼叫中心建设外包服务 呼叫中心负载分担 • 视频会议服务 总公司：现场派驻 分公司：远程支持、按需上门 • 其他非核心 IT 系统开发、运维及管理外包	支持建立集中式呼叫中心及其与 CRM 有机整合，支持呼叫中心的安全备份，开展主动营销 支持建立于银行、团体客户等合作伙伴之间方便的视频沟通渠道 真正意义上的移动办公，支持向 3G 的平滑过渡 支持非核心业务外包
行业应用解决方案	• 行业应用 移动 OA • 远程定损系统 无线监控解决方案 3G 定位系统 定损点安全互联、数据共享，支持出险客户就近定损理赔 • 代理人管理应用服务 利用 VPN、移动 OA 等进行远程保单直接录入 移动电话、固话混合虚拟网+集团彩铃 信息查询、资料共享 • 利用综合视频系统提供代理人远程培训	• 平台托管于集成服务 电子商务平台整体安全服务 • 远程定损系统 无线监控专网整体外包服务 定位系统建设外包	电子商务系统大规模应用，提供高效率、全自动化保险业务流程 支持建立基于 GPS 定位系统和集中视频监控系统的远程定损，合理利用人力资源，逐步实现由分散到集中的理赔模式转变，实现专业化、无纸化理赔 支持全面的 IT 外包服务 支持对数量众多、流动性大、分散的保险代理人提供信息化管理，提高代理人工作效率，便于公司对代理人进行集中管理

移动信息化解决方案的签订可以实现全自动化保险业务流程，加强企业内、外部沟通，增强企业凝聚力，进而起到提高工作效率和质量的作用。同时，能够节约企业通信费用和员工手机话费的开支，实现双向优惠，为保险公司节省通信成本。此外，移动保险解决方案的应用，能够促进保险公司在客户及社会中树立更加良好的品牌形象，利于市场开拓和客户忠诚度培育。

（四）移动保险业务系统和软件

保险公司可以与金融行业移动互联网应用开发系统集成商合作定制自己的移动保险业务系统和软件。按照系统职能可以分为行销系统和销售支持系统。

1. 行销系统

移动保险行销系统的核心思想是利用移动互联网技术将保险业务中的大量

后台运作流程推至前台销售阶段进行实时处理，全面提升保险产品的销售效率和客户响应速度。同时结合视频和动画技术以生动、形象的方式向用户展现保险产品的收益等数据化内容。具体而言，移动保险行销系统的功能包括两方面，一是支持移动保险展业的实施，二是方便客户查询保险产品的相关信息。行销系统可以实现客户资料管理、问卷调查、投保说明、投保方案书生成、自核结果查询、业务状态提醒。另外，该系统还提供业务信息查询、险种管理、理财收益演示及理财规划等。该系统为移动展业提供全面的支持，能够极大地提高代理人的展业效率。

2. 销售支持系统

销售支持系统具有客户服务功能，提供短信群发、服务定制与取消、新险种介绍、所属客户保单资料查询等。系统可以自动在保单的不同阶段发送相应的提示短信，如新单祝贺、续期交费通知、续保银行划账不成功通知、催缴费通知、保单失效告知、保单永久失效告知、理赔通知等。

此外，系统还提供了办公自动化的支持，保险业务人员可以实时地查询保险业务条款，还可以查询、管理客户信息，实时报告保险业务信息，可以进行客户资源的档案管理、工作日志管理、客户资源的系统分析、个人活动量分析及业务分析等。系统还拥有保单、佣金等信息的综合查询、晋升查询（具体包括晋升、警告、降级、除名等）功能；客户生日、客户缴费等事件提醒功能；强大的短信群发功能，方便同事间联系；灵活方便的邮件转发功能等。

二、应用移动保险平台的利弊

应用移动保险平台会给保险公司和客户带来正反两方面影响，即既有优势的一面，又有潜在的风险。

（一）应用移动保险平台的优势

投保实时生效模式快速、便捷，极大突出专业优势。在提高客户满意度、提高销售效率和成功率、提升差异化竞争优势方面具有显著效果。具体来说，应用移动保险平台具有以下优点：

1. 降低经营成本、提高竞争力

实践证明，保险公司通过代理人或经纪人销售保险、与投保人进行信息交流与沟通的过程中，存在工作量大、耗时长、费用高等问题，效率往往不高。而通过移动保险则能使投保人方便、快捷、详细地了解和收集到保险信息，迅速做出投保决定，一次拜访即可签订保险合同，从而精简销售环节，为保险公司节省业务员综合展业成本节省大量的人力、物力和财力。

2. 开辟新的销售渠道、获得新的业务机会

保险公司传统的销售渠道不可避免地受到时间和地域的限制，销售空间十分有限。而移动保险，从理论上讲，可以使保险公司进行 24 小时的营业，将其产品销售给任何一个拥有手机的用户。与常见的上门推销方式相比，移动保险营销还能让保险公司接触到那些代理人难以联系的人群，如对陌生人有戒备心理的消费者。

3. 投保人获得价格上的优惠

较低的销售成本是电子商务的一大优势，通过移动保险发展一段时间形成规模效应之后，可以为保险公司节省传统销售中的诸多费用，如代理网点的费用、宣传品的印刷费、交通费以及支付给代理人、经纪人的佣金，从而降低公司的经营成本，使得保险产品价格具有更大的下调空间。成本控制效果越好，保险公司的竞争力提升越大。这样，保险公司通过降低费率吸引潜在投保人的同时，投保人也获得了价格上的优惠。此外，移动保险营销将加剧保险公司之间的竞争，增加保险公司经营的透明度，使得投保人可以方便及时地了解到各家公司产品和价格方面的信息，提高了其议价能力。

4. 投保人得到更好的服务

移动保险的高效性将使保险服务质量得以大幅提升。通过保险公司提供的完备信息和多功能服务，投保人可以方便快捷地查询公司背景、险种及费率等信息，比较各家公司的产品和报价，按照自己的意愿主动选择最适合的产品，避免了保险代理人销售带来的压力，从而减少了投保的盲目性、局限性和随意性，实现投保的理性化。移动保险也使投保人在任何时候、任何地点都能够获得持续的服务，如保单的变更、报案、查询理赔状况、续保、管理保单等服务，也可以最大限度地满足投保人对必要信息和投保条件的个性化需求，量身定制个性化的保险套餐。

（二）应用移动保险平台的风险隐患

应用移动保险平台的风险可以分为策略风险、交易风险和数据安全性风险。

1. 策略风险

应用移动保险平台的策略风险主要是指保险公司在决策何时开展以及如何开展移动保险业务时承受的风险。

第一，虽然移动保险业务最终可能会给保险公司带来巨大的成本节约，但前期的平台建设成本、终端设备的一次性投入成本是很大的。

第二，移动通信技术使得业务办理和传送数据速度加快的同时，也增加了信息管理的复杂性。速度的提高和客户的增多，可能增加传统保险的风险，例如可能增加逆向选择及消费者不完全告知的发生概率。

第三，保险公司在扩大经营范围、增加保险服务品种的情况下，需要考虑所开展业务的法律及保险环境。这些都需要投入大量的资源，资源的耗尽以及急于获得利润的压力可能引发一些预料不到的风险。因此，董事会和管理部门需选择能反映公司风险承担能力、运行能力和偿付能力的策略，需懂得开展移动保险将如何影响公司的价值观、业务开展方式及财务形势，需考虑引入移动保险的时机是否成熟。

2. 交易风险

移动保险的交易风险指的是保险合同文本有未经认可就被修改或替换的可能，这种修改或替换会对保险公司和客户造成利益纠纷，产生不良影响。保险公司必须保证，一旦合同签署，移动保险保单的内容及条款将不会被修改。保险公司必须拥有充足可靠的技术支撑来保证网络传输的信息及数据的完整性和及时性。如果保险公司做不到这一点，而且客户意识到了这种风险，那么移动保险就不会有广阔的市场，至少会影响其发展。因信息不真实或系统错误导致交易风险的例子很多，例如，保险公司为客户提供的产品与客户的特殊要求不相符；通过无线网络传送的保单不清晰，可能未包含某些标准条款；不能识别电子签名等。

3. 数据安全性风险

数据安全性风险一般指数据丢失的风险，以及信息或计算机系统数据的改变或泄露。相对于交易风险，数据安全性风险主要指对客户私人信息造成的不良影响。数据安全性风险可能是存在于保险公司系统内的数据安全性风险，例如由于技术错误，数据系统和其他某些部分不相容，导致数据遗漏或丢失而引起的风险。数据安全性风险也可能是由于同外部系统相连接引起的，还可能是由于故意或疏忽所造成的外部数据进入引起的，例如客户的个人数据可能被"黑客"非法得到，或者系统拒绝提供服务。如果系统被侵入，系统中的保单在未经允许的情况下被改变，这不仅会影响到单个客户的利益，还会使保险公司的信誉遭到损害。

因此，保险行业在应用移动和无线技术时要注意以下几点：确定各个业务领域对移动应用的需求，确保与IT战略保持一致；购买合适的设备；控制并管理逐渐增多的设备；选择移动运营商，使电信计划与移动保险业务更好地结合；为不同的业务部门选择应用平台；确保通信技术应用的易用性；解决新的数据安全性和个人隐私权问题。

第三节 移动保险实务

传统保险业务的实务主要包含三个环节：保险展业、承保与核保、理赔与售后服务。移动保险是借助移动通信技术进行各项保险活动的保险业务新模式，而移动通信技术主要在展业和理赔环节发挥作用，因此，本节主要对移动保险的展业和理赔这两部分内容进行介绍。

一、移动保险的展业

保险展业，即保险人开展业务，是指通过组织同类风险的投保人，以缴纳保险费的方式，参加保险以建立保险基金，用以补偿或给付约定的自然灾害和意外事故造成的财产损失或人身伤亡、疾病等事件的行为。

保险展业由保险宣传和销售保险单两种行为构成。通过保险宣传使对保险不甚了解的消费者加深对保险的理解，树立风险保障的观念，进而产生购买保险的动机；销售保险单是将潜在的投保需求转化为现实的购买行为。

（一）传统保险业务中的展业流程

传统保险展业的流程主要包括寻找准客户、拜访准客户、递送保单和售后服务四个环节。

1. 寻找准客户

展业前，宏观方面应对保险市场环境、潜在顾客状况即保险企业自身优势和保险商品特点进行全面对比分析，制定出展业规划、展业战略和策略。微观方面，保险的销售对象是团体和个人，但并非所有的团体和个人都能成为准客户。

（1）准客户应具备的条件。一般来讲，理想的准客户应具备下列条件：具有一定的经济能力和支付能力；有潜在风险，有投保的主观意愿；易于沟通、接近和交谈；符合投保条件，可通过公司的核保；具有决定权，能定夺投保与否。

（2）寻找准客户的方法。也称为准客户的开拓方法。寻找准客户有许多方法，营销员可以根据自身的情况，包括自己的个性、能力、习惯和需要，选择一种或几种方法实践。一般而言，寻找准客户常用的、有效的方法主要有以下几种：

①缘故法。这种方法是从亲戚、朋友、同学、同事、邻里等社会关系网络

中去寻找和挖掘客户。这种方法容易受到信任，易沟通，成功率高，是展业新人最有价值的准客户来源。

②介绍法。这种方法主要是通过已签订了保险合同的客户或通过缘故关系介绍等。所谓缘故关系，就是上文缘故法中提到的，亲戚、朋友、同学、同事、邻里等社会关系，通过缘故关系获得介绍是展业人员最重要的业务来源。

③陌拜法，即陌生拜访。就是直接寻找素不相识的人通过面谈展业，可以是随机的、顺路的拜访，也可以是有选择的拜访。在现实生活中，不认识的人往往更多，所以陌生人的市场非常大。只要有目的、有计划地进行筛选，就会获得理想的准客户。陌拜的优势在于能够快速提升展业人员的业务技巧，更能有效磨炼展业人员的心理素质；其劣势在于保单的成交率相对较低，展业人员容易产生挫败感。

④机缘法。机缘法实际是前三种方法运用过程中的特例情况，指利用各种与他人相处的机会进行保险展业。这种方法对展业人员的素质要求较高，不仅要求反应机敏、心思缜密，还要求在运用该方法时要表现自然、分寸得当。

展业中还有其他一些常用的方法，与上述方法有交叉，如网络法、电话法、直邮法、信函法、回访法、咨询法、讲课法、座谈法等，在此不做详述。

2. 拜访准客户

（1）拜访前的准备。包括物质准备和行动准备。其中物质准备包括客户资料和展业工具的准备，这些准备可以让展业人员在客户面前树立专业形象，赢得客户的信任。客户资料的收集应从多角度、多渠道出发，越多、越详细越好。行动准备是为实施有效接触而进行的行动规划与设计，包括拜访计划的拟定、信函接触与电话预约等。拜访计划主要包括拜访时间的安排、拜访地点的选择、拜访礼仪的确定等。

（2）与准客户接洽。接洽亦即接触，是展业人员推销自己的过程，是为与准客户面谈创造条件，并试图与之建立良好关系，使准客户对展业人员产生信任和依赖感，为促成合作做好准备。在接洽时，应妥善安排面谈时间、地点，营造和谐的气氛，消除准客户的顾虑和不安，推敲其感兴趣的话题，创造激发需求的媒介，并辅以展业人员的自信、专业且诚恳的表达，才能获得准客户的好感与接纳。接触方式可采用发送邮件、打电话和当面接触等多种方式进行。

（3）需求分析与方案设计。展业人员最重要的工作是发现准客户的财务需求，并据此拟定出相应的保险计划，这一步骤称为需求分析。进行需求分析时应考虑的主要因素有：准客户的年龄、家庭人口；长期资金积累目标；收入和储蓄的来源；现已投保的团体和个人保险；其他资金或资产；平均月消费；准客户（或其他家庭成员）对身故或残疾所需要的资金和对风险的态度。需求分析是销售过程中很重要的步骤，在综合的需求分析中，业务员可帮助准客户找出问题，并鼓励准客户采取行动去解决问题。

（4）方案讲解。在设计好解决方案以后，展业人员应该向准客户表述解决方案，说明其保险计划的特性和功能。表述解决方案时应做到资料准备充分、信息传递明朗、语言简练通俗。方案讲解必须包括对推荐保险险种的保险责任、功能、责任免除、交费方式和告知义务等的解释。

（5）异议处理和促成。在展业过程中，准客户常常提出许多疑问或不同的意见，展业人员要耐心倾听，并正确地解答问题，使其加深对保险的理解。通过对一些问题的探讨和交流，不仅可以提高人们对保险的认识，而且也加强了展业人员和展业对象之间的理解和信任。

3. 递送保单

保险公司经过核保，做出承诺，出具保险单，由展业人员递送给客户。在递送保单时，展业人员应对客户表示肯定和赞许，进一步解释保单条款并回答客户的问题，承诺优质的售后服务，顺势向客户索取"转介绍"，以取得新的准客户名单，开始另一个展业循环。

4. 售后服务

售后服务主要包括：随时解答并解决客户在整个展业过程中所遇到的问题；向客户介绍最新险种；协助客户进行保单事项的变更；帮助客户进行保险索赔；通知续保或催收续期保费；与客户保持联系，了解客户的动向，并根据客户的经济状况和保险需求的变动，提供新的投保方案。优质的售后服务是保单展业过程的延续。对于保险产品，尤其是长期性的寿险产品来说，售后服务可以大大减少保单的退保和失效率，提高持续率，对客户和保险公司都非常有利。

（二）移动保险展业新流程

移动展业是基于移动通信技术的新型展业模式。代理人只需携带专用设备，经由专业的展业系统，与保险公司后台系统直接交互，实现电子投保实时生效。这种移动展业模式能够支持代理人在客户面前一次性完成数据录入、资料上传、后台审批、费用支付、结果反馈和确认等完整业务流程，不需多次往返于客户与保险公司之间。

保险代理人寻找到准客户并进行拜访，经过对保险产品的详细介绍和宣传后，若客户有意向与代理人签订保险合同，代理人只需经过以下步骤，即可达成协议。不同保险公司的移动展业流程会稍有不同，但主要步骤是相似的。移动保险展业新流程如图6-2所示。

图 6-2 移动保险展业新流程

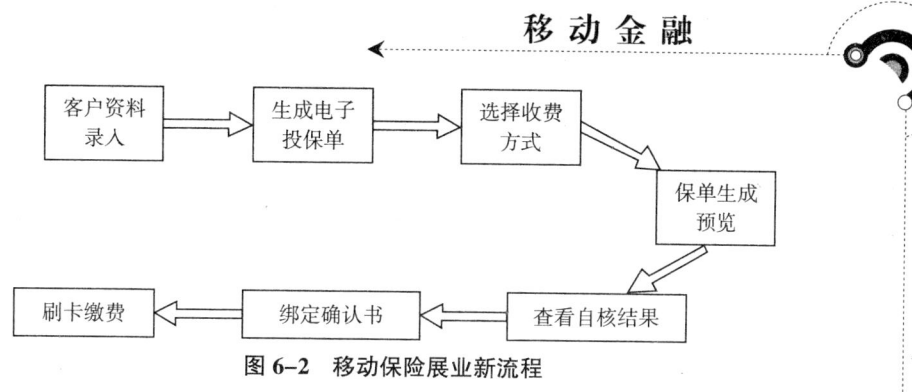

第一步，代理人将投保人的相关资料输入笔记本电脑中，上传到公司客户管理系统。

第二步，从展业系统生成电子投保单。客户设置登录保险公司展业系统客户端的用户名和密码，登录后，系统中可显示之前录入的资料。根据投保程序提示，投保人会阅读到与其投保险种相关的说明，如投连风险承受能力调查问卷（投连风险是指集保障和投资于一体的"投资连接保险"所面临的风险）、投保提示书、医疗险特别说明等。阅读过程中，投保人要对"是否同意"或"已阅读"等选项进行单击才能进入下一步操作。这与传统纸质单证相比，电子单证减少了客户签字、公司扫描环节，降低了展业成本，并且更加环保。

第三步，客户选择首期交费方式。选择银行转账，则可使用 E-POS 机在现场进行实时刷卡缴费。

第四步，保单生成预览。代理人与投保人应逐项对预览保单进行检查。检查无误后，进行上传。得到条形码，系统将自动进入核保。

第五步，查看自核结果，填写电子投保书的纸质申请确认书。

第六步，绑定确认书，即将投保书与确认书条码绑定。

第七步，使用 E-POS 机刷卡缴费。按照 E-POS 机提示操作，刷卡并输入银行卡密码，实现缴费。至此完成投保，保险合同即刻成立。

（三）移动保险展业的专业优势

移动保险展业实现了投保实时生效，显示出卓越的专业优势。它在提升客户满意度和忠诚度、提高产品销售效率和展业成功率、提升保险公司竞争力等方面均具有显著效果。其专业优势具体体现在"快速"和"节省"两方面，如表 6-4 所示。

中国平安保险公司有数据显示，自 2010 年 10 月在全国范围内推行移动展业模式（MIT）以来，有超过 100 万客户通过 MIT 获得保险保障，平安人寿代理人借 MIT 签下了 192.3 万件保单。移动展业模式成功将保单承保时间由 5 天缩减至 0.5 小时，纸张消耗由 40 张降低至 4 张。MIT 以其流程简便、时效快

表 6-4 移动保险展业的专业优势

"快速"的优势	"节省"的优势
a) 快速完成契约签署	a) 节省纸张
b) 快速了解可能的后续问题	b) 节省客户签名
c) 快速生效	c) 节省交通成本
d) 快速提供保障	d) 节省与约见客户沟通成本
e) 快速收取保费	e) 节省时间成本
f) 快速获取佣金	f) 节省业务员综合展业成本
—	g) 节省公司后援成本

捷、低碳环保等优势，受到越来越多客户和保险代理人的青睐。2011年上半年的新契约中 MIT 件数占比接近 50%。据统计，平安 MIT 已直接减少纸张消耗 70.7 吨。

二、移动保险的理赔

目前移动保险在理赔方面只应用于财产保险，这里我们将以财产保险中的车险为例介绍移动保险的理赔。

（一）传统财险理赔流程

财产保险理赔是指财产保险公司针对被保险人提出的索赔要求，根据保险合同进行处理的行为。

1. 报险

保险事故发生后，财产保险的投保人或被保险人应及时通知保险人。出险后及时报案是我国《保险法》第二十一条规定的投保人或被保险人应该履行的义务，目的在于使保险人能够及时对灾害事故及损失情况进行调查取证，准确确定保险赔偿责任，避免被保险人隐匿或销毁证据。同时，便于保险人及时采取措施，防止保险财产损失的扩大。

报险可以采取口头形式，也可以采取书面形式。既可以电话报险，也可直接到保险公司或代办点报案。保险合同规定以书面形式报险的，则必须用书面形式通知保险人或其代理人。投保人或被保险人的报险是保险人核赔的依据。报险时，投保人或被保险人应向保险人明确出险的时间、地点、原因及损失程度等相关情况。

为了维护保险人的合法权益，财产保险合同条款一般都明确规定，被保险人未履行出险通知义务以致损失扩大的，保险人有权拒赔或减少对被保险人的赔款。

2. 索赔

财产保险的索赔是指被保险人在保险事故发生造成保险财产及其相关利益损失时，请求保险人赔偿保险金的意思表示。

在财产保险中，被保险人向保险人索赔的主要程序是：

（1）提出索赔请求。被保险人在得知保险标的在保险期限内遭受保险风险导致损失后，应在保险索赔时效内，向保险人提出损失赔偿请求。按照我国《保险法》第二十六条的规定，财产保险的被保险人对保险人请求赔偿保险金的权利，自其知道或者应该知道保险事故发生之日起两年不行使而消灭，即财产保险的索赔时效为两年。

（2）采取必要措施减轻损失。保险事故发生后，被保险人采取必要的合理措施减少保险事故的损失，是被保险人应尽的法律义务。被保险人为防止或者减轻保险标的的损失所支付的必要的、合理的费用，由保险人承担。保险人所承担的费用数额在保险标的损失赔偿金额以外另行计算，但最高不超过保险金额的数额。

（3）接受查勘检验。保险事故发生后，被保险人有义务保护现场，并有义务协助保险人、保险公估人等查勘现场。保险人和被保险人可以聘请依法设立的独立评估机构或具有法定资格的专家，对保险事故进行评估和鉴定，上述机构、专家出具的查勘报告书是被保险人索赔和保险人理赔的重要依据。被保险人应接受并尽力协助查勘检验，以便准确确认保险事故发生的时间、地点、原因、损失程度等。

（4）提供索赔单证。财产保险的被保险人在索赔时，应向保险人提供其所能提供的与确认事故的性质、原因、损失程度等有关的证明和资料。如保险单或保险凭证，已支付保费的凭证、账册、收据、发票、装箱单、运输提单、邮单等有关保险财产的原始单据，保险公估人等有关机构、专家出具的保险事故证明及损失结果证明、索赔清单等。

3. 现场查勘

财产保险的现场查勘是保险人理赔的重要环节，是掌握出险情况、处理理赔案件的重要依据。现场查勘的主要程序包括调查出险情况，施救整理和保护受损财产，处理损余物资，核算实际损失等。

（1）调查出险情况。包括对出险地点、时间和原因的调查。

①调查出险地点。财产保险的各险种在现场查勘时，都必须认真调查核实出险地点是否与保单要求的地点相符，以确认出险地点的受损财产是否是保险标的或确定是否属于保险人赔偿的责任范围。

②调查出险时间。财产保险的保险单对保险责任起讫时间都有明确的规

定。保险标的出险后,理赔人员现场查勘时必须准确查明出险时间是否在保险责任有效期以内。

③调查出险原因。保险人要调查出险的原因是否与被保险人出险通知书上申报的原因相符,搞清楚事故是起源于偶然因素,还是第三者因素,或是被保险一方的有意促成。如果经调查出险的原因在于投保人或被保险人等有意促成,则属于道德风险的范畴,保险人不予赔偿。

(2) 施救、整理和保护受损财产。保险理赔人员到达出险现场后如果灾情仍在蔓延,应立即会同被保险人及公安交警、消防等有关部门共同研究,并采取紧急措施进行救助,尽量减少损失。当灾情已经得到控制,保险理赔人员在完成拍照录像、现场记录等工作后,应督促并协助被保险人立即清理受灾现场,共同研究整理和保护受损财产的措施,防止损失加重。

(3) 处理损余物资。保险人在处理损余物资时,要坚持物尽其用的原则,应根据损余物资的可利用程度,合理作价折归被保险人。对不需要加工或一时不能处理、修复的受损财产,可以双方协商折价归被保险人,保险人负责修复费用。

(4) 核算实际损失。保险理赔人员要根据被保险人提出的索赔清单、财产损失清单所列的各项财产损失金额、费用及原始单证,逐项认真调查、核实数额和损失程度,为计算赔款提供依据。

4. 责任审核

现场查勘结束后,保险人应根据查勘报告和有关单证进行责任审核。

(1) 审定保险责任,明确赔偿范围。保险人进行责任审核,必须对损失清单、各项单证和查勘结果进行认真的审查核实,在确定各种单证的有效性和可靠性的基础上,对以下内容进行审核,以认定保险责任:被保险人的损失财产是否属于保险标的;被保险人申报的出险时间和地点是否与查勘实际相符;出险的真正原因是否属于保险风险;保险财产的实际损失程度如何。审核后确认为保险责任事故的,保险人应予以赔偿。

(2) 核定施救等费用开支。保险人正确核定施救等费用,必须分清已发生和未发生的灾害事故界限,分清必要与不必要的费用,分清直接与间接用于救助保险财产的费用,分清费用支出是否取得实效等。保险人支付施救、整理、保护费用,应以发生保险责任范围内的事故为前提,以减少保险财产的损失为目的,以必要、合理为限度,既要避免增大不必要的施救,又要防止赔付过严影响防灾减损。

5. 赔偿处理

保险人完成现场查勘和责任审核工作后,对不属于保险责任的,应当在法律规定的期限内向被保险人发出拒绝赔偿保险金的书面通知并说明理由；若确认属于保险责任范围内，就可以在之前核定的损失额的基础上确定赔偿金额。

在财产保险中，保险赔偿方式主要有四种：比例责任赔偿方式、第一危险责任赔偿方式、限额责任赔偿方式和免责限额赔偿方式。保险理赔人员通常根据不同险种的具体要求，按保险赔偿方式计算出保险人的赔偿额。

(二) 移动保险理赔新流程

移动保险理赔是指利用移动终端设备和移动通信技术优化升级了的理赔过程。具体来说，移动理赔依托于移动查勘定损理赔系统，实现在线接单、定位、短信、拍照上传四个功能。结合我国各保险公司现已推出的移动理赔业务，可以将移动理赔流程归纳为如下两类。

1. 查勘定损流程

一旦车辆发生事故，移动查勘定损系统能通过定位功能快速寻找离事故现场最近的查勘员。保险公司内勤人员会根据电子地图安排调度，并向相应查勘定损人员的智能手机发送任务提示。同时，客户也将接到保险公司调度查勘员进展情况的短信通知。此外，通过系统能够实现与 4S 店的信息对接，开展维修服务。查勘人员根据任务提示赶赴事故现场，开展查勘定损工作，通过配备的 3G 手机将事故发生时的现场情况拍照发送到理赔调度中心进行审核。在确定案件真实的情况下，根据手机上的正厂零配件价格数据库及工时费标准，确定事故车辆的损失金额，并使用蓝牙打印机现场打印定损单，请客户签字，避免了客户往返奔波提交理赔资料。查勘定损流程如图 6-3 所示。

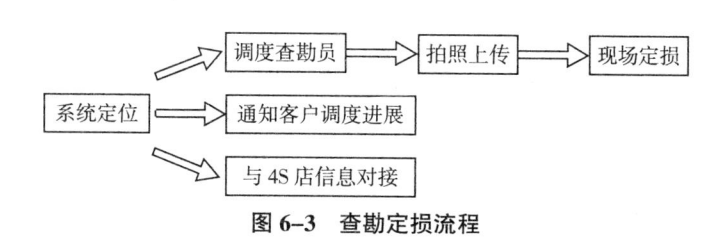

图 6-3　查勘定损流程

2. 自助理赔流程

自助理赔是指客户的手机预先安装一种自助理赔系统，在车辆发生事故之后即使没有理赔员的现场参与，客户通过该系统也能实现定损，车主也能实现查勘理赔。推广自助理赔流程的关键在于是否能够找到规避骗保风险的办法。因此，目前施行自助理赔的保险公司也仅针对部分客户，如 VIP 客户或团体客户。客户可通过手机进行自助查勘，拍摄并上传事故现场照片，查询获知定损结果，上传索赔单证，上传赔款接收账户信息，获知赔款金额。这样，通过客户自己的手机就可以获得从出险报案到获知赔款金额这一全流程的理赔服务，省去纸质单证、省去往返保险公司的不便，实现现场一站式轻松自助理赔。

以中国人民财产保险股份有限公司的移动查勘定损系统为例，该系统能够实现人员定位、调度、现场查勘、任务下发、现场拍照等业务操作功能。一方面加强了对查勘员的监督考核、指挥调度，另一方面也提高了查勘定损的工作效率。这一系列的电子化操作，大大缩短了理赔时间，提高了效率，提升了服务水平，从而增强了车主的满意度。

（三）移动保险理赔的专业优势

车险理赔一直以来都存在报案后等待时间长、定损质量低以及理赔时效差等问题。这些问题造成车险理赔投诉多，严重损害了被保险人的切身利益，也降低了保险公司的声誉，影响了保险业的社会形象。移动保险理赔流程的应用大大改善了这个问题，无论对客户、查勘员还是保险公司都带来了很多好处。

1. 对客户的好处

无论是客户自助理赔还是利用移动查勘定损系统，都能为客户在理赔环节节省大量时间。现场完成定损、报价、打印定损单，操作简便的程序也将使客户对理赔难的印象有所改观，解决客户在投保之初的一大顾虑。

2. 对查勘员的好处

快速客服——自动指定查勘员；迅速生成查勘任务。

实时决策——记录事故细节；估计损失金额；拍摄、储存、上传事故现场照片。

提高效率——代办事项提醒；信息实时更新；工作业绩考核更加透明公正。

3. 对保险公司的好处

移动终端查勘定损理赔系统使理赔效率显著提高，并已经渗透到保险工作的各个环节。对投保人来说，得到快速的理赔服务是第一位的，因此，理赔时效的大幅提高对公司的保费收入有明显的提升作用。此外，每一起车险理赔案件都在系统中实时显示，且都有查勘人员的详细行为记录，使公司能够更好地对查勘定损员进行管控和绩效考核。

第四节 移动保险营销与管理

移动保险在保险公司的营销规划与经营管理等方面都不同于传统保险。下面分别从营销策略、客户管理以及移动保险对业务人员的影响这三方面进行介绍。

一、移动保险的营销策略

保险市场变化日新月异，新客户的数量增长迅猛，尤其在中国这样一个保险业起步晚的国家，情况更是如此，这就对新的营销渠道提出了需求。客户希望得到更加方便快捷的服务，希望无论在何时何地都能有渠道了解他们关心的保险条款、理赔事宜等信息。能否为客户提供这种自助服务的渠道是对各家保险公司的一个挑战。

移动保险是扩大保险市场、全方位地为客户服务的现代手段。截至2011年底，全球已有44亿手机用户，这个数字表明全球2/3的人口都将拥有自己的移动通信设备。移动通信技术的发展和手机用户的快速增加为移动保险创造了条件。利用移动通信技术作为保险营销的手段，开展产品宣传和保险知识普及，将大大促进保险业的发展。相对于传统保险营销，移动保险营销策略的卓越之处主要体现在手机投保、发布产品信息和提供增值服务三方面。

（一）手机投保

手机投保，即用户可以通过手机向保险公司购买车辆险、家庭财产险、意外健康险等产品。一般可以通过手机发送短信进行购买的产品都是投保审核要求较低的、标准化的保险产品，这样客户才能够实现在手机上轻松选择需要的产品，输入投保所需信息，得到产品价格，最终通过手机支付，确认购买。

手机投保简化了保险产品交易手续，提高效率、降低成本，为保险公司带来更高的利润。由于成本的降低，保险公司拥有更大的费率调整空间，进而吸引更多客户投保，形成良性循环。

以短期旅行意外伤害保险为例，这种保险产品保费低、条款简明易懂，符合手机投保产品应满足的条件。客户若在某保险公司有过投保记录，该保险公司就可以从客户系统中获取客户资料，客户无须每次都输入自己的详细信息；通过移动支付系统，手机客户可以以移动预存款、银行存款等来支付保费，随时随地进行投保；投保成功后，投保系统将为客户提供电子保单；客户可以用短信、语音、Web 等方式方便地查询保单内容；在理赔时，客户只需提供电子保单号和对应手机号的身份证即可。这种手机投保流程简单、操作方便、保险条款清晰，易于推广并让大众接受。手机投保利用畅通的信息网络，为保险公司增加了又一高效的营销渠道。

（二）发布产品信息

保险公司应用移动保险业务平台可以更好地整合和利用客户信息资源，并通过短信等移动通信方式，有针对性地为客户提供保险产品的宣传和咨询服务。这种个性化的营销模式是传统保险业务中没有的。

一方面，保险公司可以根据客户的个性化需求对现有客户群提供相应服务。例如，保单售出前，客户可以通过定制产品信息获得相关内容的短信或彩信；保单售出后，保险公司可以提供保单信息查询、保全变更、续费交费、理赔报案和给付提醒服务。客户能够自选所需的产品信息、宣传时间和信息获取方式。

另一方面，随着移动通信技术的发展，保险公司可以实现对拥有某一共同特征的群体主动发送产品信息，即发送移动广告。例如，利用定位技术，对机场内候机的乘客发送航空意外险的产品信息。使用 3G 技术可以精确地给候机大厅内的旅客发送广告，而候机大厅外的人收不到广告。对于候机旅客来说，他们最需要此类信息，是该险种的最重要的潜在客户群。

相对于公共媒体的广告投入，这种营销方式可以为保险公司节省资金，并且大大提升宣传效果，满足客户的个性化需求。移动保险可以为客户提供贴心的、专业化的保险及附加信息，将保险公司自身情况直接传递至潜在客户，在提高公司知名度、提升企业形象等方面，可以达到其他宣传媒体难以企及的效果。

（三）提供增值服务

移动保险为客户提供增值服务是指客户在体验移动保险消费的同时，还将获得其他与保险相关的信息。例如，为用户提供周边生活信息、路况信息、限速提醒、事故责任知识、定点寻车等实用信息；对财产保险的潜在客户提供防灾防损的专业知识；为健康保险的潜在客户提供养生小常识；等等。此外，保险公司还可以为现有客户提供乘车、就医等方面的优惠。

这种增值服务一方面能够使保险公司提升在客户群体中的亲和力，建立良好的企业形象和市场声誉；另一方面可以挖掘客户的潜在保险需求，满足客户的延伸需求，增加客户对保险公司的忠诚度和依赖感。保险是一种转移和分散风险的金融服务，要以使客户满意为最高目标才能保持公司竞争力。快速周到的优质服务是开展移动保险的保险公司赢得更多客户的法宝。保险公司可以通过运用这种差异化服务的手段来提高自身竞争力，获取竞争优势。

二、移动保险的客户管理

应用移动保险业务平台后，保险公司可以更加规范地为客户提供服务，提升客户管理水平，树立企业良好形象。利用移动保险客户管理系统可以实现客户资源的档案管理、工作日志管理、客户资源的系统分析、个人活动量分析及业务分析等；系统具有客户、保单、佣金等信息的综合查询功能，客户生日、客户缴费等事件提醒功能，强大的短信群发功能和灵活方便的邮件转发功能。

以平安保险公司客户维护系统为例，该系统功能具体体现在以下八个方面。

（1）生日关怀：列出当日过生日的会员，向他们发送生日祝福短信，可以由系统自动发送。

（2）节日祝福：在节日到来时，向指定范围的会员发送节日祝福短信。

（3）升级提醒：列出将要升级的会员，向其发送升级提醒短信，激励会员投保消费后升级到新的等级，享受更多优惠和更好的服务。升级提醒短信也可由系统自动发送。

（4）消费 DNA：根据会员的投保记录，分析其关注的保险种类、投保档次，以及对促销回馈的反应度。

（5）会员等级设置：维护系统内使用的会员等级，以及每一等级对应的积分区间、升级提醒分数等。

（6）问卷调查：包括问卷的管理和分类。其中，问卷管理是指对问卷的创建、发送和查询等功能；问卷分类是指按照一定标准对问卷进行类别划分的功能。

（7）险种管理：包括险种信息的管理和分类的管理。其中，险种信息管理指的是维护系统内的险种信息；险种分类管理指的是维护险种分类信息。

（8）续保通知服务：对保险客户及客户经理以手机短信形式进行投保到期提醒、续保提醒和查询；提供会员投保页面信息查询、会员投保优惠活动通知；短信告知理赔结果及进程。

三、移动保险对业务人员的影响

移动保险对保险业务人员的影响主要体现在对他们工作流程的影响和工作内容的影响这两方面。

（一）对业务人员工作流程的影响

基于手机等移动终端的移动办公自动化系统摆脱了以往定点办公的局限

性，办公信息以无线方式进行流转，无论人员身处何处，都可以像固定地点办公人员一样进行日常办公，从而实现比传统模式更加灵活、更加高效的协作方式，为企业提供信息共享和信息集成的办公平台。此外，移动通信技术的应用也有利于保险公司的内部业务培训和管理。保险公司可以随时给其代理进行业务培训，而保险代理也可主动向总部咨询各种业务，加强了内部沟通，提高了管理效率。

移动保险对业务人员工作流程的影响主要体现在报价、展业、售后、营销四个方面，如图6-4所示。在报价环节，移动保险代理人可以直接在随身携带的移动终端中录入客户详细信息，计算出保费，告知客户；在展业环节，代理人可以更加方便、生动地为客户展示和说明保险条款，并收集客户的手写签名；在售后环节，系统可以向客户发送续缴保费提示短信、续签提示短信，简化了代理人的工作，并且在理赔报案时，如本章第三节所述，查勘员能够现场完成定损、报价、打印定损单，大大提高理赔效率；在保险营销环节，移动保险的短信群发功能可以更好地普及保险知识，利用手机定位的短信群发将自动筛选出有某类保险需求的潜在客户群，使产品宣传更加有针对性，使保险代理人的营销工作更加富有个性化的特点，鼓励代理人挖掘更多营销创意。

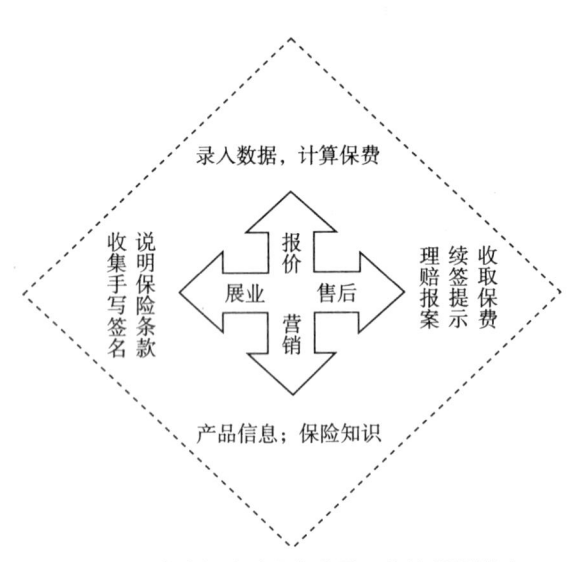

图6-4 移动保险对业务人员工作流程的影响

（二）对业务人员工作内容的影响

保险公司业务的开展主要依靠保险代理人和保险经纪人。移动保险的开展将对这两类业务人员产生不同的影响。

保险经纪人是基于投保人的利益，为投保人与保险人订立保险合同提供中介服务，并依法收取佣金的单位。移动保险对保险经纪人的影响主要取决于保险产品：对于那些标准化的险种，由于投保人几乎不需要咨询服务，保险经纪人将面临巨大竞争压力；对于那些复杂的、需要大量建议的险种，如养老金保险、商业险种和综合风险管理等，保险经纪人则可以利用移动保险的便捷、高效来增强优势，提供更多的财务管理和风险咨询服务。

保险代理人是指根据保险人的委托，在保险人授权的范围内代为办理保险业务，并依法向保险人收取代理手续费的单位或者个人。客户可以直接通过手机完成投保的险种将不需要保险代理人的推销；对于不能采用手机投保方式营销的险种，保险代理人的作用依然重要。绝大部分保险业务的拓展还要依靠代理人的力量，在信息技术较为落后的地区更是如此。但相对于传统保险，移动保险代理人的工作方式如前文所述将得到简化。

此外，为适应移动保险业务开展的需要，保险公司在客户管理系统维护方面需要设置更多的岗位，管理客户资料，为客户提供咨询服务，不断创新移动保险营销方案，挖掘新的商机。

本章案例

马明哲和他的平安移动销售王国

当王宇点头确认购买平安寿险的一份万能险后，平安的保险业务员像变魔术一样从包里拿出了一个移动POS机，这让王宇颇为惊讶。

"签合同、付款全部当场搞定。"王宇说，"以前在其他保险公司买保险，保单往往3天后才能生效，这次仅用了30分钟，真是太快了。"

王宇同平安寿险客户正在感受或将感受的是平安巨大的移动王国中的新服务成员——移动展业模式。笔记本电脑、3G上网卡、移动POS机将成为平安董事长马明哲配备给营销员的新武器。2010年10月，上述全新展业模式在平安全体二级机构推广应用。12小时后才能获取核保结果、24小时后转账交费、最快3天承保生效的传统寿险作业模式将在平安逐步消失。

马明哲和他的平安移动销售王国已初具规模。打造"007"式支持系统，马明哲则将移动展业模式比作"007"式的支持系统："詹姆斯·邦德与敌人搏斗时永远有最好的武器，那是因为他有庞大的系统在背后支持。平安就是要将公司强大的后台支持和优势整合起来，为业务员配备最先进的系统和平台，给客户提供最好的产品和服务。"在基本完成金融细分市场布局后，马明哲一直思考着被称为"打通天地线"的计划，他在写给员工的《将E行销进行到底》的信中指出,"只有把传统的保险和现代的高科技完美结合起来,我们才不会落后,才能保持最强的竞争力。"

平安的移动王国梦想早已成为现实。早在2003年,平安就提出E行销方式并试行推广。2010年1月,平安人寿将E行销正式全面推广,经过几个月试用后,于10月命名其为移动展业(MIT)。在移动展业模式中,保险代理人可以为客户随时随地提供一站式金融服务:实时投保→自动核保→刷卡缴费→实时生效→实时承保→即时出单→实时算佣(计算佣金)。平安人寿董事长李源祥认为,移动展业最大优势是速度快,"这个模式通过对业务流程的精心设计和梳理,将各个环节无缝衔接。交单到拿到保单的时间从一个星期减少到10多分钟,从填单、核保、承保都做到了最快。毫无疑问,这种展业模式将极大地提高我们的展业效率,进而提高我们的产能和收入。"

"简单试想一下,41万多名业务员拿着最先进的移动设备,十几分钟就能完成一项金融产品的销售,对其他竞争对手来说是多么可怕的挑战",业内人士说。显然,业内人士关注的远不止移动展业对平安保险业务的贡献。据平安内部人士介绍,在该业务模式下实现交叉销售是平安的终极目标。多位金融机构负责人指出,在平安的金融集团多业务背景下,移动展业所带来的便捷和效果远非单业务金融机构所能相比。统计数据表明,2010年上半年,平安新增公司业务存款中,交叉销售贡献占比由2009年的10.4%提升至22.0%;新增零售存款中,交叉销售贡献占比由2009年的5.2%提升至17%;信用卡新发卡109.7万张,其中61.9%来自交叉销售,目前信用卡累计发卡已近500万张。"在交叉销售的大旗下,移动展业所能做的可能会超出一般人想象。"深圳一家大型寿商负责人了解移动展业的情况后表示,如果相关政策允许,41万平安寿险业务员只要有小部分人员变身为金融全能销售人才或者理财师,平安的竞争力已不言而喻。

资料来源:改编自秦利.马明哲和他的平安移动销售王国.证券时报,2010-10-21.

问题讨论:
1. 移动展业模式是怎样的?
2. 应用移动展业模式为平安人寿带来了哪些改变?

本章小结

移动保险是指保险公司以移动通信技术为基础,通过移动终端设备来进行各项保险经营管理活动的经济行为,是指保险公司以手机、平板电脑等设备作为移动终端，应用无线网络的一系列移动应用产品和解决方案，为客户提供有关保险产品和服务的信息并实现移动投保、理赔等围绕保险交易进行的全部商业活动。

移动保险的要素包含保险要素和"移动"要素两大类，其中保险要素又包括五个细分要素，分别是保险人、投保人、被保险人、保险标的及可保风险。移动保险主要有移动性、精准性、时效性、安全性、电子化的特点。

移动保险业务平台的搭建包括移动终端设备、移动保险商务系统、移动信息化解决方案、移动保险业务系统和软件四部分内容。其中移动终端设备主要包括：E-POS便携式支付终端机、笔记本电脑、3G无线上网卡、3G智能手机、蓝牙打印机。移动保险商务系统可以分为六个层次：管理层、识别层、控制层、逻辑层、整合层和配置层。应用移动保险平台的优势主要有：保险公司能够降低经营成本、提高竞争力，开辟新的销售渠道、拓展新的业务机会；投保人能够获得价格上的优惠并且得到更好的服务。应用移动保险平台的风险隐患集中在策略风险、交易风险、数据安全性风险三个方面。

移动保险实务主要在展业和理赔两个环节有别于传统保险实务。移动展业的流程主要包括：录入客户资料、生成电子投保单、选择收费方式、保单生成预览、查看自核结果、绑定确认书、刷卡缴费；移动理赔的流程包括：系统定位、调度查勘员、拍照上传、现场定损等。移动保险的营销策略主要从手机投保、发布产品信息、提供增值服务三方面体现。移动保险的开展，使保险公司的客户管理和业务人员的日常工作都将产生一定变化。

本章复习题

1. 移动保险包括哪些要素？
2. 移动保险有何特点？
3. 应用移动保险业务平台有何好处？有何风险？
4. 移动保险展业流程包含哪些步骤？
5. 移动保险理赔与传统保险理赔的流程有哪些不同？
6. 移动保险如何开展营销？

第七章 移动金融风险与安全

学习目的

知识要求 通过本章的学习，掌握：

- 移动金融安全的特点
- 移动金融遵循的安全原则
- 移动金融风险的类型

技能要求 通过本章的学习，能够：

- 区分移动金融的业务风险与技术风险
- 了解移动金融的主要安全技术和协议
- 分析移动金融风险的防范措施
- 运用所学知识处理现实生活中的移动金融风险与安全问题

学习指导

1. 本章内容包括：移动金融风险与安全概述；移动金融业务风险的主要类型与防范措施；移动金融技术风险的主要类型与一些主要的安全技术和协议。

2. 学习方法：抓住重点，结合实际理解移动金融风险与安全问题的重要性；与同学讨论移动金融风险与安全问题的种类和管理措施。

3. 建议学时：4学时。

移动金融

引导案例

陈先生的被骗遭遇

因为交易便捷,"移动银行"受到越来越多人的欢迎。但同时社会上出现了少数不法分子利用"移动银行"进行金融诈骗的情况。来自浙江的陈先生讲述了自己被骗子利用"移动银行"骗走两万元的遭遇:

我是一名商人。前不久,我资金周转不过来,急需10万元。我找了不少朋友借钱,都没有回音。眼看生意就要"黄"了,一条"雪中送炭"的短信发到了我的手机上:"本公司提供高额贷款,免担保免抵押,八分利,即日可办。"我马上与对方取得联系。电话中,一名女子说:"你去新办一张银行卡,供资金转账使用,我们就可以放款。但为了防止贷款成为死账,我们要掌握申请贷款者的资金动向。所以,你办理银行卡时,还需要申请办理'移动银行',手机号码就填我公司的号码。办好'移动银行'后,你把银行卡号告诉我们,一小时内就放款。"得知申请贷款的条件如此简单,我马上答应了。一小时后,我在银行办好了各项手续,又接到了女子的电话:"我们马上要将10万元钱打进卡里,但在这之前,我公司还得评估一下你的还款能力。"女子要求我往卡里存入两万元钱,以确认我的经济能力。她还"善意"地提醒我别担心,说我可以修改密码,密码在我身上,别人谁都动不了我的钱。于是我在ATM上反复修改了密码,放心地往账户上存了两万元钱。几分钟后,我再次查询,结果却让我吓了一跳:账户显示余额为零!我马上联系那女子,却发现对方手机已关机。银行卡和密码都在我手上,两万元钱咋就不见了呢?骗子没卡没密码,怎么能把我的钱取走呢?

对于陈先生的遭遇,银行有关负责人表示,骗子提醒陈先生修改银行卡密码,其实是个幌子,目的是骗取他的信任。陈先生在ATM上用银行卡更改或使用的密码,叫做"取款密码";开通"移动银行"后,用该手机登录银行网站时输入的密码叫做"登录密码"。这两个密码是相互独立的,就算陈先生在ATM上多次修改密码,也不会影响到"移动银行"的密码使用。所以在陈先生更改了银行卡密码后,"移动银行"的密码并没有变化,不法分子依然可以用"移动银行"办理转账业务。陈先生没想到这个环节,存入的两万元钱就被骗子通过"移动银行"转走了。业界人士提醒广大客户,应提高防范意识,不要轻信不法分子的验资、低息贷款等诈骗借口,在柜台开通移动银行时务必使用客户本人的手机号码。同时,要严格保密"移动银行"的登录密码和消费密码。

资料来源:改编自李冰峰,应超平.警惕有人借手机银行诈骗[N].金华日报,2010-12-21.

→ 问题：

1. 通过案例，请思考安全问题对移动金融的发展会产生怎样的影响？

2. 除了案例中提到的利用"移动银行"进行诈骗的风险，移动金融运作过程中还会面临哪些其他类型的风险呢？

第一节 移动金融风险与安全概述

对移动金融风险与安全的讨论一直伴随着移动金融业务全过程，如何使移动金融运作过程中的安全性和风险性控制得到保证，是关系到移动金融能否顺利发展的关键问题，也成为移动金融业界越来越关注的焦点。

一、移动金融安全的特点

移动金融通过融合虚拟化金融服务与移动通信网络技术而实现，其移动化的终端设备（如手机）又与网络金融的相对固定化的终端设备（如个人电脑）有较大区别，因而移动金融的安全既包括传统金融与网络金融业务中的安全问题，也包括信息在移动通信网络中的传输安全，还包括移动终端本身的安全。图 7-1 描述了与传统金融及网络金融安全相对比之下移动金融安全的特点。

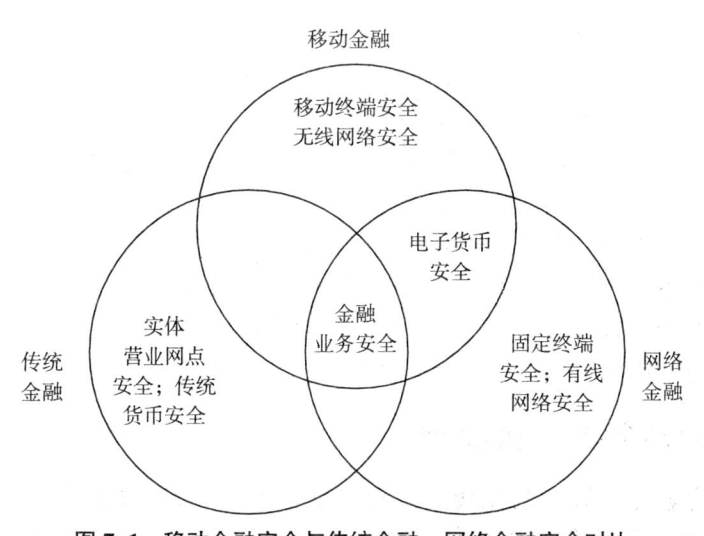

图 7-1 移动金融安全与传统金融、网络金融安全对比

从图 7-1 中可以看出，移动金融与传统金融、网络金融在安全问题上既有联系又有区别。移动金融由于无线通信网络环境和移动终端的特殊性，具有比传统金融和网络金融更多、更复杂的安全问题。

二、移动金融遵循的安全原则

为保证移动金融业务的正常运作，所有移动金融活动必须遵循以下安全原则：

1. 身份的可识别性（Identification）

这是指对于每一个用户，都应该授予其唯一的用户账号（Identity，ID）、识别名称等对其身份进行标识的要素，以保证用户身份的可识别性。

2. 身份的可认证性（Authentication）

这是指能够通过密码、标识或数字证书等途径，以证实一个声称的身份是否真实。身份认证比身份识别更进一步：识别用来向系统声明身份；认证用来验证其声明的正确性。

3. 接入的可控制性（Access Control）

身份认证解决了访问者是否合法的问题，但并非身份合法就什么都可以做，还要分别规定不同的访问者可以访问哪些资源。接入的可控制性是指可以通过授权等安全机制来保证有合适权限的用户才能访问相应的数据和系统资源、使用相应的功能。

4. 数据的完整性（Integrity）

这是指未经授权不能蓄意删除、修改和伪造数据。利用信息分类和校验等手段可以保证数据在存储和传输过程中没有被修改或丢失。

5. 数据的保密性（Confidentiality）

这是指数据不会被泄露给非授权的用户，或者说未经授权的人员无法正确读取相关数据。数据保密性一般通过加密手段实现。

6. 交易的不可否认性（Non-Repudiation）

这也称不可抵赖性，指的是在信息交互过程中，确信参与者的真实同一性，即所有参与者都不可能否认曾经完成的操作和承诺。通过数字签名等手段可以保证交易各参与方对整个交易过程中的指令和活动不得抵赖。

三、移动金融风险的类型

移动金融作为开放的无线通信网络与金融创新业务的结合，目前还是一种新生事物，除了传统的金融风险以外，它势必还将面临各种其他风险。总体来说，移动金融的风险种类较多，成因较复杂，但这些风险可以被划分为两大类：

第一大类是基于虚拟金融服务品种而形成的风险，也称为移动金融的业务风险，包括信用风险、流动性风险、市场风险、声誉风险、法律风险等。

第二大类是基于无线通信技术而导致的风险，也称为移动金融的技术风险，包括移动通信终端、无线基础设施和移动网络的风险。

本章第二节将介绍第一大类风险，第三节将介绍第二大类风险。

第二节　移动金融的业务风险

移动金融的第一大类风险，是基于虚拟金融服务品种而形成的各种业务风险。本节将介绍其具体类型与相应的防范措施。

一、移动金融业务风险的主要类型

移动金融业务也会产生传统金融所具有的业务风险，如信用风险、流动性风险、市场风险等。但由于移动金融运行环境与传统金融有很大的差异，尽管这些风险类型并不是新的，但引起风险的方式和对金融业务的影响强度却是新的。

（一）信用风险

这是指由于债务人未能按照与债权人所签订的合同条款履行或按约定行事，而使债权人遭受损失的可能性。和传统的金融业务一样，完善的社会信用体系是移动金融业务有效运行的重要支撑点，这个社会信用体系应该是多层次的，包括银行、证券公司、保险公司、第三方支付机构、移动运营商、商家、消费者、认证机构、物流配送机构之间的信用保证。在移动金融业务活动的各个环节上，信用的功能以及信用体系不完善带来的限制，较之传统的金融服务模式都体现得更为明显。以银行的信用风险为例，信用风险存在于依靠合约对方、签发人和借款人的行为才能完成的所有活动之中，只要银行通过契约协议将其资金借出，或以其他形式放出，无论属于银行表内业务还是表外业务，均会产生信用风险。移动银行的出现对如何制定确认客户声誉的信用政策提出挑战。移动银行可以通过无线网络渠道扩展信贷范围，可突破传统的地域范围的限制来扩展市场。但是，银行通过无线网络来确定信贷申请人的放贷价值是不充分的。如何对银行地域以外的借款者核实其抵押品和完善担保协议是有待解决的问题。这些都会给移动银行带来较高的信用风险。

(二) 流动性风险

这是指银行在其所做的承诺到期时，不承担难以接受的损失，就无法履行承诺，从而对银行收益或资本造成的风险。流动性风险包括对资金来源的变化预计不足而造成难以管理的局面，也包括由于对市场变化认识或了解不足，从而影响银行以最小损失的方式来变现其资产的能力。对于专门从事移动电子支付的移动银行来说，如果不能保证在任何时间都有足够的资金来满足偿还和支付的需要，那么就存在着严重的流动性风险。同时，对于完全凭利率或开户条件而保持账户的客户，移动银行业务会增加这些客户存款的不稳定性。另外，如果不能及时满足偿还需要，还将导致客户对该机构的法律诉讼，从而陷入声誉风险和法律风险之中，形成恶性循环。

(三) 市场风险

这是指由于市场价格（如利率、汇率、股价以及商品价格）的变动，银行资产负债表中、表内或表外头寸蒙受损失的风险增大，从而使银行收益遭受损失的可能性。移动银行因其自身优势，可以进行多种业务，而在推出贷款销售或在电子货币支付中接受外币等情况下，将承受这类风险。根据市场变量的不同，市场风险可分为利率风险、汇率风险、股权价格风险和商品价格风险等。

(四) 声誉风险

这是指金融机构提供的移动金融服务产品不能满足公众所预期的要求，并且在社会上产生负面的公众舆论时导致资金和客户流失的风险。声誉风险会影响金融机构建立新型客户关系和服务的能力，也会影响金融机构继续为现有客户提供服务的能力，并使金融机构面临诉讼、经济损失或声誉损害。虽然传统金融业务也会产生声誉风险，但从事移动金融业务的金融机构，其声誉风险具有特殊性，表现在：①若移动银行的系统存在广泛的技术缺陷，客户无法登录系统或账户信息受损、客户停用该银行产品和服务等信息传播后，可能产生挤兑现象。②如果金融机构不能提供所称的产品，或不能提供准确及时的服务，会形成声誉风险。③当客户在使用金融机构提供的移动金融产品过程中遇到困难，而金融机构又不能解决这些问题时，会形成声誉风险。④金融机构的网络安全系统一旦遭到破坏，无论这种破坏的原因是来自内部还是来自外部，都会使公众对金融机构的商业能力产生怀疑。⑤其他风险，如信用风险、法律风险的增加，也会导致声誉风险的增加。

(五) 法律风险

这是指违反或不遵守相关法律、法规、规章和制度，或没有完善地规定各方在法律上的权利和义务而使金融机构蒙受损失。法律风险会使金融机构面临民事罚款、赔偿损害和合同失效等风险，并导致金融机构声誉贬低、业务机会受限、拓展潜力降低和缺乏合同的可实施性等。移动金融将传统的纸面交易虚拟化，因而主要用以调整纸面交易的传统法律规范亟待得到变化和修正；由于移动金融还处在初期发展阶段，这种修正尚未完成，移动金融的法律环境远不完善，在消费者保护、客户信息披露、隐私权保护、认证等诸多方面，从事移动金融业务的金融机构都会面临较大的不确定性，从而产生法律风险。法律风险主要表现在以下三个方面：①法律、法规不明确。金融机构和客户的关系和签名有效性不明确，一旦出现客户隐私被泄露，在得知其权利和义务的情况下，客户可能会对金融机构提出诉讼。②证书授权风险。移动银行提供的各种电子签证服务，如提供身份授权证书等，可能使移动银行由于充当中介角色而被拖入到各种法律纠纷中。③罪犯洗钱。由于可以对移动银行进行远程操作，因而移动银行对于洗钱者具有很强的吸引力。

二、移动金融业务风险的防范措施

为了应对移动金融的各类业务风险，银行等移动金融业务的提供者必须强化风险控制意识，提高风险管理水平，建立应急处置方案，加强对移动金融业务风险的防范能力。

（1）制定全面的移动金融业务规程和安全规范，并根据业务和技术发展情况进行修订完善，确保及时发现并处理移动金融业务发展中出现的各种问题。

（2）建立完善的内部控制机制，科学构建职责与权限相对应的移动金融业务体系，各环节、各岗位之间要有明确的分工和授权，做到各司其职，有机运转，协调有序。

（3）倡导诚信、正直的行为规范和企业文化，形成鼓励守法合规的经营基调，并通过组织开发持续有效的培训和教育项目，将移动金融所适用的法律、政策、准则和职责要求及其精神实质贯穿于移动金融业务政策和操作程序中。

（4）加强人力资源管理，建设一支高素质的移动金融经营管理队伍，培养一大批业务精湛、操守过硬的移动金融从业人员，努力创造积极向上、充分信任、有效沟通、相互协作的管理氛围，促进从业者的成长和进步。

（5）密切监测和处理假冒的、故意设置成与正规金融机构的网址、服务电话或短信号码相似度极高的信息以骗取客户资料的活动。金融机构发现此类非法活动后要第一时间向公安部门报案，并向金融监管机构报告，还应及时在其网站、电话语音提示系统或短信平台上提醒客户注意。

表7-1列出了前面介绍的几种主要的移动金融业务风险类型、可能的表现形式以及应对各类业务风险的防范措施，以供读者在移动金融风险防范工作中学习借鉴。

表 7-1　各类移动金融业务风险的防范措施

业务风险类型	可能的表现形式	风险防范措施
信用风险	银行同意把信贷扩展到常规市场之外的客户，而这时无法获取数据或获取数据的成本很高	确保对移动银行客户贷款价值的评估与传统的要求相一致；对贷款决策和程序进行审计
	银行拥有电子货币，但其发行者破产，银行需要使用自有资金来兑现客户所持的电子货币	事先对发行机构做出恰当的评价；监控发行者的财务状况；制订针对违约的应急计划
流动性风险	兑现电子货币的需求突然增加	投资于流动资产；开发应用监控系统；进行定期的、全面的审计
市场风险	针对利率、汇率等的不利变化，使得与未偿付电子货币债务相关的资产价值降低	制定与风险暴露相协调的利率、汇率等方面的风险防范措施或套利方案
声誉风险	重大、普遍的系统缺陷造成金融机构声誉受损	在实施之前对系统进行测试；制订备份和应急计划，其中包括在系统中断期间解决客户问题的计划
	病毒或黑客造成网络安全性的重大破坏从而损害金融机构声誉	侵入测试或其他恰当的安全措施；制订应急计划；实施病毒检测
法律风险	不确定或不明确的法律法规适用性	事先确定具有法律不确定性的领域；对法律不确定性的风险承受能力做出细致判断；定期审查守法情况；向立法机关请求解释；更新守法培训内容；制订应急计划
	向客户披露的信息不充分	培训雇员，使其了解客户的困难；权衡超出法律底线之外的信息披露的成本和效益；确定恰当的信息披露
	未能保护客户隐私	审查隐私权保护策略；就隐私权保护程序培训雇员；定期审查守法情况
	洗钱	设计客户鉴别和监视技术；实施审计跟踪；设计程序发现并报告可疑行为；定期审查守法情况；制订应急计划

第三节　移动金融的技术风险

移动金融风险的第二大类，是基于与移动金融相关的无线通信技术而产生的各种技术性风险。本节将对其主要类型与防范措施进行介绍。

一、移动金融技术风险的主要类型

移动金融的技术风险主要包括移动通信终端的风险、无线基础设施的风险和移动网络的风险。

（一）移动通信终端的风险

移动通信终端，不管是移动电话、掌上电脑，还是其他的便携设备，主要面临以下一些风险：

1. 存储和计算能力造成的风险

对于个人计算机来说，具有 128MB 或更多的内存是很普遍的事情，但是对于移动终端设备来说不太可能具有很大的容量。有限的存储能力制约了移动终端设备进行大量函数运算的能力，而安全性相对较好的加密和认证措施都需要客户端强大的运算能力和存储能力支撑。目前个人计算机的运算能力已经非常强大，故可以使用这些复杂的程序。而移动终端与个人计算机相比功能较弱，这就限制了复杂加密认证程序的使用，从而带来安全隐患。为了降低加密锁需要的计算强度，同时又保证较高的安全性能，移动设备目前主要利用椭圆曲线（ECC）加密技术。ECC 是基于一种复杂的数学算法，很难被破译，而且它需要的密码位数较少，这样运行速度更快，需要传送的密码字节也较少，非常适合在移动环境下使用。

2. "永远在线"造成的风险

对于移动金融应用而言，由于移动金融交易总是不可避免地需要在相隔一定距离的交易双方之间进行，而且经常要跨越包括有线网络在内的不同网络，因此，移动设备比较理想的一个特点是"永远在线"。永远在线设备的安全问题更加复杂，因为移动设备一直保持与互联网的连接，这大大增加了设备被黑客发现的机会。由于移动设备即使在未被真正使用时也容许接入，所以用户很可能在不知情的情况下成为非法用户攻击的牺牲品。因此，"永远在线"的移动终端，需要更高的安全性来防止非法接入，例如，在线的移动终端可以通过安装个人防火墙进行防护，保护终端设备中的数据。

3. 终端形态特征及用户使用习惯造成的风险

移动终端体积小，便于携带。这一特点尽管受到用户喜爱，但相应的缺点是容易被窃取和被他人恶意盗用，或者容易在使用中失手跌落和进水等。这将对用户造成很大的影响和损失。另外，由于用户使用移动设备时大多数情况下是在公共场合，周围行人较多，彼此之间的距离很近——尤其是在地铁、公交这样人比较拥挤的交通工具上，设备显示信息和通话信息比较容易泄露给他人。

4. 终端安全制度及风险意识缺失造成的风险

虽然现在的移动终端已经存储了大量的企业机密信息，可是很少有企业将移动终端的安全问题纳入企业 IT 安全的考虑范围，相关的安全制度和安全技术也应用的很少。很多引领潮流的现代商务人士已经开始比较多地使用移动终端，在他们的智能手机中存储了大量的公司机密信息。然而，我们现有的信息安全机制往往仅考虑到公司的 PC 机和笔记本电脑，针对便携式移动设备的安全制度还相对缺少，比如说强制备份和设置密码等。这样窃取了移动终端的人就可利用存储的数据访问企业的内部网，偷看或获取企业的内部商业秘密。与企业类似，个人用户这方面的意识也不强。很多人由于觉得设置密码和备份比较麻烦，而且往往认为自己能够保管好这些设备，因而经常麻痹大意。一旦出现问题，损失就很难挽回。

（二）无线基础设施的风险

无线基础设施主要包括接入点、路由器、调制解调器、交换机和基站等，其中许多设备都是部署在室外公共场所，如咖啡店、机场和公园社区等。作为一种物理实体，无线基础设施的风险主要包括以下几种：

1. 设备的机能失常

任何一种设备都不是十全十美的，或多或少都存在着缺陷，因而设备难免会出现一些故障。部分简单故障，特别是周期性故障，往往比那些大的故障更难查找和修复。有些故障是当它们已经破坏了系统数据或其他设备时才被发现，而这时往往为时已晚，后果可能非常严重。

2. 电源故障

由于各种意外的原因，无线基础设施的供电电源可能会突然中断或产生较大波动，这可能会突然中断网络系统的工作。如果这时正在进行某些数据操作，那么很可能会丢失这些数据。另外，突然断电对系统硬件设备也会产生不良后果。

3. 电磁泄漏引起的信息失密

无线基础设施大多都是电子设备，当它们工作时会产生电磁泄漏。带有信息的电磁波向外辐射，用先进的电子设备在一定距离以内就能接收下来，从而造成信息泄露。

4. 自然灾害

无线基础设施往往是"易碎品"，不能受重压或强烈震动，更经不起巨大的外力冲击。所以，各种自然灾害，如地震、泥石流、风暴、建筑物破坏等，会对无线基础设施构成严重威胁。

此外，由于价值昂贵，无线基础设施还容易成为不法分子的偷窃目标。

（三）移动网络的风险

移动金融环境同有线环境大不相同，移动金融因此受到攻击的可能性更大。问题的关键是了解这些威胁是什么，并制定相对应的控制策略。移动金融环境中有许多新的攻击点，这些威胁的范围和特性随着运行环境的变化而有差异，下面列举了一些典型的威胁和挑战。

1. 无线窃听

在移动通信网络中，所有的网络通信内容（如移动用户的通话信息、身份信息、位置信息、数据信息以及移动站与网络控制中心之间的信令信息等）都是通过无线信道传送的。而无线信道是一个开放性信道，任何具有适当无线设备的人均可以通过窃听无线信道获得上述信息。

2. 假冒攻击

在移动通信网络中，移动站（包括移动用户和移动终端）与网络控制中心以及其他移动站之间不存在任何固定的物理连接（如网络电缆），移动站必须通过无线信道传送其身份信息，以便于网络控制中心以及其他移动站能够正确鉴别它的身份。由上述可知，无线信道中传送的任何信息都可能被窃取。当攻击者截获到一个合法用户的身份信息时，他就可以利用这个身份信息来假冒该合法用户的身份入网，这就是所谓的身份假冒攻击。

3. 信息篡改

这是指主动攻击者将窃取的信息进行修改（如删除或替代原信息）之后再将信息传给原本的接收者。这种攻击的目的有两种：一是攻击者恶意破坏合法用户的通信内容，阻止合法用户建立通信连接；二是攻击者将修改的消息传给接收者，企图欺骗接收者相信该修改的消息是由一个合法用户传给的。信息篡改攻击在一些"存储—转发"型有线通信网络中是很常见的，而一些无线通信网络如无线局域网络中，两个无线站之间的信息传递可能需要其他无线站或网络中心的转发，这些"中转站"就可能篡改转发的消息。对于移动通信网络，现场试验证明信息篡改攻击是可行的：当主动攻击者比移动用户更接近基站时，主动攻击者发射的信号功率要比移动用户的信号功率强很多倍，使基站忽略移动用户发射的信号而只接收主动攻击者的信号。这样，主动攻击者就可以篡改移动用户的信号后再传给基地站。在移动通信网络中，信息篡改攻击对移动用户与基地站之间的信令传输构成很大威胁。

4. 重传攻击

所谓重传攻击是指主动攻击者将窃取的有效信息经过一段时间后再传给信息的接收者。攻击者的目的是企图利用曾经有效的信息在改变了的情形下达到同样的目的，例如攻击者利用截获的合法用户口令来获得网络控制中心的授权，从而访问网络资源。此外，无线通信网络与有线通信网络一样也面临着病毒攻击的威胁，这些病毒攻击手机常采用以"病毒短信"的方式直接攻击手机本身，使手机无法提供服务；病毒还会利用手机程序的漏洞，发送精心构造的短信或者彩信，造成手机内部程序出错，从而导致手机不能正常工作；或者针对WAP服务器的安全漏洞进行攻击，影响WAP服务器的正常工作，从而使手机无法正常WAP上网；又或者攻击和控制"网关"，向手机发送垃圾信息；还有可能攻击整个网络，例如病毒制造者若找到Java漏洞就可以利用Java语言编写脚本病毒来攻击整个网络，使手机网络产生异常。

二、移动金融技术风险的防范措施

移动金融的技术风险，是通过一系列相关的安全技术与安全协议来进行防范与控制的，包括移动金融参与者自身安全技术、数据传输安全技术、身份识别与认证技术、安全套接层协议、安全电子交换协议，以及一些其他的安全协议等。

（一）移动金融参与者自身安全技术

为了维护移动金融交易者内部网络的安全可以采用几种不同的技术，其中包括用来控制使用者身份和权限的密码登录技术，对进出企业内部网络的信息进行控制的防火墙技术，以及对付网络病毒的杀毒技术。

1. 用户账号管理技术

在进入某个系统之前要先输入账号和密码，在获得系统认可后才能进入并在规定的权限内使用系统。密码登录技术由于比较简便有效，是最直接的安全防卫措施，几乎在所有的系统里都有应用，但也正是由于它的简单性，使它比较容易泄露或被人破解。例如，在输入密码的时候，别人可能正在偷看并已经记录下了密码；如果使用一个4位的数字码，黑客通过少于10000次的尝试就可以破解，通过高速计算机做这件事是非常轻而易举的。但如果密码长度过长，又会难以记忆，一般建议密码的长度在8位左右。

在组织内部使用密码登录技术时可以采用以下防范措施：不允许使用个人特征明显的密码，例如名字或职务等；定期要求用户更换密码，例如2~3个月；使用数字和字母及其他符号的混合码，例如"4k-s8&"等；不要使用自动保存密码的程序，不要把密码写在容易被发现的地方……为了更有效地防止密码泄露或被人破解，人们开发了一些新技术，例如每次产生新密码，用过即丢的智能卡；利用指纹或人体其他部位特征作为登录密码的生物辨识技术，但这些新技术都需要特殊仪器和设备的支持。

用户账号无疑是计算机网络安全弱点之一。获取合法的账号和密码是"黑客"攻击网络系统最常使用的方法。用户账号的涉及面很广，包括网络登录账号、系统登录账号、数据库登录账号、应用登录账号、电子邮件账号、电子签名、电子身份等。因此，用户账号的安全措施不仅包括技术层面上的安全支持，还需在企业信息管理的政策方面有相应的措施。只有双管齐下，才能真正有效地保障用户账号的保密性。从管理方面，企业可以采取的措施包括划分不同的用户级别、制定密码政策（例如密码的长度、密码定期更换、密码的组成等）、对职员的流动采取必要的措施以及对职员进行计算机安全的教育。从安全技术方面，针对用户账号完整性的技术包括用户分组的管理、唯一身份和用户认证。

为了进行有效的用户账号管理，可以采取以下三项措施：

（1）用户分级管理是很多操作系统都支持的用户管理方法。对不同用户组的成员赋予不同的权限，设置相应的管理策略，使用户在网络和系统资源的使用上有不同的限制。

（2）单一登录密码制度保证用户在企业计算机网络里任何地方都使用同一个用户名和密码。无论是登录网络、系统、数据库，还是应用，用户都只使用一个用户名。这样一来，系统就能准确地确认用户并对用户的行为加以监控，在网络系统里对用户的信息访问进行统一管理。

（3）用户身份确认方法对用户登录方法进行限制。这就使检测用户唯一性的方法不仅局限于用户名和密码，还可以包括用户拨号连接的电话号码、用户使用的终端、用户使用的时间等。在用户认证时，使用多种密码，更加加强了用户唯一性的确认程度。固定密码、动态密码和人体生物特征（如指纹等）的综合使用能精确地确认用户。

2. 防火墙技术

防火墙是指由软件和硬件设备（一般是计算机或路由器等）组合而成的，处于企业内部网与外部网之间，用于加强内外之间安全防范的一个或一组系统。防火墙的实质是一组硬件和软件的组合，位于企业内部网的门户处，是数据和服务进出内部网络的唯一通路，通过在防火墙上进行规则的设置来对进出的内容进行检查，从而维护内部网的安全。防火墙的设置有两条原则：第一条原则是凡是未被准许的就不准通过；第二条原则与它正好相反，坚持凡是未被禁止的就可以通过。对第一条原则来说，防火墙首先封锁所有的数据和信息，对它们进行审查，符合它的规定就予以放行，这种方法的安全性很高，代价是网络效率的降低及可通过数据范围的减小，会有一些本来是安全的信息和服务被拒绝。而第二条原则的做法是先对所有内容放行，再逐项对被禁止的内容进行剔除，这种方法的安全风险较大，但网络的灵活性却得到了保证。两种防火墙设置原则各有利弊，企业需要根据自己的需求做出选择。

技术人员和专家对于防火墙有各种不同的分类方法，下面介绍三种应用最广泛的防火墙：包过滤型防火墙、应用级网关和代理服务器。

（1）包过滤型防火墙。这里所说的"包"是指数据在 Internet 上传输的基本单位，当我们在 Internet 上发出数据时，该数据会被分割为一个一个的传输单位，也就是包。在该数据包的头部，会包含其源地址、目的地址、所用的 TCP 端口等信息，该数据包在不同的路由器之间进行转发，直到其到达目的地。包过滤型防火墙就被安装在这些路由器上，它通过在路由器上设置过滤逻辑，监测通过数据包包头的地址、端口等信息，符合过滤逻辑的就予以放行，否则就拒绝。包过滤防火墙的优点是简单易行，但是这种防火墙并不能完全有效地防范非法攻击，非法入侵者比较容易利用电子欺骗来蒙混过关，一旦防火墙被突破，整个网络都会暴露在 Internet 上。另外，定义完备的过滤规则也比较困难，即使当时定义了比较完善的规则，但 Internet 每天都在发生一些新的变化，需要对过滤规则进行动态的维护和更新。包过滤型防火墙还有一个主要的缺陷是不能对进出网络的信息留下记录，从而无法知道是否有人在企图攻击你的网络。

（2）应用级网关。它与包过滤型防火墙比较类似的一点是它们都通过设置过滤条件来限制数据和服务的进出，但应用级网关是在网络应用层上工作，比包过滤型防火墙工作的网络层高了两个层次，因而可以完成更为复杂的任务，例如，可以针对不同的服务协议设置不同的过滤条件。同时应用级网关具备登记和审核功能，可以对通过它的信息和服务进行记录，形成分析报告。

前述两种防火墙都是使用"筛子"的原理进行工作，包过滤型防火墙比较粗线条，而且筛孔均匀一致，但"筛过即忘"，没有记录；应用级网关则依靠更强的"理解能力"把筛孔做得大小不均，对不同的"过客"采用不同的标准，对症下药，且"人过留名"，从而比包过滤型防火墙更安全。应用级网关的缺陷是由于针对不同的协议和应用要设置不同的代理软件，因而实现起来比较复杂，同时效率也不如包过滤型防火墙那么高。与包过滤型防火墙不同，实际中的应用级网关通常安装在专用工作站系统上，而不是在路由器上。

（3）代理服务器。数据包过滤和应用级网关防火墙有一个共同的缺点，就是它们依靠过滤条件来判定是否允许数据和服务通过，因此满足条件的数据和服务可以直接在企业网络内外来去，这一缺点可能会造成非法用户的入侵和攻击。针对这一缺点，人们开发了代理服务器防火墙。它是将所有跨越防火墙的网络通信链路在应用层上划分为两段，外部计算机的网络链路只能到达代理服务器，要访问内部的数据和服务只能通过代理服务器来代为执行，然后把执行的结果转给外部用户；对内部用户也采用类似的方法，从而起到了隔离内外网络的作用。另外，代理服务器也对过往的数据包进行分析、注册登记，形成报告，同时当发现被攻击迹象时会向网络管理员发出警报，并保留攻击痕迹。

以上介绍的三种主要防火墙类型，其中应用级网关和代理服务器方式的防火墙大多是基于主机的，价格比较贵，但性能好，安装和使用也比数据包过滤型防火墙复杂，而数据包过滤型防火墙具有成本低，安装和使用方便，但安全性不高的特点。用户可根据实际情况需要，确定、选择使用满足自己网络安全需求的防火墙。当然，必须认识到购买和安装了防火墙以后并不意味着可以一劳永逸，高枕无忧了：防火墙在受到攻击后可能发生严重的问题，必须有专门的技术人员进行维护；另外，防火墙的设置也需要不断更新，以适应Internet日新月异的变化；再者，防火墙并不能对企业内部网络进行全面的保护，如防火墙不能防范黑客或内部用户刻意的攻击，也不能避免由于账户和密码失密而造成的危害，绝大多数的防火墙也不能躲避病毒的感染，不能对发送的信息和数据进行加密。由此可见，防火墙必须与企业整体安全防护措施、其他网络安全技术相结合才能更好地发挥作用。

3. 网络杀毒技术

每一个计算机用户几乎都曾经面对过病毒的威胁或者已经深受其害，而Internet的流行更让病毒有了流通渠道：内部网的用户常常需要从Internet上接收邮件或者下载一些程序，如果下载的邮件和程序里隐藏着病毒，一旦打开就会使网络感染病毒，令人防不胜防。由此可见，在网络环境下，计算机病毒具有更大的威胁和破坏力，它破坏的往往不止单独的计算机和系统，而可能会蔓延到整个网络，因此有效防止网络病毒的破坏对系统安全具有十分重要的意义。

网络病毒的来源是多方面的，我们在此谈论网络病毒并不单指从Internet上传来的病毒，而是包括所有利用网络进行传播的病毒，因此网络病毒的来源既包括从Internet上下载文件带来的病毒，也包括内部用户在客户机或服务器上使用U盘等产生的病毒。病毒本质就是程序代码——通常作为附件发送，或隐藏在声音、视频和游戏中。它们附加到或者改写其他程序，以达到复制自身的目的。病毒可能破坏文件，甚至能完全删除硬盘上的内容。Internet问世后，病毒通过可移动磁盘上的文件和程序（比如电脑游戏）传播到计算机上。从Internet传来的病毒主要隐藏在下载软件程序和电子邮件里，如比较著名的"爱虫病毒"（Fall in Love），利用电子邮件在全球的Internet上疯狂传播，造成上亿元的损失。另外也有一些病毒隐藏在Web页面上，一般是一些恶意的Active或Java程序。对于利用Internet传播的病毒的防治要通过人力和物力相结合的办法，即一方面要求员工尽量不要在网上下载程序或使用一些自己并不了解的功能，另一方面在技术上配备安全的手段：首先要合理设置防火墙，对有危险的内容禁止通行；在内部网络的客户机和服务器上安装网络病毒监测和杀毒软件，保证即使有病毒从Internet上进入了系统也可以被监测并杀掉；对系统文件和重要文档进行备份并给以重点防护，保证系统在遭到病毒袭击时有恢复能力。来源于内部网络的病毒包括使用软盘、光盘等介质在不同计算机之间传播的病毒，对这一类来源的病毒，必须首先在制度上制定严格的规定，禁止某一类危险的操作，同样也需要使用防毒杀毒软件，对存在病毒的文件和软盘等禁止读写。

具体来讲，网络杀毒技术包括预防病毒、检测病毒和消除病毒三种技术：

（1）预防病毒技术。它通过自身常驻系统内存，优先获得系统的控制权，监视和判断系统中是否有病毒存在，进而阻止计算机病毒进入计算机系统和对系统进行破坏。技术手段包括加密可执行程序、引导区保护、系统监控与读写控制（如防病毒卡）等。

（2）检测病毒技术。它是通过对计算机病毒的特征来进行判断的侦测技术，如自身校验、关键字、文件长度的变化等。病毒检测一直是病毒防护的支柱，然而随着病毒的数目和可能的切入点的大量增加，识别古怪代码串的进程变得越来越复杂，而且容易产生错误和疏忽。因此，最新的防病毒技术应将病毒检测、多层数据保护和集中式管理等多种功能集成起来，形成多层次防御体系，既具有稳健的病毒检测功能，又具有客户/服务器数据保护能力，也就是覆盖全网的多层次方法。

（3）消除病毒技术。它通过对计算机病毒的分析，开发出具有杀除病毒程序并恢复原文件的软件。大量的病毒针对网上资源和应用程序进行攻击，这样的病毒存在于信息共享的网络介质上，因而要在网关上设防，在网络入口实时杀毒。对于内部病毒，如客户机感染的病毒，通过服务器防病毒功能，在病毒从客户机向服务器转移的过程中杀掉，把病毒感染的区域限制在最小范围内。

网络防病毒技术的实现方法包括对网络服务器中的文件进行频繁的扫描和监测，工作站上采用防病毒芯片和对网络目录及文件设置访问权限等。防病毒必须从网络整体考虑，从方便管理人员的工作着手，通过网络环境管理网络上的所有机器，如利用网络唤醒功能，在夜间对全网的客户机进行扫描，检查病毒情况；利用在线报警功能，网络上每一台机器出现故障、病毒侵入时，网络管理人员都能及时知道，从而在管理中心处予以解决。

（二）数据传输安全技术

移动通信网络中所存在的不安全因素对网络用户和网络经营者的经济利益构成了威胁。为了保护网络用户和网络经营者的经济利益，移动通信网络必须提供相应的安全业务以消除不安全因素带来的威胁。

1. 移动通信中的数字加密技术

一般来说，密码算法大多需要进行大量复杂的运算，这使密码技术在移动通信网络中的应用受到一些挑战，这些挑战来自无线设备和无线网络两个方面。首先，无线设备的计算环境十分受限，大多数无线设备的计算能力差、存储资源少。例如，GSM 手机中的 SIM 卡用于移动通信网络中网络端鉴别移动用户身份的合法性，而台式计算机已比较普遍地应用于各种有线通信网络中；SIM 卡内嵌一个 8 位的微处理器，工作于 3MHz 时钟，数据存储器即 RAM 为 256B，程序存储器为 6~8KB，而 21 世纪初期的台式计算机已使用 32 位的处理器，工作于 800MHz 时钟，数据存储器即 RAM 为 256MB，硬盘可达 40GB。此外，无线设备还受到体积和功耗的限制，显示屏和键盘均较小。

相比于有线通信网络，无线通信网络的资源也十分有限，大多数无线数据通信网络的频率带宽有限，数据传输速率比较低，例如，GSM 网络中数据传输速率为 9600b/s，无线个人区域网络中的数据传输速率为 768kb/s，无线局域网络中最大数据传输速率为 12Mb/s，而有线通信网络的数据速率早已达到上百至上千 Mb/s。此外，与有线通信网络相比，无线通信网络中迟延大，通信连接的可靠性差、误码率高。

上述受限的计算环境和通信环境，使无线通信网络在选用密码技术来保护网络的安全性时必须选择能够适应无线通信网络特点的密码算法，这就对密码技术提出了一些特殊要求。

通过加密通信明文可以被转换成密文，而这些密文对于不知道解密密钥的人来说是杂乱无章、不可理解的，只有知道解密密钥的人才能恢复出原来的明文。当然，加密明文的过程也需要知道密钥。当加密密钥和解密密钥相同时，这种密码算法称为对称密钥密码算法；而加密密钥和解密密钥不相同的密码算法称为非对称密钥密码算法。

在非对称密钥密码系统中，每个用户拥有两种密钥，即公开密钥和秘密密钥；公开密钥可以向所有人公开，而只有用户自己知道其秘密密钥，已知公开密钥并不能或很难获得任何秘密密钥的信息，因而人们也称非对称密钥密码系统为公开密钥密码系统。公开密钥加密系统的工作过程是这样的：任何人都可以利用一个用户的公开密钥将秘密信息加密后传送给该用户，只有该用户才能利用其秘密密钥解密，恢复秘密信息；其他人由于不知道秘密密钥，也就不能进行解密。公开密钥密码系统不要求通信双方共享任何秘密，可以很容易地解决密钥管理问题；公开密钥密码系统的其他优势将在数字签名部分介绍。可是，公开密钥密码系统大多建立在困难的数学难题（如大整数分解和离散对数等）上，加/解密操作都需要计算复杂的数学运算，因而通常不适合于无线设备。

对称密钥密码系统则要求保密通信双方必须事先共享一个秘密即密钥，因而人们也称对称密钥密码系统为单钥密码系统。在单钥密码系统中，只有知道共享秘密的通信双方才能相互通信，这不仅限制了保密通信范围，也带来了密钥管理问题。

1985年，尼尔·科布利茨（Neal Koblitz）和维特·米勒（Vieter Miller）提出了椭圆曲线加密技术（ECC），它的数论基础是有限域上的椭圆曲线离散对数问题，现在还没有针对这个难题的亚指数时间算法，因而在当今公钥密码体制中，椭圆曲线密码体制（ECC）具有每比特最高的安全强度，特别适合计算资源受限的移动通信设备。

2. 移动通信中的数据完整性技术

移动通信系统中，数据完整性业务主要用于保护无线信道中传送的信令信息完整性，防止被他人篡改。

从概念上来说，完整性检测技术类似于数据通信中的校验位与循环校验和。在数据通信中，发送方根据通信协议生成一个消息的校验位或循环校验和，并将它附在消息之后一起传给接收方。接收方在收到消息后重新计算校验位或循环校验和，并将其与接收到的校验位或循环校验和进行比较。如果它们相等，接收方就认为消息在传输过程中没有出错；如果它们不相等，接收方就知道消息在传输过程中发生错误，接收方可根据通信协议要么要求发送方重新传送这一消息，要么利用纠错技术来纠正消息中的错误。

然而，数据通信中的校验位与循环校验和是为了检测因通信信道噪声引起的信息错误，而信息完整性检测技术是为了检测因恶意攻击者篡改而引起的信息错误。数据通信中的校验位与循环校验和的方法不适用于检测恶意攻击，因为攻击者更改了消息后可以重新产生一个新的消息完整性码，这样接收方将不能发现消息被篡改过。为了抵抗恶意攻击，完整性检测技术也需要秘密信息的加入，不知道秘密信息的攻击者将不能生成有效的消息完整性码。

典型的完整性检测技术是消息认证码，就是将消息通过一个带密钥的杂凑函数来产生一个消息完整性码，并将它附着在消息之后一起传给接收方，接收方在收到消息后可以重新计算消息完整性码，并将其与接收到的消息完整性码进行比较。如果它们相等，接收方就认为消息没有被篡改；如果它们不相等，接收方就知道消息在传输过程中被篡改了。另外，还有一种完整性检测技术，它的工作过程包括两个阶段。首先通过杂凑函数生成消息杂凑值，然后利用加密算法和秘密密钥将杂凑值进行加密，最后将消息与加密的杂凑值传给接收者。接收者重新计算杂凑值，并与解密出来的杂凑值比较，如果相等，则表明消息没有被更改；否则，表明消息被更改了。

上述介绍的完整性检测技术实现简单，易于在移动通信设备中实现。

(三) 身份识别与认证技术

1. 身份识别与认证技术概述

身份识别认证性是对付身份假冒的有效方法，它可以鉴别通信中通信一方或双方的身份，从而确保只有授权的用户才能访问网络资源和服务。在移动通信网络中，由于身份认证性业务通常被用于控制网络的安全访问，因而与网络的授权服务紧密相联。移动通信网络中的身份认证性业务包括两个方面：一是移动用户身份认证性，即鉴别移动用户身份，防止非法用户假冒合法用户身份而逃避付费；二是网络端身份认证性，即鉴别网络端身份，防止主动攻击者假冒网络端欺骗移动用户。

身份认证技术是提供通信双方身份认证性的安全机制，它通过检测证明方拥有什么或者知道什么来确认证明方的身份是否合法。在日常生活中，人们在面对面进行身份认证时，通常只需出示身份证或护照来证明其身份，这是通过检测证明方拥有什么来确认证明方身份合法性的例子。然而，在实际通信系统中，通信双方很难进行面对面交流，甚至通信一方或双方是机器而不是人。人机身份认证系统仍然可以采用"检测证明方拥有什么"的方法，例如检查人的个人特征——指纹、声纹、视网膜等，因为每个人的这些特征各不相同，因而可以利用它们来唯一地鉴别人的身份。

另一种身份识别认证方法是通过检测证明方是否知道某个秘密来确认证明方的身份是否合法。例如，在计算机网络中，用户访问网络时必须输入用户名和口令，网络通过检查口令是否正确来确认用户身份的合法性。这种认证方法与上述方法不同的是，它不依赖于证明方的任何物理特征，因而适用范围更广泛，甚至可以实现机器—机器之间的身份认证。密码学中的身份认证方案主要是基于这种方法，验证方通过密码技术验证证明方是否知道某个秘密，如证明方与验证方之间共享的秘密密钥，或证明方自己的私有密钥等。基于共享秘密的身份认证方案可以建立在运算简单的单钥密码算法和杂凑函数基础之上，因而适合移动通信网络的特点。

2. 关于数字证书

数字证书是公开密钥体制（非对称加密体制）下的一种权威性的电子文档，是电子商务交易中的一种身份证，用于证明某一参与交易方的身份及其公开密钥的合法性。认证中心是审核、发放和管理数字证书的公认的机构。数字证书就是网络通信中标志通信各方身份信息的一系列数据，提供了一种在Internet上验证身份的方式，其作用类似于公司的营业执照或日常生活中的身份证明文件。数字证书的内容一般包括下列项目：证书持有人的身份信息，包括姓名、E-mail、所属单位、地址、邮编等；发布证书机构的数字签名和身份信息；证书持有人的公开密钥；数字证书的有效期；证书类别；数字证书的号码等。

根据证书持有者的不同，可以把数字证书分为以下几类：①顾客支付证书。如果顾客想要利用移动商务进行交易，除非他选择货到付款或邮局汇款等非电子货币形式，否则在购买时必须向商家证明他的电子支付卡是有效的并且可以支付他购买的商品，顾客支付证书提供了这种证明。顾客支付证书是由金融机构颁发的存有用户账户信息的数字证书，当商家接到顾客支付证书时就可以知道该顾客的支付卡是被发卡的金融机构认可的，因此可以放心地接下这单生意。②商家证书。商家证书与用户证书一样都是由金融机构颁发的，它实际上是商家与金融机构之间达成的一种协议，即商家可以接受哪几家金融机构颁发的顾客支付卡，如果商家与某个金融机构有协议（商家持有该金融机构的证书），可以保证顾客在使用该金融机构颁发的支付卡付款后，货款最终会被划拨到该商家的账户里。③其他证书，包括发卡行证书、收款行证书等。同样道理，发卡行证书就是为了证明发行购物卡的机构的身份和资历，收款行证书是让顾客相信该机构有资格在电子商务交易中收款，并且保证顾客的资料和款项的安全和保密。

3. 关于 CA 认证

在网络这个虚拟的世界里，必须有人向公共密钥的使用者证明，公布在网络上的公钥的真实合法性，这个负责验证公钥主体的真实身份以及它与公钥的匹配关系的机构叫做 CA（证书授权）中心。CA 中心负责对网络上的用户进行管理和授权，它接受参与电子交易各方的申请，审查申请者在真实世界中的资质和身份。CA 中心为每个使用公开密钥的用户发放一个数字证书，数字证书的作用是证明证书中列出的用户合法拥有证书中列出的公开密钥。CA 机构的数字签名使得攻击者不能伪造和篡改证书。它负责产生、分配并管理所有参与网上交易的个体所需的数字证书，因此是安全电子交易的核心环节。为保证用户之间在网上传递信息的安全性、真实性、可靠性、完整性和不可抵赖性，不仅需要对用户的身份真实性进行验证，也需要有一个具有权威性、公正性、唯一性的机构负责向参与移动金融的各个主体颁发并管理符合国内、国际安全电子交易协议标准的安全证书。移动金融的技术安全是通过使用加密手段来达到的，非对称密钥加密技术（公开密钥加密技术）是其中主要的加密技术，用于对称加密密钥的分发（数字信封）、数字签名的实现（进行身份认证和信息的完整性检验）和交易防抵赖等。CA 体系为用户的公钥签发证书，以实现公钥的分发并证明其合法性。该证书证明了该用户拥有证书中列出的公开密钥。证书是一个经证书授权中心数字签名的包含公开密钥拥有者信息以及公开密钥的文件。CA 机构的数字签名使攻击者不能伪造和篡改证书。证书的格式遵循 X.509 标准。

利用 CA 中心和数字证书进行身份识别与认证的过程可以简单归纳为以下几步：①参与移动金融业务交易的各方向 CA 中心提交自己的公开密钥和其他代表自己身份的信息。②CA 中心在验证了用户的有效身份后，向用户颁发两个附有自己签名的证书，该数字证书用 CA 的私有密钥进行加密。③参与移动金融业务交易的各方如果从同一个 CA 处获得了数字证书或相互信任为对方签发证书的 CA，他们就可以通过交换数字证书来获得对方的公钥。④如果想要验证对方数字证书的可信程度，即可以利用 CA 的公开密钥验证其数字签名，只要能验证 CA 的数字签名，就说明这张证书的确是由该 CA 中心颁发并经过其验证的，因而利用数字证书和 CA 中心，用户不再需要去验证每一个交易伙伴的密钥，而只需要验证并信任为其签发数字证书的 CA 的公开密钥即可。⑤当用户的私有密钥泄露或由于证书的有效期已到，CA 中心就需要将该用户的数字证书作废，并要向外界公布作废证书的信息。

4. 认证机构的建立

中国金融认证中心（China Financial Certification Authority，CFCA）是由中国人民银行牵头，由中国工商银行、中国农业银行、中国银行、中国建设银行、交通银行等 14 家全国性商业银行联合共建，为保证网上交易和支付安全的国家级权威金融认证机构。

作为一个权威的、可信赖的、公正的第三方信任机构，中国金融认证中心全面支持以 Internet 为基础的各种网上银行、网上支付、电子商务及电子政务信息安全传输的各种安全认证需求。中国金融认证中心提供的各种数字证书，包括普通证书、高级证书、网点证书、VPN 证书、WAP 证书等，为参与网上交易的各种应用提供信息安全基础，建立彼此信任的机制，实现 Internet 上电子交易的保密性、真实性、完整性和不可否认性。

在证书管理机制上，中国金融认证中心发放的证书具有明显的特征：证书发放要通过金融机构审批，申请者必须具备合法的身份、合格的金融资信和支付能力才能获得证书，这样可以规避交易中可能发生的支付风险。在证书核心技术上，中国金融认证中心采用国际公认的 PKI 技术，在保证核心加密模块国产化的前提下，通过国际招标建立了具有世界先进水平的 PKI 系统。在物理安全方面，中国金融认证中心建立了符合国际标准的认证大楼，机房使用双指纹多层门禁系统和 24 小时电脑录像监控系统。六面墙体都采用无缝钢板达到屏蔽和防攻击、防电子泄露的要求。

为检验和保证金融认证中心 PKI 证书系统及核心技术的安全可靠，2000 年

12月，在中国人民银行的领导下，中国金融认证中心委托中国国家信息安全测评认证中心对"中国金融认证中心PKI系统"进行了全面的测试。中国国家安全测评认证中心是经中央批准成立的，代表国家开展信息安全测评认证的职能机构，依据国家有关产品质量认证和信息安全管理的法律法规，管理和运行国家信息安全测评认证体系。截至2008年10月16日，CFCA的网银数字证书发放量已接近500万本。证书的应用范围涉及银行、证券、通信、税务、保险、大型企业集团等多个领域，尤其在金融行业发挥着不可替代的基础性作用。目前，在国内开设网上银行业务的60余家银行中，已经有50余家银行纳入了CFCA建设的"统一的金融安全认证体系"，并且还有7家外资银行引入了CFCA数字证书机制。

5. 无线公开密钥体系（WPKI）技术

在有线通信中，电子交易的一个重要安全保障是PKI（Public Key Infrastructure，公钥基础设施）。在保证信息安全、身份证明、信息完整性和不可抵赖性等方面PKI得到了普遍的认同，起着不可替代的作用。PKI的系统概念、安全操作流程、密钥、证书等同样也适用于解决移动金融中交易的安全问题，但在应用PKI的同时要考虑到移动通信环境的特点，并据此对PKI技术进行改进。WPKI（Wireless PKI，无线公开密钥体系）技术满足移动金融安全的要求，即保密性、完整性、真实性、不可抵赖性，消除了用户在交易中的风险。WPKI技术主要包含以下几个方面：

（1）认证机构（CA）。如前所述，CA系统是PKI的信任基础，负责分发和验证数字证书，规定证书的有效期，发布证书废除列表（CRL）。

（2）注册机构（RA）。RA提供用户和CA之间的一个接口。作为认证机构的校验者，在数字证书分发给请求者之前对证书进行验证。它捕获并认证用户的身份，向CA提出证书请求。认证的处理质量决定了证书中被设定的信任级别。

（3）智能卡。它将具有存储、加密及数据处理能力的集成电路芯片镶嵌于塑料基片中，具有体积小、难以破解等特点，在生产过程、访问控制方面有很强的安全保障。很多种需要客户端认证的应用都可以使用智能卡来实现。GSM移动运营商存放移动用户识别号和身份认证密钥的SIM卡就采用了智能卡技术，同样智能卡也是存储移动电子商务密钥及相关数字证书的最佳选择，卡片载有持卡人的数字证书、私钥以及加密签名模块，从而实现移动金融中的身份识别和信息加密传输。

（4）加密算法。加密算法越复杂，密钥越长，则安全性越高，但执行运算所需的时间也越长（或需要计算能力更强的芯片）。前面提到的椭圆曲线密码体制（ECC）算法在智能卡领域具有广阔的应用前景。

从前文可以看出，在 WPKI 机制下，数字证书非常重要，但是由于无线信道和移动终端的限制，如何安全、便捷地交换用户的数字证书，是 WPKI 必须解决的问题。一般可以有以下两种解决办法：第一种是 WTLS 证书。它的功能与 X.509 证书相同，但更小、更简化，以利于在资源受限的手持终端中处理。但所有证书必须含有与密钥交换算法相一致的密钥。除非特别指定，签名算法必须与证书中密钥的算法相同。但是，由于 WTLS 证书是一种新的证书类型，所以必须对 CA 系统进行升级，才能支持该类证书。第二种是移动证书标识。将标准的一个 X.509 证书与移动证书标识唯一对应，并且在移动终端中嵌入移动证书标识，用户每次只需要将自己的移动证书标识与签名数据一起提交给对方，对方再根据移动证书标识检索相应的数字证书即可。移动证书标识一般只有几个字节，远小于 WTLS 证书，并且不需要对标准的 X.509 证书做任何改动。

（四）安全套接层协议

如何才能进行安全的在线电子支付是用户、商家及金融机构最为关注的问题之一。为了解决这个难题，众多 IT 公司和金融机构一起开发了安全在线支付协议，目前的电子交易中有两种支付协议已被广泛采纳和应用，一是安全套接层（Secure Sockets Layer，SSL）协议，二是安全电子交换（Secure Electronic Transaction，SET）协议。

安全套接层协议是由 Netscape Communication 公司设计开发的一种安全技术规范，它包含在 Internet 上两个节点之间建立安全的 TCP 连接的流程及使用的技术，或者说得更通俗一些，SSL 协议就是在使用浏览器访问 Web 服务器时，为了提高安全性而定下的一些规矩，包括在接到请求后的动作步骤，何时需要采用身份验证技术和加密技术等，SSL 协议保证采用它的规范进行的数据传输是安全的。一个比较通用的对 SSL 协议概念的总结是：面向任何安装了 SSL 协议的客户机和服务器，保证它们之间的一切事务安全，涉及所有的 TCP/IP 应用程序。

1. SSL 协议工作原理

SSL 可以提供在 Web 上两台机器间的安全通道，其实现原理如下：

（1）利用认证技术识别各自的身份。在客户机向服务器发出要求建立连接的消息后，SSL 要求服务器向浏览器出示数字证书。客户的浏览器通过验证数字证书从而实现对服务器的验证。在对服务器端的验证通过以后，如果需要对客户机的身份进行验证，也可以通过验证其数字证书的方式。

（2）利用加密技术保证通道的保密性。在相互验证了身份以后，浏览器端随机产生一个密钥，并用该密钥加密要传输的数据文件，产生密文，此时采用的是对称加密方法，即用同一个密钥加密和解密数据。然后用包含在服务器数字证书中的公开密钥对产生的密钥加密，把加密过的密钥和密文一起发送到服务器端，由于传输密钥只能由对应的私有密钥来解密，密钥和密文可以通过浏览器安全地抵达 Web 服务器。

（3）利用数字签名技术保证信息传送的完整性。在相互传送数据上加载数字签名，从而保证信息的完整性。

2. SSL 协议的安全交易过程

遵循 SSL 协议的电子交易过程如下：客户首先在网上浏览商品；在决定购买后向商家的服务器发出采购订单付款信息，此时 SSL 协议开始真正介入；商家在接到顾客的订单和付款信息后，先把付款信息转发给银行，要求银行对该信息进行确认；在获得银行的认可或付款成功后，商家通知顾客购买成功并开始发货，顾客可以在得到商家通知后打印交易数据，留作凭证。

3. SSL 协议的优缺点

SSL 协议的优点是支持很多加密算法；另外，其实现过程比较简单，独立于应用层协议；目前被大部分的浏览器和服务器内置，实现方便。至今还有很多网上商店使用这一协议进行交易。但 SSL 协议的缺点也很明显，它只能建立两点之间的安全连线（所以顾客只能把付款信息先发送到商家，再由商家转发到银行），而且只能保证连接通道是安全的而没有其他的保证，即它只保证两点之间数据的传输安全，而不能保证商家会私自保留或盗用他的付款信息，而这一缺陷随着网上商店数目的不断增加和信誉的良莠不齐越来越突出，因而人们研制了新的协议：安全电子交换（SET）协议。

（五）安全电子交换协议

安全电子交换（SET）协议是由 Visa 和 MasterCard 两大信用卡组织联合开发的电子商务安全协议，用来保证电子商务中信用卡支付交易的安全，由于 SET 协议得到了 HP、IBM、Microsoft 等大公司的支持，在全球电子商务支付领域得到了广泛的应用，成为 Internet 上进行在线交易的电子付款系统事实上的工业标准。

1. SET 协议的主要目标

SET 是一个复杂的协议，涵盖了信用卡在电子商务交易中的交易流程，以及应用到的信息保密，资料完整及 CA 认证，数字签名等技术标准，详细而准确地规定了交易各方之间的各种关系。它主要目标包括以下几个方面：

（1）保障付款信息的安全。SET 协议首先要保障付款信息的安全传输，保证用户的交易数据不会被截获或丢失。

(2) 保障付款过程的安全。SET 协议的付款过程与 SSL 协议不同，顾客虽然把信用卡账号密码等信息发往商家，但由于 SET 协议采用的特殊技术却可以保证商家看不到顾客的账户密码信息，从而保障付款过程的信息安全；同时，SET 协议要求参与付款的各方都要提供数字证书进行身份认证，保证付款过程的信用安全。

(3) 保证付款过程遵守相同的协议和格式标准。SET 协议提供开放的标准，规定交易的技术细节，确保不同厂商开发的应用程序只要遵守它的规范就可以相互通用，使标准达到良好兼容性并被广泛接受，可以运行在不同的硬件和软件平台上。

2. 基于 SET 协议的交易流程

基于 SET 协议的交易流程可以被简单归纳如下：

(1) 顾客在网上浏览商品。

(2) 顾客开始购买商品，向商家发送购买请求及付款账户信息，此时 SET 协议开始介入购买流程。在 SET 中使用了一种双重签名技术，即当持卡人发出购买指令时包含了订购和付款两条指令，商户只能看到订购指令，而网关只能看到付款指令，这样持卡人的账号对商户来说是不可见的。持卡人订单消息由商户处理，付款消息由网关处理，这两部分组成一个消息由持卡人一起发送。

(3) 商家处理订购信息。商家在接到订购信息后首先向顾客持有信用卡的金融机构请求支付认可，在接到确认消息后，商家就可以相信顾客的付款能力和自己的货款安全，从而接收订单，并向顾客发送确认信息，顾客可在自己的客户端记录该交易，留作交易凭证。

(4) 准备发送货物，同时向为顾客提供信用卡的金融机构提出付款请求，完成交易。

3. SET 协议的优、缺点

首先，SET 协议对顾客提供了更好的安全保护。SET 协议是一个针对多方的报文协议，它定义了银行、商户、持卡人之间数据传输技术标准和操作流程，而我们在前面的介绍里已经指出 SSL 协议只能在两方之间建立安全连接，只能通过商家转发顾客的账户信息，因此 SET 协议对顾客交易数据可以提供比 SSL 更高的安全性。另外，SSL 协议是面向连接的，即只允许在建立连接的时候安全传输数据，而 SET 允许各方之间的报文交换不是实时的。其次，SET 协议为商家提供了保护自己的手段。SET 协议通过使用加密技术和严格执行多方身份的验证，保证了信息的安全传输和货款的安全划拨，使商家免除了后顾之忧。对银行和发卡机构以及各种信用卡组织来说，因为 SET 可以帮助它们将业务扩展到 Internet 这个广阔的空间，从而使信用卡网上支付具有更低的欺骗概率，这使它比其他支付方式具有更大的竞争力。

SET 协议提供这些功能的前提是：SET 要求在银行网络、商家服务器、顾客的 PC 上安装相应的软件，这些阻止了 SET 的广泛发展；另外，SET 还要求必须向各方发放证书，这也成为障碍之一。所有这些使 SET 要比 SSL 昂贵得多。

综合考虑这两种协议的特点，可以把它们结合在一起使用。例如，一些商家正在考虑在与银行连接中使用 SET，而与顾客连接时仍然使用 SSL。这种方案既回避了在顾客机器上安装特殊软件，同时又获得了 SET 提供的很多优点。

（六）其他安全协议

这里主要介绍两种协议：IPSec 协议与 AAA 协议。

1. IPSec 协议

IPSec（IP Security）产生于 IPv4 的制定之中，用于提供 IP 层的安全性。由于在进行基于 Internet 的通信时，都要经过 IP 层的处理，所以提供了 IP 层的安全性就相当于为整个网络提供了安全通信的基础。鉴于 IPv4 的应用仍然很广泛，所以后来在 IPSec 的制定中也增添了对 IPv4 的支持。

IPSec 是一个工业标准网络安全协议，为 IP 网络通信提供透明的安全服务，保护 TCP/IP 通信免遭窃取和篡改，可以有效抵御网络攻击，同时保持易用性。IPSec 有两个基本目标：一是保护 IP 数据包安全；二是为抵御网络攻击提供防护措施。

IPSec 结合密码保护服务、安全协议组和动态密钥管理三者来实现上述两个目标，不仅能为企业局域网与拨号用户、域、网站、远程站点以及 Extranet 之间的通信提供强有力且灵活的保护，而且还能用来筛选特定数据流。

IPSec 基于一种端对端的安全模式。这种模式有一个基本前提假设，就是假定数据通信的传输媒介是不安全的，因此通信数据必须经过加密，而掌握加解密方法的只有数据流的发送端和接收端，两者各自负责相应的数据加、解密处理，而网络中其他只负责转发数据的路由器或主机无须支持 IPSec。

2. AAA 协议

AAA 指的是 Authentication（鉴别），Authorization（授权），Accounting（计费）。自网络诞生以来，认证、授权以及计费体制（AAA）就成为其运营的基础。网络中各类资源的使用，需要由认证、授权和计费进行管理。

在移动通信系统中，用户要访问网络资源，首先要进行用户的入网认证，这样用户才能访问网络资源。鉴别的过程就是验证用户身份的合法性；鉴别完成后，才能对用户访问网络资源进行授权，并对用户访问网络资源进行计费管理。一般来讲，鉴别过程由三个实体完成：用户（Client）、认证器

(Authenticator)、AAA 服务器（Authentication、Authorization 和 Accounting Server）。在第三代移动通信系统的早期版本中，用户也称为 MN（移动节点），Authenticator 在 NAS（Network Access Server）中实现，它们之间采用 PPP 协议，认证器和 AAA 服务器之间采用 AAA 协议（以前的方式采用远程访问拨号用户服务 RADIUS（Remote Access Dial up User Service）；Radius 英文原意为半径，原先的目的是为拨号用户进行鉴别和计费。后来经过多次改进，形成了一项通用的鉴别计费协议）。

在 IEEE 的无线局域网协议 802.16e 的建议草案中，网络参考模型里也包含了鉴别和授权服务器 ASA Server，以支持移动台在不同基站之间的切换。可见，在未来移动通信系统中，AAA 服务器占据了很重要的位置。

本章案例

跨界合作，安全无忧
——招商银行与网秦公司协同防护新模式

长期制约手机银行发展的安全问题有望得到改观。10 月 19 日，有最富创新精神之称的"全球品牌 100 强"招商银行携手全球领先的手机安全服务提供商——北京网秦天下科技有限公司（以下简称网秦公司），为京城客户推出了"网银专业版+1 元，送手机安全"的活动，引发了业界的高度关注。

近年来，在"手机智能化、互联网移动化、移动网宽带化、平台开放化"的趋势之下，与传统银行服务模式相比，手机银行用户的信息更为暴露、更公开化，用户与银行之间在安全方面难以形成一个完全封闭的链条。安全问题成为手机银行业务的最大掣肘。

分析人士认为，此次招商银行和网秦公司的合作，是对未来手机金融服务安全保障的一次积极有益的探索；金融服务机构和安全服务商通过精细化的专业分工与安全协同，或将开辟手机银行业务协同安全防护的全新模式。

一、手机银行：真正安全，才能真正走进生活

随着 3G 时代的来临，移动金融业更将得到蓬勃发展，越来越多的人相信，银行业即将进入手机银行时代。最新的调查显示，八成以上的国内消费者希望将公交卡、银行卡等支付工具集成到手机上。据估计，手机银行和支付业务如果在中国推广普及开来，市场潜在规模将超过 1000 亿元。

越来越多的银行和国内外公司都瞄准了这一市场：自 2000 年 5 月中国银行与中国移动率先开通手机银行服务后，工行、招行、光大、建行等行业巨头纷纷抢滩；诺基亚公司从 2010 年起将提供手机转账业务，用户届时还可通过

该公司产品支付商品和服务费用等；麦当劳日本分部一直在进行提供手机折扣优惠券的试验……"随身携带的银行"拉开了金融服务方式革命变化的序幕，对逐步改变人们的消费观念和日常生活具有广泛而深远的影响。

然而，从市场潜力中发现并寻找机会的除了商家、银行，还有藏在暗处的居心不良者。长春市曾破获一起手机银行盗窃案，盗窃者利用黑客技术，截获他人手机银行的账号和密码，以转账的方式盗窃客户账号内的存款，被警方抓获时，两名犯罪嫌疑人已先后在江西、广西、湖南等地盗窃他人网上银行、手机银行20余起，涉案金额40余万元。

据网秦公司的技术人员介绍，敏感信息泄露是手机银行发生风险的开端，不法分子窃取信息主要有截获网络传输数据、散布木马、网络钓鱼和操作用户所丢手机等形式。随着手机银行、手机炒股等各类业务的快速发展，手机安全问题日渐增多，进入3G时代，这种情况必将更多地暴露出来，而且它将与网银安全问题一样，成为一个行业热点。

金融业界专家表示，我国目前拥有5亿名手机用户，但即使经过多年的培育，到目前为止手机银行的客户人数也只有1000多万人，其中还有相当部分仍只限于账户变动的手机短信通知业务等，制约其业务发展的关键因素仍然是安全风险。

二、安全之道：联手专家，开辟协同防护新模式

面对安全风险的困扰，各家银行一直都是单凭自身的力量保障手机银行用户安全。而招商银行此次为了给用户提供最为严密的安全保障，选择了手机安全行业专家网秦，双方联合推出的"送手机安全"活动，可称为移动金融业务发展过程中一次具有重要意义的尝试和探索。

谈到选择合作伙伴的原因，招商银行相关人士表示，选择网秦，主要是因为网秦公司与招商银行一样有着强烈的创新精神，以客户需求为导向，网秦公司通过技术、产品和服务创新，奠定了手机安全领域的绝对领导地位。据了解，作为中国手机安全服务行业的缔造者和领导者，网秦公司已成为中国移动、中国联通、中国电信在手机安全方面的战略合作伙伴。网秦公司的通信管家是诺基亚中国官方网站和产品预装的指定合作产品。同时，网秦公司的产品也成为工信部、12321不良信息举报中心、中国互联网违法和不良信息举报中心等政府权威机构的推荐产品。网秦公司的手机杀毒产品更是国内第一家通过公安部安全中心认证的手机安全软件。

在产品和服务的开发上，网秦公司开创性地对手机安全需求分成多个层次，形成一个需求金字塔，并以此开发出完整的产品组合。第一，最基础性的需求，即保证手机功能安全可信，不能有病毒、木马、窃听软件、流氓软件

移动金融

等；第二，反骚扰的需求，屏蔽垃圾信息和电话营销；第三，隐私保护的需求。产品组合包括了手机杀毒、通信管家、防盗卫士，以及永久免费的手机安全卫士和流氓克星软件等。通过此次活动用户可获得的网秦手机安全套件，正是集合了网秦手机杀毒和网秦通信管家两款功能强大的手机安全软件。其中的网秦手机杀毒软件能够为用户提供安全可靠的网络防火墙、快捷精准的病毒扫描、及时全面的实时监控等功能。而网秦通信管家则采用了全球领先的智能语义分析系统，包括添加私密联系人，针对某个号码或某群号码实现正忙、空号、不在服务区等不同接听方案，免设置、根据短信内容自动过滤垃圾广告信息等功能。

网秦公司CEO林宇博士表示："与招商银行的合作仅仅只是一个开始，网秦凭借强大的产品、技术和服务优势，将为都市高收入人群提供全方位的移动金融安全服务，为手机互联网时代更多的增值业务拓展提供安全保障。"相信手机银行业务成长的同时，其安全保障也会更加成熟，用户从此可以真正摆脱安全问题的困扰，畅享无忧的财富生活。

资料来源：改编自移动金融遭遇安全掣肘，招行网秦开辟协同防护新模式［OL］.中华网（www.china.com），2009-10-20.

➡ 问题讨论：

1. 移动金融安全风险问题可能会给招商银行的手机银行业务带来哪些困扰？
2. 为什么说此次招商银行与网秦公司的合作，是对未来手机金融服务安全保障的一次积极有益的探索？

本章小结

移动金融由于使用了无线通信技术，就不可避免地带来了比传统金融以及网络金融业务更多的风险与安全问题。通过本章的介绍，我们对移动金融面临的主要风险与安全问题有了一个基本了解。

移动金融的安全既包括传统金融与网络金融业务中的安全问题，也包括信息在移动通信网络中的传输安全和移动终端本身的安全。移动金融的安全需求可以分为三个方面：移动金融参与者方自身的网络安全需求，移动金融交易数据的传输安全需求以及移动金融的支付安全需求。

移动金融会继承传统金融中所具有的一些业务风险，如信用风险、流动性风险、市场风险、声誉风险和法律风险等。相应地，要运用管理的、法律的和技术的手段去防范这些业务风险。

移动金融

基于无线通信技术而产生的移动金融技术风险主要包括移动通信终端的风险、无线基础设施的风险和移动网络的风险。要防范此类风险，需要通过一系列相关的安全技术与安全协议来进行控制，包括移动金融参与者自身安全技术、数据传输安全技术、身份识别与认证技术、安全套接层协议、安全电子交换协议，以及一些其他的安全协议等。

本章复习题

1. 结合自己的亲身经历，谈谈你对移动金融风险与安全问题的认识。
2. 与传统金融业务相比，移动金融面临的风险有何新特点？
3. 试分析管理、法律和技术在保障移动金融安全运作中的作用。
4. 你认为手机等移动终端在移动金融业务的实现过程中存在哪些安全隐患？

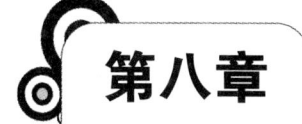

第八章 移动金融法律与监管

学习目的

知识要求 通过本章的学习，掌握：

- 我国移动金融法律与监管状况
- 我国移动金融发展面临的法律问题
- 我国移动金融监管机构
- 电子货币、移动银行、移动证券及移动保险的法律规制

技能要求 通过本章的学习，能够：

- 理解移动金融法律体系构架
- 分析移动金融服务发展与法律制度体系完善的相互关系
- 区分移动金融监管与传统金融监管的异同

学习指导

1. 本章内容包括：移动金融法律环境与监管状况；移动金融服务面临的法律问题与现有的法律规制，包括电子货币、移动银行、移动证券和移动保险的法律问题与法律规制。

2. 学习方法：阅读并思考，体会法律监管与移动金融发展的关系。

3. 建议学时：3学时。

移动金融

引导案例

不能挂失的"手机钱包"

银行卡丢了,可以挂失;手机丢了,号码可以冻结。若是"手机钱包"丢了呢?用户李先生最近手机丢失,当他拨打某运营商客服电话,要求挂失"手机钱包"账户时,却被告知"无法操作",这让他非常不理解。

李先生反映,该运营商的客服人员向他解释,称"手机钱包和公交一卡通一样,丢了就丢了,没办法的。"而他却认为,自己在办理手机钱包相关业务时,是按照实名制进行办理的,"应该安全性很高,而且,我的手机钱包消费明细是可以上网查的,怎么就不能挂失呢?"

正如用户李先生所说的那样,目前提供手机刷卡服务的电信运营商均不能对"手机钱包"账号进行挂失和资金冻结。也就是说,捡到手机的人可以继续刷卡消费,直至"手机钱包"内余额耗尽。某运营商客服人员的回答也证实了这一点。她说,运营商的"手机钱包"政策是"不透支、不取现、不计息、不挂失"的"四不政策"。手机丢了以后,用户可以到营业网点凭身份证补SIM卡或者UIM卡,但原先存在"手机钱包"里的钱就无法挂失了,与新卡片捆绑的新"手机钱包"在补卡以后余额为零。

"手机钱包"为何不能挂失?专家解释说,这是因为"手机钱包"属于"离线消费"范畴。而银联POS机等消费终端是"在线"的,一旦挂失,这类终端能做到实时响应,银行能立即把卡里的消费金额进行冻结。"离线消费"的终端就不行。

"离线"也罢,"在线"也罢,对于普通老百姓来说,几百元钱不是一个小数目。如今,"手机钱包"作为一种新型支付方式,已经越来越普及。三大运营商通过"跑马圈地",已在地铁、公交、百货商场、大卖场、便利店、快餐店、咖啡店等渠道铺设了成千上万台能够刷手机的POS机。"手机钱包"这种新型支付方式若要后来居上,关键应尽快加大投入,在解决"不能挂失"瓶颈的基础上,研究类似纠纷的法律解决途径,切实保护消费者权益,这样老百姓消费时才能无后顾之忧。

资料来源:改编自吴卫群. 手机丢了,"手机钱包"就没了[N]. 解放日报,2010-12-12.

➡ 问题:

1. 如何看待移动金融服务发展中出现的消费者权益保护问题?
2. 移动金融法律缺位对移动金融服务的发展有怎样的影响?

第一节　移动金融法律与监管环境

移动金融法律与监管是指为了实现移动金融的可持续发展，立法机构对移动金融服务的各个层面制定法律法规，监管机构依据法律法规采取监管措施。移动金融法律与监管的核心是在法律制定及监管的成本与移动金融长期发展的收益之间寻求平衡。具体来说，如何制定一个法律与监管框架，使之既能够保留移动金融的创新与发展空间，又能够作为监管的有力依据来规避已明晰的风险。这也是全球范围内移动金融法律制定者与监管者共同面对的一个问题。

从上述定义中不难看出，一个好的法律环境与监管体系，长期来看应实现如下目标：首先，它能够促进移动金融的创新与发展，而不是抑制打压；其次，它可以规避已经确认的风险，而不是坐视不理；最后，它应该富有弹性，能够覆盖可能参与移动金融发展的各方主体。

一、国际移动金融法律与监管环境

世界范围内并不存在唯一确定的法律环境与监管体系。移动金融法律与监管目标的实现与否，取决于其与各国自身移动金融市场发育状况的匹配及互动程度。

（一）移动金融法律与监管环境的层面

到目前为止，世界各国都没有出台专门针对移动金融服务的法律，对其监管行为也是依附于既有的金融监管体系。尽管如此，针对各国移动金融发展程度与市场水平的不同，对法律环境与监管行为的考察仍大致集中于以下几个层面：

1. 金融层面

法律与监管环境的金融层面主要是指金融管制，即一国政府为维持金融体系稳定运行和整体效率而对金融机构与金融市场活动的各个方面进行的管理和限制。严格的金融管制能够最大程度地维护金融运行秩序，保障存款人和投资者的利益；最大限度地规避已知风险，减少未知风险。宽松的金融管制能够促进资源有效流动，提高创新水平。两者各有利弊。对于移动金融而言，金融管制主要涉及移动金融牌照（经营许可证）的批准与发放、电子货币发行权、反洗钱与反恐怖主义融资。

获得市场准入资格对于潜在的移动金融服务提供方而言十分重要。是否允许私营企业参与以及如何参与，各国尚未出台明确具体的框架及条款。在一些国家，政策制定者和监管者还没有给出理想的操作路径时，很多私营企业就已经先行一步，进行各种各样的移动金融服务创新。在另外一些着手制定政策的国家，关于传统的金融机构如银行，是否享有市场准入优先权，以及其他潜在的、更具创新能力的移动金融服务提供方是否会受到歧视的问题上普遍具有争议。例如，移动金融作为金融与通信的交叉领域，起到重要作用的移动网络运营商是否被允许成为移动金融服务系统的主要运营人，这就预示着移动金融服务对非传统金融机构的开放性。在不少国家，移动网络运营商的参与是受到限制的，而另外一些未受限的国家，移动网络运营商则在移动金融的创新与发展中起到了重要作用。因此，必须仔细考量移动网络运营商是否被允许参与提供移动金融服务，以及在何种条件下以何种方式参与。

无论移动金融服务提供方是谁，电子货币都是一个绕不开的环节。在当前国际上移动金融服务提供方往往是非银行机构（移动网络运营商）的情况下，这一点就显得尤为重要。移动通信的零售代理经销网络以其广泛而庞大的网点布局和高效的服务，在移动金融服务发展中起着重要作用。它们不仅为消费者搭建了纸币与电子货币的交互平台，也提供了交易渠道，其基础金融服务覆盖了开户、查询余额、账户存取款乃至在账户间进行转账。尽管如此，目前世界各国依然严格区分移动金融账户与传统银行账户。当移动网络运营商或者其他非银行主体被允许构建电子货币系统以提供金融服务时，虽然形式各有不同，但它们都必须依附一家银行机构，并要求银行账户必须为移动金融账户提供100%的信用保证，且明确禁止移动金融账户中的电子货币存款的存款保险与利息行为。

反洗钱与反恐怖主义融资也是金融管制需要考虑的问题。洗钱是指通过各种方式掩饰、隐瞒毒品犯罪、黑社会性质的组织犯罪、恐怖活动犯罪、走私犯罪、贪污贿赂犯罪、破坏金融管理秩序犯罪等犯罪行为利益所得以及收益来源的活动。恐怖主义融资是恐怖组织和恐怖分子保障其生存、发展、壮大和从事恐怖主义活动的资金基础和关键资金来源。反恐要取得成功，必须遏制和消除恐怖融资行为。移动金融作为金融扩展的新兴力量，在方便合法金融活动的同时，也为非法金融活动提供了便利，尤其是在未来移动金融国际化趋势下，更加增大了监管难度。对此，反洗钱与反恐怖主义融资活动的法律与监管需要在安全限制与开放接入之间有一个微妙的平衡，如果措施设计不当，将会对移动金融服务的发展产生负面影响。

2. 消费者权益保护层面

消费者权益保护的法律与监管环境在移动金融服务发展中至关重要。一个良好的法律与监管环境能够保障交易的公平性以及真实信息在市场交易各方的良好传递,减少信息不对称带来的威胁,保证移动金融终端用户的利益,从而促进移动金融市场的效率、透明度和竞争。尤其在教育水平相对较低、信息流动并不通畅的发展中国家,消费者保护格外重要。

在信息传递真实且快速的地区,消费者对移动金融服务有更全面的了解,因而可以放心购买产品和服务,从而刺激竞争。另外,由于信息充分,消费者还能够选择最适合自己需要的产品和服务。尤其当他们知道自己的权益得到保护时,购物的信心得以增强,也敢于尝试新的服务。

在信息不对称情况严重的地区,特别是发展中国家与不发达国家,低收入消费者在移动金融服务提供方的不端行为面前显得更为脆弱,更没有能力保护自己。他们在移动金融服务体验中的任何一个小错误都有可能遭受严重的资产损失。在这些消费者权益保护法律监管环境恶劣的地区,消费者得承担起信息寻找、自我利益保护以及精明地选择产品服务的责任。但是,受限于受教育程度和信息接收程度,以及对产品服务的成本与风险评价的水平,这些要求对低收入消费者而言又是比较困难的。上述情形意味着政策制定者与监管者需要承担起责任,确保完备的消费者保护措施来满足低收入与经验不足的消费者对产品服务的需求。

消费者保护问题更多集中于消费者与移动金融终端服务提供商之间。常见的问题包括欺诈、误导消费者,价格不透明,隐瞒真实信息,侵犯个人隐私等。

与消费者权益保护相关的法律法规是考察移动金融法律与监管环境的重要因素,包括是否存在针对移动金融服务的消费者保护法律或政策,这些法律或政策是否考虑到了消费者受教育程度,移动金融服务费用的透明程度如何,是否存在赔偿机制与救济机制,是否存在对可疑交易行为的监控机制等。

尽管基本的消费者保护在大多数国家都有书面法律条款,但缺乏执行力度是一个主要问题。一国是否拥有专门的消费者权益保护组织是该国移动金融法律环境与监管水平的重要考虑因素。在此基础上,消费者投诉与处理机制的通畅运转也很重要。当消费者投诉不能够有效地处理时,消费者就会变得不信任并不再使用移动金融服务。另一个重要的考虑因素是辅助措施的配套。辅助措施包括专门的移动金融服务纠纷调解机构、消费者投诉电话中心等解决渠道。辅助措施同时要求电信监管机构定期公布投诉与纠纷的处理结果,以及发布消费者投诉统计报告。

3. 宏观政策层面

宏观政策层面,即涉及移动金融的宏观政策环境,包括国家是否采取了金融扩展计划帮助中低收入者实现金融服务的需要、国家是否鼓励私营部门参与金融扩展计划、国有企业与私营企业的关系等，这些构成了政府政策层面的法律与监管环境。对于移动金融服务的税收问题，目前没有国家涉及，也较少有研究。不过，有研究表明，对金融活动征税，将会阻碍非传统金融服务部门的发展，移动金融服务也不例外。

（二）国际移动金融法律与监管状况

移动金融法律与监管的目标是保证移动金融市场的发展，因此，国际移动金融法律与监管环境由于各国移动金融市场发展的不同而呈现出多样性。

从移动金融技术的角度来看，欧洲与美国走在世界前列。例如，北欧是移动技术的发源地，由于地理和历史等诸多原因的影响，北欧的无线通信技术领先于世界其他国家和地区，例如，蓝牙等诸多无线商用技术都是在这里起步的，诺基亚、爱立信等无线通信业巨头也是在这里建立的。这里拥有的无线通信技术发展的经验和设备基础，为移动支付技术的诞生创造了条件。目前，北欧依然领跑世界移动通信技术领域。早在2002年，芬兰就已在南部城市科特卡开始了移动支付系统的大范围应用，而到了2009年我国3G牌照才刚刚发行；世界范围内3G事业如火如荼之时，瑞典却向5家公司发行了4G牌照。但是，正如北欧发展移动通信技术的初衷一样，北欧的移动支付技术多应用于方便民众的日常生活，它们的投入也更多集中在基础技术研发和硬件方面的研究，所以移动支付在北欧的发展集中在基础方面。支持整个移动支付产业的基础技术和最便民的基础应用仍将是北欧移动支付发展的主流。而在更广泛的应用开发和移动支付运营模式方面的发展则相对滞后。

从市场的角度看，移动金融作为金融扩展的新兴力量，并未首先发端于美国和欧洲这样的传统金融服务发达地区，而是在亚洲、拉丁美洲、非洲的发展中国家与不发达国家中兴起。全球多达25亿贫困人口对如存款、转账、信用与保险等金融服务的需求驱动了移动金融在这些地区的快速发展。原因有以下两点：第一，传统金融服务不发达地区缺少包括硬件和软件在内的基础设施建设，而贫困人口对金融服务的大量需求和信息与通信技术创新促使这些地区实现跨越式发展，迅速统一通信标准后迈入无线时代。这也解释了目前世界上移动金融服务覆盖率高的地区为何往往对应较低的传统金融服务水平。第二，传统金融服务的发展受限于基础设施（如金融网点）建设，且对于低收入消费者而言门槛较高，可享受的金融产品较少。而移动金融服务以其特有的金融创新特性，以其便捷性、灵活性、广泛性的特点，作为一种低门槛的金融服务接入方式在发展中国家尤其是不发达国家备受欢迎。

据此，世界经济论坛在2011年《世界移动金融服务发展报告》中选取的研究样本，只包括了非洲、中东地区、亚洲与太平洋地区以及拉丁美洲地区的20个国家，代表当前国际移动金融服务的发展状况。报告研究表明，哥伦比亚、印度尼西亚、马来西亚、巴基斯坦在移动金融服务法律与监管环境的建立和探索方面，超出其他国家和地区的水平。

二、国内移动金融法律与监管环境

随着3G时代的来临，数字化和网络化进一步加深了对人们生活的变革。移动金融，这一由互联网、移动通信技术、移动终端与传统金融服务共同组成的金融模式迅速吸引各界的关注。对这种新兴金融服务模式需求的激增，极大促进了移动金融业的蓬勃发展，与此同时，随着移动银行、移动证券、移动保险等金融业务在广度与深度上的推进，相关法律问题也日益增多。

移动金融作为一个系统，其发展不仅依赖于技术的成熟，也受法律、社会和管理等诸多因素的制约。移动金融在中国的快速发展不仅需要既有的巨大潜在市场，还必须依赖一个良好的法律环境。

移动金融作为一种新兴的金融服务模式，我国尚未针对其出台专门的法律法规。然而，"移动金融"作为"移动电子商务"下的子类，《电子商务法》中的既有法律条款，在当前法律环境下对于"移动金融"是适用的，构成了移动金融在国内的法律环境。

（一）移动金融相关法律

电子交易的迅猛发展推动了相关的立法工作。2004年3月24日，国务院第45次常务会议讨论通过《中华人民共和国电子签名法》（以下简称《电子签名法》）草案，2005年4月1日正式实施。《电子签名法》是中国首部真正意义上的信息化法律，包括总则、数据电文、电子签名、法律责任、附则。根据实际需要和实践中存在的问题，借鉴联合国及有关国家和地区有关电子签名立法的做法，该法将中国电子签名立法的重点确定为：一是确立电子签名的法律效力；二是规范电子签名的行为；三是明确认证机构的法律地位及认证程序；四是规定电子签名的安全保障措施。其中，确立电子签名与传统的手写签名和盖章将具有同等法律效力，标志了我国电子交易信用体系的建立，促进以电子交易为载体的各类商务活动。另外，《电子签名法》增强了交易的安全性。对移动金融业务来说，安全性是指如何保护用户的个人隐私和确保交易的安全可靠。例如，移动银行所涉及的大量金融交易和资金流动，对恶意攻击者具有极大的诱惑力。而这种攻击一旦实现，不但会给客户造成经济上的损失，也会给金融及相关的机构带来经济和信誉上的巨大伤害。

（二）移动金融相关行政法规

行政规章及各种规范是配合法律制度的重要环节，便于法律制度建设跟上电子金融发展的步伐，实现与国际标准和国际惯例的接轨。2005年3月7日，国务院办公厅发布了《关于加快电子商务发展的若干意见》（以下简称《意见》），这是中国第一个关于电子商务的政策性文件，也是对中国电子商务应用与发展进行指导和规范的纲领性文件。《意见》分为8个部分，共计25条，按照国务院要求，遵照积极稳妥推进的原则，在认真贯彻实施《电子签名法》的基础上，抓紧研究制定电子交易、信用管理、安全认证、在线支付、税收、市场准入、隐私权保护、信息资源管理等方面的法律法规，提出制定相关法律法规的意见，并将加快制定在网上开展相关业务的管理办法，推动网络仲裁、网络公证等法律服务与保障体系的建设。这一文件对中国电子商务环境建设、企业应用、产业发展都具有重要意义。

银监会于2006年3月1日施行了《电子银行业务管理办法》（以下简称《管理办法》）。《管理办法》共9章99条。第一章总则，明确界定了电子银行的概念和范围，将电话银行、网上银行、手机银行等统一到电子银行的监管范畴之中，并规定了《管理办法》的适用范围及开展电子银行业务的基本原则。第二章申请与变更，规定了金融机构申请开办电子银行业务，或者变更电子银行业务品种的条件、要求和审批程序。第三章风险管理，规定了电子银行战略风险、信誉风险、运营风险、法律风险、信用风险、市场风险等风险管理的基本原则和方法，明确了电子银行风险管理体系和内控制度建设、授权管理机制等要求。第四章数据交换转移管理，规定了电子银行数据转移的条件和管理方式。第五章业务外包管理，规定了电子银行业务外包和选择外包方的基本要求，以及对业务外包风险的管理原则。第六章跨境业务活动管理，界定了跨境业务活动的范围，明确了开展跨境业务活动的要求。第七章电子银行业务的监督检查，规定电子银行业务日常监管的基本要求。第八章法律责任。第九章附则。

2005年10月26日，中国人民银行发布了《电子支付指引（第1号）》（中国人民银行公告［2005］第23号），对银行从事电子支付业务提出指导性要求，以规范和引导电子支付的发展。《电子支付指引（第1号）》所称的电子支付是指单位、个人直接或授权他人通过电子终端发出支付指令，实现货币支付与资金转移的行为。电子支付的类型按电子支付指令发起方式分为网上支付、电话支付、移动支付、销售点终端交易、自动柜员机交易和其他电子支付。《电子支付指引（第1号）》对电子支付活动的业务规则、操作规范、交易认证方式、风险控制、参与各方的权利、义务等进行规范，从而防范支付风险，维护电子支付交易参与者的合法权益，确保银行和客户资金的安全。

另外，国务院的《中华人民共和国电信条例》和《中华人民共和国无线电管理条例》是保障移动金融服务的基础行政法规。银监会发布的《电子银行安全评估指引》等是最重要的配套规章规范。

(三) 移动金融面临的法律问题

移动金融以其灵活、简单、方便的特点，使用户可随时随地获取所需信息与服务。随着移动数据速率的提高，移动金融领域快速发展，安全、隐私、证据、犯罪等诸多法律问题随之显现出来。

1. 垃圾短信

在移动通信给人们带来便利和效率的同时，也为垃圾广告打开了方便之门，打扰了我们的生活。在移动用户进行电子交易时，手机号码作为个人交易身份的标识，必然对外公布，同时也成为某些公司获取个人手机信息的渠道。手机垃圾短信使人们对移动金融业务充满恐惧，不敢在网络上使用自己的移动设备从事商务活动。目前，还没有相关的法律法规来规范短信广告，运营商还只是在技术层面来限制垃圾短信的群发。国家有关部门正在建立手机短信的规章制度。

2. 信息窃取

无线信道是一个开放性的信道，不像有线网络那样受地理环境和通信电缆的限制。它给无线用户带来通信自由和灵活性的同时，也带来了诸多不安全因素，如通信内容容易被窃听、通信双方的身份容易被假冒，以及通信内容容易被篡改等。无线信道的物理特性决定了移动金融服务中个人身份证信息、手机信息、银行账户信息等从理论上讲都有泄露的可能。

移动金融最大的隐患就是关键信息泄露问题。这些信息的泄露会直接导致客户隐私的公开。例如，定位服务是移动业务的新应用，该技术根据从 GPS 返回响应信号的时间信息定位手机所处的位置。当潜在客户途经一个金融服务机构时，该机构会自动向其手机自动发送广告信息。定位服务在给我们带来便利的同时，也影响到了个人隐私。利用这种技术能够跟踪一个人的物理位置。如果定位技术被犯罪分子利用，他们通过定位通信用户的位置，可以对其进行抢劫或绑架等犯罪活动。

关键信息的泄露甚至会直接导致客户金融资产的流失。例如，想给客户做转账，假如没有安全防范的考虑，可能收款账户会被篡改成为作案者的账户。盗窃者还能利用黑客技术，截获他人手机银行的账号和密码，以转账的方式盗窃客户账号内的存款。

3. 恶意外挂程序

外挂一般是指在终端系统运行中，一个程序通过某种事件触发而得以挂接到另外一个程序的空间里，挂接的目的通常是想改变被挂接程序的运行方式。恶意外挂就是客户的手机银行系统被某种恶意行为进行攻击，或者即使不攻击但是获取某些客户信息的行为。

4. 手机病毒

手机病毒是一种程序，和其他计算机病毒（程序）一样具有传染性、破坏性。手机病毒可通过发送短信、彩信或电子邮件，浏览网站，下载铃声等方式进行传播。手机病毒可能会导致用户手机死机、关机、资料被删、向外发送垃圾邮件、拨打电话等，甚至还会损毁 SIM 卡、芯片等硬件。由于无线设备的内存和计算能力有限而不能承载大部分的病毒扫描和入侵检测的程序，有线网络杀毒安全技术还不能完全适用于无线设备，目前还没有有效抵制手机病毒的防护软件。

5. 钓鱼网站欺诈

钓鱼网站就是假冒网站。钓鱼就是指钓取用户的个人信息。而对于钓鱼网站，银行方面采取了开发"防钓软件"等措施。钓鱼网站通常伪装成为银行网站，窃取访问者提交的账号和密码信息。它一般通过电子邮件传播，此类邮件中一个经过伪装的链接将收件人诱导至钓鱼网站。钓鱼网站的页面与真实网站界面完全一致，它的最大危害就是会窃取用户银行卡的账号、密码等重要信息，使用户受到经济上的损失。

6. 移动终端丢失

无线设备一个特有的威胁就是容易丢失和被窃。虽然当移动设备丢失或被盗后可以通过简单的方法立刻进行挂失，但事先却很难预防此类事件发生。目前，手持移动设备最大的问题就是缺少对特定用户的实体认证机制。

7. 交易抵赖

交易抵赖是指客户实现了交易行为，但是拒不承认这样的行为。银行通过数字证书来规避客户交易恶意抵赖的行为。移动金融交易各方在交易完成时要保证不可抵赖性，即在传输数据时必须携带含有自身特质、别人无法复制的信息，防止交易发生后对行为的否认。不可抵赖性包括对自己行为的不可抵赖及对行为发生时间的不可抵赖。通过进行身份认证和数字签名可以避免对交易行为的抵赖，通过数字时间戳可以避免对行为发生时间的抵赖。

第二节 移动金融法律制度

任何新事物的发展都离不开法律的规范，移动金融也不例外。良好的法律环境能够在保留移动金融发展空间的基础上，最大限度地保护各方利益。我国的移动金融服务刚刚起步，为了保留创新空间，在移动金融服务制度上基本延续既有的电子金融法律框架，作为银行、证券、保险等具体移动金融服务业务的法律依据。

一、移动金融法律制度概述

由于移动金融服务尚处于发展的初级阶段，还没有明确的法律框架，在此仅针对其调整对象、基本原则、特征以及需要涵盖的体系内容做理论阐述，作为未来框架建设前景的探讨。

（一）移动金融法律制度的调整对象

移动金融法律制度的调整对象，是指各种主体在移动金融交易平台上所完成的存贷款、银行结算、电子资金划拨、证券交易、金融信托、保险产品买卖以及在相关金融服务中发生的社会关系。该社会关系包括移动金融管理关系与移动金融交易关系，两者皆是移动金融法律制度的调整对象。

1. 调整移动金融管理关系

移动金融管理关系是指政府主管部门对移动金融行为进行监管和调控所形成的法律关系。金融在现代经济中的地位极为重要，与国家利益密切联系，是各国政府调节经济运行，保障本国利益的重点所在。政府的干预主要体现在对移动金融交易市场准入的限定，对移动金融业务的谨慎规定，对实施移动金融业务的金融机构进行现场检查和网上监控，以及对违规事件的查处等。移动金融管理关系是一种监管主体与被监管主体之间的强制性关系，双方当事人的地位是不平等的，后者要服从前者的管理。由于金融业本身的脆弱性、高风险性以及移动金融发展的不确定性，使得对其进行监管极为必要。

2. 调整移动金融交易关系

移动金融法律调节移动金融的交易关系，它属于金融法的范畴，是调节金融关系的法律规范的集合，包括民商法规范、经济法规范、行政法规范和刑法规范。因此，对于移动金融法律而言，它也不能构成独立的法律分支。但移动金融法内部的各种法律规范，如电子货币法、电子银行法、电子证券法以及电子保险法等，它们之间存在内在的有机联系，首先都属于金融领域的范畴，其次都是调节在不同于现实空间的移动通信网络条件下的行为。完善移动金融法，就是要注重各种规范之间的协调和配合，使之成为一个有机联系的整体。

（二）移动金融法律制度的特征

区别于其他法律制度，移动金融法律制度有如下特征。

1. 技术性

移动金融法的许多规范都是直接或间接地由技术规范演变而成的，例如，有些国家将安全电子交易协议规定为安全的技术标准。这样就将有关的技术规范转化成了法律要求，对当事人之间的交易形式和权利、义务的行使，都有极其重要的影响。另外，关于移动金融的技术标准，当事人若不遵守，就不可能在开放环境下进行移动金融交易。所以，技术性特点是移动金融法的重要特点之一。移动金融法的另一个特征就是标准的统一性，只有形成统一的标准，才有可能实现各种协议的兼容性，才能为统一的市场规则打下基础。

2. 强制性

强制性也称国家意志性。金融业对国家利益十分重要，各国都十分重视金融电子化与国家安全问题，甚至有的国家还制定专门的法律来保障电子金融安全。移动金融法中的国家意志性还体现在政府对移动金融发展的鼓励和限制措施，以及对移动金融犯罪的打击和防范。移动金融发展过程中，不可避免地带来欺诈、不公平交易、盗用、窃取与洗钱等违法犯罪行为，破坏市场经济秩序，损害社会公共利益，这些都需要运用国家力量对移动金融秩序进行维护。

3. 开放性

移动金融法随着通信技术的发展和移动金融业务的拓展不断更新规范，若制定过于刚性的条款，只能阻碍其发展。目前，国际组织及各国在移动金融的相关立法中，大量使用开放性条款和功能等价性条款，其目的就是为了开拓社会各方面的资源，以促进科学技术及其社会应用的广泛发展。

4. 国际性

金融业务的全球性，必然驱使未来移动金融法的国际化。在世界范围内，由于国际经济一体化的趋势越来越强，全球货币资金的流动更为迅速。这一方面要求对移动金融的规范必须基于全球性的解决方案，制定国际统一的移动金融行为规则；另一方面要求加强国际金融监管，密切国际合作，以防范国际金融危机的发生。

（三）移动金融法律制度的基本原则

移动金融法的基本原则，是移动金融立法体系的纲领。移动金融法首先应当遵循金融法的基本原则，这些原则包括以稳定货币为前提促进经济发展的原则、维护金融业稳健原则、保护投资者利益原则等。基于移动金融的特殊性，在移动金融法制建设过程中还应当遵循下列原则：

1. 安全性与效率性结合原则

保障移动金融的安全进行，既是移动金融法的重要任务，又是其基本原则之一。移动金融的高效、快捷，以安全性为前提，它不仅需要技术上的安全措施，同时也离不开法律上的安全规范。由于无线通信是一个开放的网络，病毒的侵害、黑客的攻击以及自然灾害、人为失误都有可能造成移动金融交易的巨大损失，因此，安全性原则是移动金融法的基本原则之一。

2. 中立性与平等性并重原则

移动金融法的基本目标，是要在移动金融活动中，建立公平的交易规则。首先是技术中立。对各种技术的发展只能采取中立的原则，要给未来技术的发展留下法律空间。其次是同等保护。移动金融法对商家与消费者、国内当事人与国外当事人等，都应尽量做到同等保护。

3. 技术创新与现行制度协调原则

移动金融的飞速发展关键是基于技术创新，而技术创新离不开制度的保障。移动金融法必须要与已有的包括传统金融法在内的法律制度相协调。移动金融处于快速发展和变化中，新的法律问题将不断出现，对于移动金融立法在现实性的基础上，还要注重前瞻性和预测性。

4. 行业自律与政府监管结合原则

移动金融的许多实际运行规则都是由行业内部的技术标准、章程决定的，行业自律的灵活性、运作的低成本性是国家法律所不具有的。又由于金融具有的高风险性和国家利益的性质，决定了移动金融法必须强调国家政府的监督管理。

（四）移动金融法律制度体系与内容

移动金融法作为一类法律规范的总称，主要包括下列基本内容：

（1）移动金融法总论，包括移动金融法的概念及其与其他相关法律的关系、移动金融法的基本特征、基本原则等。

（2）电子货币法律制度，包括电子货币的定义、电子货币发行交易制度、电子货币对中央银行货币发行权、货币政策制定的冲击、电子货币对商业银行法律制度的影响以及电子货币风险防范和监管制度等。

（3）移动银行法律制度，包括移动银行的定义、分类、电子存贷款业务、移动银行风险防范制度、移动银行涉税、移动银行的监管等法律问题。

（4）移动证券法律制度，包括移动证券的定义、法律特征、移动证券交易、移动证券的风险防范法律制度以及移动证券监管法律制度等。

（5）移动保险法律制度，包括移动保险的定义、移动保险合同相关法律问题、移动保险广告、移动保险监管等法律问题。

二、电子货币法律制度

中国人民银行在 2009 年 6 月发布［2009］第 7 号公告，在国内首次正式提出了电子货币的概念。中国人民银行在《电子货币发行和清算办法》中称：电子货币是指存储在客户拥有的电子介质上、作为支付手段使用的预付价值。根据存储介质不同，电子货币分为卡基电子货币和网基电子货币。卡基电子货币是指存储在芯片卡中的电子货币。网基电子货币是指存储在软件中的电子货币。仅在单位内部作为支付手段使用的预付价值，不属于该办法所称的电子货币。按此定义，通常所称的电子钱包、数字现金、网络货币、储值卡等，均属于电子货币范畴。任何新生事物的产生，都会对原有的法律体系和框架构成挑战，却又必须运用新的法律规则来加以规范，促进其良性发展。

（一）电子货币的法律问题

虽然现在世界各国研制和推行的电子货币千差万别，但其基本形态大致上是类似的，即电子货币的使用者以一定的现金或存款从发行者处兑换并获得代表相同金额的数据，并以可读写的电子信息方式储存起来，当使用者需要清偿债务时，可以通过某些电子化媒介或方法将该电子数据直接转移给支付对象，此种电子数据便可称为电子货币。

电子货币是货币作为支付手段不断发展的结果，也是现代市场经济高度发达和银行转账清算技术不断进化的产物。由于电子货币与现钞转手、传统的账面存款转划相比，具有更方便、更准确、更节约、更安全的优点，可以说电子货币体现了现代信用货币形式发展的方向。

根据我国的实际情况，目前电子货币的发展和推行过程中，所涉及法律问题有以下几方面：

1. 电子货币安全问题

电子货币增加了安全风险。系统崩溃可能在消费者、商家或发行者任何一个层次上发生，其潜在因素包括盗用消费者和商家的设备；伪造设备；更改存储或设备间传输的数据；更改产品的软件功能等。

2. 电子货币的监管问题

电子货币的产生与发展给各国的金融机构提出了新的问题，特别是电子货币对现行金融监管制度带来了直接或间接的影响。为维护金融体系的稳定和安全，防止侵害消费者利益的行为发生，以及避免出现恶性竞争和无秩序的行为，政府适度监督成为各国比较关注的问题。

3. 电子货币的隐私权保护问题

账户依存型电子货币的流通完全依赖于转账结算。在此过程中账户管理者保存使用者的交易记录，因此对账户管理者来说交易当事人毫无隐私可言。由此可见，目前的电子货币类型都不能像法定货币那样解决使用者的隐私保护问题。

4. 电子货币洗钱犯罪问题

电子货币的出现和利用，为犯罪分子进行洗钱活动提供了便利。犯罪分子可以通过电话线、互联网瞬间将巨额资金从地球的一端传到另一端，把来源于非法活动的钱利用电子货币很快转移到对洗钱犯罪监管较为薄弱的国家。

（二）电子货币的法律规制

2005 年 1 月 8 日，国务院发布了《关于加快我国电子商务发展的若干意见》（国办发［2005］第 2 号），要求大力发展电子商务及与电子商务相关的在线交易结算服务。由此，填补电子支付领域几乎空白的监管体系任务被很快地提上了日程。2005 年 6 月 10 日，中国人民银行支付清算司在《中华人民共和国中国人民银行法》、《中华人民共和国公司法》、《中华人民共和国行政许可法》的基础上发布了《支付清算组织管理办法（征求意见稿）》，其中对包括第三方支付平台在内的支付清算组织机构性质、业务开办资质、注册资本金、审批程序以及其他方面做出了相应规定，标志着央行开始涉足国内支付清算组织的某些"真空领域"的监管，同年 9 月，《支付清算组织管理办法》公布，对第三方支付平台的经营做出进一步规定，明确合资清算组织的发起、设立、权限。

对电子支付这个重要环节，央行和银监会在《电子签名法》生效之后相继公布了《电子支付指引》、《电子银行业务管理办法》。这些新法律、管理办法都肯定了符合法律规定形式的电子签名在电子商务中的法律效力，并对电子签名的形式、认证进行了规定。遗憾的是，这些新法律法规虽然明确了电子支付各方的责任，但都未对电子支付纠纷中的赔偿标准做出具体的规定。目前的赔偿标准都是企业行为，司法实践中将如何处理还无章可循。

2005 年 10 月 26 日，中国人民银行以指导性法规文件的形式颁布了《电子支付指引》（以下简称《指引》），对电子支付中的银行及其客户提出了规范性要求。《指引》共 6 章 49 条，在遵循效率与安全原则的前提下，以电子支付业务流程为主线，重点调整银行及其客户在电子支付活动中的权利、义务关系。主要包括五个方面的内容：界定了电子支付的概念、类型和业务原则；统一了电子支付业务；规范了电子支付指令的发起和接收；强调了申请的条件和程序，电子支付风险的防范与控制；明确了电子支付业务差错处理的原则和要求。银行使用电子签名应当经过第三方认证，也就是说，金融机构支付签名将从传统的账号加密过渡到第三方对客户身份提供认证的新阶段。但是，它对第三方支付平台的监管并没有大量涉及。《指引》的发布标志着中国人民银行在电子支付规则制定方面取得了新的进展，相关规则将逐步得以建立和完善。

尽管我国已经出台上述法律法规，但总体而言，仍存在以下问题：

(1) 电子货币的法律框架尚未建立，电子货币的监督管理尚处于空白。2004年8月，全国人大常委会通过了《电子签名法》。《电子签名法》规定的"电子签名及其认证"只是为电子签名技术应用于电子货币提供法律保障，从而保证电子货币支付中交易信息和交易对象的真实性，并没有涉及电子货币概念、电子货币发行主体等相关问题。2005年颁布的《电子支付指引（第1号）》旨在规范从银行结算账户发起的电子支付业务，即规范银行及其客户在电子支付中的权利、义务关系，不包括非银行机构发行电子货币或不经由银行账户的电子货币支付的规定。1999年颁发的《银行卡业务管理办法》虽然规定了储值卡属于银行卡，但对于非银行是否可以发行储值卡却没有明确规定。在上述情况下，电子货币各交易方的权利、责任没有立法明确。使用电子货币支付涉及的当事人有付款人（客户）、付款行（开户银行）、结算行（清算中心）、收款人（商家），众多的当事人在法律上处于不稳定地位，造成在实践中纠纷较多，出现问题各自应负的损失赔偿责任没有明确规定。因此，电子货币的法律框架在我国尚存在空白，容易出现没有监督或监督不到位的情形。

(2) 电子货币发行机构缺乏严格的资本要求。当前我国电子货币的发行主体潜藏着较大的信用风险。一旦信用风险爆发，消费者的货币请求权将无法实现，预付资金和办卡押金可能无法全额追偿。这种风险隐患的形成有如下原因：一是由于发行主体的非银行特性，电子货币业务没有实行准入管理，部分多用途储值卡业务的开办，缺乏统一的资本金要求和审慎的后续管理，容易产生经营不善的问题。二是当前我国的社会信用程度整体上还有待进一步提高，信用约束还有待进一步加强。在这种情况下，这种"先接收付款，后提供商品"的经营模式，容易形成违约收益大于违约成本的情形，激发发行主体的道德风险，引发信用风险。

(3) 电子货币的安全性问题。目前尚没有从法律上确立电子货币的发行与清算强制性的技术安全标准。从实际情况来看，电子货币发行机构普遍存在金融专业基础薄弱、风险防范意识不足、内部控制不严格、技术水平较差等问题，缺乏必要的应急处理设施和方案，业务连续性缺乏保障，安全认证的标准不统一。例如，我国已有的网上银行所采用的安全认证方式各不相同，国家对此还没有一个明确的标准，对电子货币安全技术系统的认定，其唯一性、一致性，没有相配套的法律做约束和保障，这容易导致将来银行业市场的"多米诺骨牌"效应。由于没有强制性的技术安全标准，一些电子货币发行机构业务运作存在着管理漏洞和技术安全隐患，曾发生电子货币采取的加密技术出现安全漏洞，被黑客攻破的情况。

（4）个人信用征信的法律障碍。信用是一切社会经济活动的道德基础，也是进行网上交易的信心保证。我国的资信评估整体上法制化程度较低，个人信用方面尤其如此。目前，国内有关个人资信的规定还没有任何立法性质的文件，没有形成一整套服务对象、工作范围、业务流程。

可见，从法律支持的角度来看，我国目前有关电子支付的立法基本呈空白状态，仅有一些行业规范，且效力等级不高，这使得电子支付的发展缺少最为有力的而且也是最为重要的法律支持。这为依法规范和管理市场、保护当事人的合法权利、严惩电子支付违法犯罪带来了一定的困难。我国在电子支付业务管理方面的相关法律法规仍未完善，未形成系统的法律、法规体系。目前，中国没有电子支付方面的专门立法，《商业银行法》、《票据法》等也没有关于电子支付的内容。法律法规的制定远远落后于业务的发展。随着电子支付创新技术日新月异，电子支付业务所涉及的交易主体可能延伸到境外，所涵盖的内容更加广泛，使现有法律框架下的规范和监管变得更加困难，应尽快建立我国的电子支付业务法律体系。

三、移动银行法律制度

移动银行业务属于商业银行的银行电子化范畴。电子银行的发展随着网络用户成等比级数的增加，其潜在市场水涨船高，加上网络科技的日新月异，更使电子银行的服务内容日益增加且更为便利消费者。虽然电子银行的虚拟世界与实体的传统银行有不同的特性，但法律规范的是人类的行为，不论该行为发生的场所是虚拟世界还是现实世界。因此，规范传统银行的法律同样也规范了电子银行的行为，又因两者特性不同，这就产生了一些新的法律问题。

（一）移动银行的法律问题

移动银行区别于传统银行服务，会涉及以下法律问题：

1. 以移动银行为目标的电脑犯罪问题

这类犯罪在现实生活中并不少见。其主要类型有：资料传送过程中遭到截取；内容遭到篡改或非法复制；未经授权使用手机等相关设施，加载不实记录或信息进入移动银行系统；改变或破坏储存在移动银行中的信息或档案；通过非法侵入手机银行账户，窃取他人金钱。

2. 移动银行的电子资金划拨风险承担问题

电子资金划拨为移动银行提供了快速、便捷的电子资金转移与清算方式。

移动银行通过电子资金划拨系统划拨的资金范围非常大，如有不慎，往往造成巨额损失。

3. 管辖权的确定与法律规避问题

移动通信网是一个开放的网络，区域内各地的客户只要拥有终端设备与通信信号，便能进行交易。在此情形下，一旦发生纠纷，当事人所在地就难以确定。这种不确定使具有区域管辖权的法院陷入"究竟该谁管"的困境。这些法律问题都有待解决。

(二) 移动银行的法律规制

按照《中国人民银行法》的规定，中国人民银行是中央银行，行使对银行业的监管职能。同时，中国银行业监督管理委员会负责对移动银行业务实施监督管理。经中国银监会批准，金融机构可以在中华人民共和国境内开办移动银行业务，向中华人民共和国境内企业、居民等客户提供移动银行服务。总体上，我国的移动银行要受到中国人民银行、中国银行业监督管理委员会两个专门部门的管理。

目前，我国对移动银行进行规制，除《银行法》等基本法律之外，主要法律依据是中国银行业监督管理委员会于2006年发布的《电子银行业务管理办法》及《电子银行安全评估指引》。按照上述办法、通知等，我国对电子银行主要采取以下监管措施：

1. 移动银行业务申请方面

金融机构申请开办电子银行业务，根据电子银行业务的不同类型，分别适用审批制和报告制。利用互联网等开放性网络或无线网络开办的电子银行业务，包括网上银行、手机银行和利用掌上电脑等个人数据辅助设备开办的电子银行业务，适用审批制；利用境内或地区性电信网络、有线网络等开办的电子银行业务，适用报告制；利用银行为特定自助服务设施或与客户建立的专用网络开办的电子银行业务，法律法规和行政规章另有规定的遵照其规定，没有规定的适用报告制；金融机构根据业务发展需要，增加或变更电子银行业务类型，适用审批制或报告制；金融机构增加或者变更以下电子银行业务类型，适用审批制——有关法律法规和行政规章规定需要审批但金融机构尚未申请批准，并准备利用电子银行开办的业务；金融机构将已获批准的业务应用于电子银行时，需要与证券业、保险业相关机构进行直接实时数据交换才能实施的业务；金融机构之间通过互联电子银行平台联合开展的业务；提供跨境电子银行服务的业务。

2. 技术管理方面

为保障电子银行运营设施设备的安全，以开放性通信网络为媒介的电子银行系统应合理设置和使用防火墙、防病毒软件等安全产品与技术，确保电子银行有足够的反攻击能力、防病毒能力和入侵防护能力；对重要设施设备的接触、检查、维修和应急处理，应有明确的权限界定、责任划分和操作流程规定，并建立日志文件管理制度，如实记录并妥善保管相关记录；对重要技术参数，应严格控制接触权限，并建立相应的技术参数调整与变更机制，并保证在更换关键人员后，能够有效防止有关技术参数的泄露；对电子银行管理的关键岗位和关键人员，应实行轮岗和强制性休假制度，建立严格的内部监督管理制度。

3. 风险管理方面

金融机构应采用适当的加密技术和措施，保证电子交易数据传输的安全性与保密性，以及所传输交易数据的完整性、真实性和不可否认性。金融机构采用的数据加密技术应符合国家有关规定，并根据电子银行业务的安全性需要和科技信息技术的发展，定期检查和评估所使用的加密技术和算法的强度，对加密方式进行适时调整。金融机构应建立电子银行入侵侦测与入侵保护系统，实时监控电子银行的运行情况，定期对电子银行系统进行漏洞扫描，并建立对非法入侵的甄别、处理和报告机制。对数据交换与转移管理方面，建立电子银行业务数据交换机制，或者电子银行平台相互连接机制。应当建立联合风险管理委员会，负责协调跨行间的业务风险管理与控制。所有参加数据交换或电子银行平台连接的金融机构都应参加联合风险管理委员会，共同制定并遵守有关的规章制度和工作规程。联合风险管理委员会的规章制度、工作规程、会议纪要和有关决议等，应抄报中国银监会。

4. 业务外包方面

金融机构应建立完整的业务外包风险评估与监测程序，审慎管理业务外包产生的风险。电子银行业务外包风险的管理应当符合金融机构的风险管理标准，并应制订针对电子银行业务外包风险的应急计划。

5. 法律责任方面

金融机构在提供电子银行服务时，因电子银行系统存在安全隐患、金融机构内部违规操作和其他非客户原因等造成损失的，金融机构应当承担相应责任。因客户有意泄露交易密码，或者未按照服务协议尽到应尽的安全防范与保密义务造成损失的，金融机构可以根据服务协议的约定免予承担相应责任，但法律法规另有规定的除外。金融机构未经批准擅自开办电子银行业务，或者未经批准增加或变更需要审批的电子银行业务类型，造成客户损失的，金融机构应承担全部责任，法律法规明确规定应由客户承担的责任除外。金融机构已经按照有关法律法规和行政规章的要求，尽到了电子银行风险管理和安全管理的相应职责，但因其他金融机构或者其他金融机构的外包服务商失职等原因，造成客户损失的，由其他金融机构承担相应责任，但提供电子银行服务的金融机构有义务协助其客户处理有关事宜。

四、移动证券法律制度

移动证券服务是指用户通过无线互联网络，用手机等无线终端进行行情浏览、自行下达证券交易指令、获取成交结果及其他相关资讯的一种服务方式。移动证券作为一种委托服务，我国尚未出台专门法律法规，目前以《中华人民共和国证券法》（以下简称《证券法》）与《网上证券委托暂行管理办法》为主要依据。

（一）移动证券的法律问题

证券是用来证明证券持有人有权取得相应权益的凭证。证券交易是已发行的证券在证券市场上买卖或转让的活动。证券交易的原则是"三公"原则，即公开、公平和公正。证券交易的特征是证券的流动性、收益性和风险性，移动证券是证券在移动通信网开放条件下的发展形式，同样具有证券的这些基本特征。

在没有专门针对移动证券法律法规的情况下，仅依据《证券法》与《网上证券委托暂行管理办法》会产生如下法律风险：

（1）传输故障。由于互联网和移动通信网络数据传输等原因，交易指令可能会出现中断、停顿、延迟、数据错误等情况。

（2）手机遗失。因手机丢失或使用不当，导致手机内的证券交易、资讯、密码等信息可能被他人获知的风险。

（3）网络攻击。由于移动通信网络、互联网存在黑客恶意攻击的可能性，网络服务器可能会出现故障及其他不可预测的因素，行情信息及其他证券信息可能会出现错误或延迟。

（4）系统攻击。由于手机本身设备及软件系统可能会受到非法攻击或病毒感染，影响行情信息和交易委托。

（5）软件不匹配。手机配置、性能或软件系统与所提供的交易系统不相匹配，无法进行交易。

（6）操作风险。投资者不具备一定的网上委托、手机操作经验，可能因操作不当造成委托失败或委托失误。

（7）不可抗力风险。其他非券商的原因造成不能正常发送或接收通信网络数据，导致证券交易或查询失败。

（8）政策变化。由于手机证券交易规则等相关政策变化而导致风险。

（9）身份仿冒。券商或投资者的身份可能会被仿冒导致交易风险。

在我国，移动证券交易还是一种新的交易方式，涉及更为复杂的利益关系，必须对参与各方的行为进行规范，适应证券市场的发展需求。对此，我国的证券法律法规在移动通信环境下还必须解决好以下问题：

（1）管辖权和法律选择。由于参与交易的投资者不受时空限制，交易者所在地点不再重要，这就对管辖权和法律选择提出了挑战。

（2）相关法律的冲突。我国新制定的《合同法》已经承认电子合同合法有效，且许多交易项目的结算也都是通过电子票据来完成的，而我国的《票据法》目前还不承认非书面的电子票据，所以应对两法矛盾之处进行修改。

（3）网上信息披露。尽管我国的《证券法》对有关信息披露作了相关的法律规定，但是对通过移动通信平台发送信息的合法性尚未加以严格确认，对通过该平台发布谣言或其他扰乱证券市场秩序行为的制裁也缺少具有可操作性的法律条文依据。

（4）规范和监管。我国还没有建立一个适应移动证券交易特点的监管体系，监管依据尚不足。从目前我国的情况看，虽然证监会和相关部门对移动交易的准入和安全问题出台了一些规则，但移动通信网上安全设施主要由各个券商自行设定，法规制度建设还远远不能适应监管的需要。

（二）移动证券的法律规制

移动证券交易是以移动通信网络技术为手段的证券业务，它对技术环境的依赖程度较强，同时亟待良好的法制环境给予其有效保护。我国于1999年颁布了《中华人民共和国证券法》，2005年进行了较大规模的修订，但是对移动证券交易没有做出相关规定。2000年4月，为了鼓励市场创新、控制技术风险、维护市场秩序、保护投资者利益，促进市场的健康发展，中国证监会制定并发布了《网上证券委托暂行管理办法》，对网上证券交易做出规范。在没有针对移动证券规范条例出台的情况下，目前，该管理办法已成为规范电子证券交易活动的主要依据。另外，《中华人民共和国合同法》第十一条为有关合同移动在线交易提供一定的法律依据。同时，目前网上委托的相关技术尚处于探索发展阶段，各种安全防范技术和手段并不完善，为了防范风险，中国证监会发布的2002年3月1日起施行的《证券公司管理办法》规定，只有证券公司和那些经营规范、信誉良好的信息技术公司，在具备一定条件后，可以设立专门从事网上证券经纪业务的证券公司。该办法还规定，技术系统必须达到一定的标准，同时对业务管理提出了严格的要求。在行业准入方面，只有经中国证监会核准的综合类和经纪类证券公司可以从事网上证券经纪业务。

移动证券的相关法律规制涉及以下三个方面：

1. 市场准入

《网上证券委托暂行管理办法》对在线交易的市场准入做了严格限制，规定开展网上证券业务必须具有证券经纪资格。非证券经营机构不能从事证券业务，也不能开展网上委托业务。《网上证券委托暂行管理办法》第十六条明确规定，证券公司以外的其他机构，不得开展或变相开展网上委托业务。证券公司不得以支付或变相支付交易手续费的方式与提供技术服务或信息服务的非证券公司合作开展网上委托业务。

2001年，中国证监会公布了《证券公司管理办法》，专门就证券公司申请设立网上证券经纪业务、投资银行业务、投资咨询等业务做了规定。肯定了网上证券公司设立的可行性。《网上证券委托暂行管理办法》第二十六条明确规定，证券公司以外的其他机构，不得开展或变相开展网上委托业务。同时，《网上证券委托暂行管理办法》第二十七条明确规定了证券公司申请网上委托业务必须具备的条件：①建立了规范的内部业务与信息系统管理制度；②具有一定的公司级的技术风险控制能力；③建立了一支稳定的、高素质的技术管理队伍；④在过去两年内未发生重大技术事故。

2. 交易安全

《网上证券委托暂行管理办法》明确规定了证券公司提供安全交易技术及设施的义务。网络安全事关网上证券交易的安全，而安全与否相当程度上依赖技术。《网上证券委托暂行管理办法》侧重规定了证券公司在提供安全交易技术及设施方面的义务。为了避免网上风险对证券公司其他业务系统的冲击和影响，《网上证券委托暂行管理办法》第十二条规定，证券公司应采取严格、完善的技术措施，确保网上委托系统和其他业务系统在技术上隔离，禁止通过网上委托系统直接访问证券公司的任何内部业务系统，从而防止其他业务系统遭受来自网络的攻击。《网上证券委托暂行管理办法》第十四条还规定，网上委托系统应有完善的系统安全、数据备份和故障恢复手段，在技术上和管理上确保客户交易数据的安全、完整和准确。

3. 信息保护

投资者在网上证券交易的过程中需要输入身份、资产等信息，投资者固然有保护信息安全的义务，但提供网上交易环境的证券公司也应依法承担相应的义务。《网上证券委托暂行管理办法》第十七条规定，在互联网上传输的过程中，必须对网上委托的客户信息、交易指令及其他敏感信息进行可靠的加密。第十八条规定，证券公司应采用可靠的技术或管理措施，正确识别网上投资者的身份，防止仿冒客户身份或证券公司身份，必须有防止事后否认的技术或措施。第十四条规定，客户交易指令数据至少应保存15年，保存方式可以是能长期保存的、一次性写入的电子介质，也可以书面的形式保存。第十六条还规定，证券公司应妥善存储网上委托系统的关键软件（如网络操作系统、数据库管理系统、网络监控系统）的日志文件、审计记录。

五、移动保险法律制度

移动保险是一种新兴的以通信网络为媒介的保险服务，有别于传统的保险代理人模式。由于通信网络所固有的快速、便捷的特点，能将各大保险公司的各种保险产品集合起来，保民可以反复比较，看看哪一个保险品种更适合、更有保障，再轻松地做出选择。保民还可以享受到各种便捷的服务，如信息咨询、手机保单变更等。在拥有传统保险服务不具备的优势的同时，移动保险也存在自己独有的法律问题。

（一）移动保险的法律问题

移动保险是指保险公司或新型的保险中介机构以移动通信技术为工具来支持保险经营管理活动的经济行为。移动保险就是通过移动通信技术，以手机等移动终端进行咨询、承保、理赔等一系列业务活动的总称。

与银行一样，保险作为一种传统的金融服务，其经营活动仅涉及资金和信息的流动，而不会遭遇所谓物流配送的瓶颈问题。这正是保险、银行等金融服务业开展移动金融服务的先天优势，但与此同时，移动保险也具有传统保险未面临的法律问题。

在以移动通信平台为媒介的环境下，保险人销售其保险产品将面临一定的法律问题，主要有以下两种：

1. 义务的明确说明

在"移动保险"活动中，保险人面临如何履行"明确说明"义务的问题。明确说明义务，是指对于责任免除条款，保险人在订立保险合同时应当向投保人明确说明，未尽明确说明义务的，该责任免除条款不产生效力。传统的投保方式是面对面的交易方式，而移动保险的完成是通过通信信息。因此，保险人如何才算履行了明确说明的义务？又如何举证？这就需要保险人对移动保险的投保流程进行完善，以保证在投保过程中该义务的履行。

2. 诉讼管辖地争议

保险人还面临诉讼管辖地争议的法律问题。例如，面对既有的"以合同签订地为法院管辖地"的规定时，因为移动通信的特殊性会产生几个不同地点：投保人所使用的移动终端所在地，保险人所依赖的通信中转站所在地，以及保险人最终决定是否承保的业务发生所在地。这样，在实际选择管辖地时就会产生分歧。为了防范这类风险，应限制移动保险业务的地域范围，以基本管辖权为基础，在方便、有利于投保人的原则下完善管辖地选择条款。

(二) 移动保险的法律规制

2003年1月1日起施行的新修订的《中华人民共和国保险法》（以下简称《保险法》）及中国人民银行先后发布的《保险代理人管理暂行规定》、《保险管理暂行规定》、《保险经纪人管理规定（试行）》和《保险业监管指标》等，对我国的保险业及其业务开展作了总体性的规定。1992年颁布的《中华人民共和国海商法》就海上保险作了特别规定。

1998年11月18日，中国保险监督管理委员会（以下简称中国保监会）成立，是全国商业保险的主管部门，根据国务院授权履行行政管理职能，依法统一监督管理全国保险市场。保监会成立后，制定了一系列保险方面的规章，2001年起保监会先后制定公布了《保险经纪公司管理规定》、《保险兼业代理管理暂行办法》、《保险公估机构管理规定》、《关于修改〈保险公司管理规定〉有关条文的决定》、《保险公司偿付能力额度及监管指标管理规定》、《再保险公司设立规定》等。2001年12月5日，国务院通过了《中华人民共和国外资保险公司管理条例》。《国务院关于保险业改革与发展的若干意见》的发布，成为我国保险业发展的纲领性文件。

移动保险是保险借助于移动通信技术产生的新事物。中国保监会作为保险业的监督管理部门，依照《保险法》的有关规定对移动保险业进行监督管理，行使监督管理的职权。目前，对移动保险业务进行法律监管，应加强两个方面的工作：一是严格信息披露制度，提高信息透明度。保险是一种商事制度，在保险的双方当事人即保险人和投保人之间，信息是不对等的，所以应要求保险人或者中介机构在其平台上提供完整信息，如法定许可的保险服务的权限范围、产品描述、保险的具体条款、投保及理赔的具体程序、总公司地址、发生纠纷时消费者投诉的政府部门或专职机构的联系信息等内容。只有信息透明，才能切实保护网上投保人的利益，推动移动保险的发展。二是加强对于市场行为的监管。移动金融活动高度依赖网络系统的可靠性和整合度，因此易受技术操作风险的侵袭。监管方应对提供技术服务的环节加大管理力度，包括在系统安全、可信度、个人数据、备份数据、记录的保持等各方面，都应有完善、严格的要求。

第三节 移动金融监管

移动金融是21世纪初金融发展与创新中的亮点。在移动金融迅猛发展的同时，移动金融的安全问题也逐步引起世界各国学术界和业界的关注。由于世界范围内的移动金融法律体系尚未成形，对移动金融的监管也仅依托于既有的金融监管体系。随着移动金融服务市场的进一步发展，建立移动金融监管体系势在必行。

一、金融监管概述

金融业是一个风险较大的行业，其风险来自方方面面，不仅有一般行业共有的信用风险、经营风险、市场风险、管理风险，还有金融行业特有的利率风险、汇率风险、国际游资冲击风险。对金融风险进行有效的控制，即金融稳定，是经济发展的基础。一旦金融机构发生危机或破产倒闭将直接损害众多债权人和投资者的利益，后果十分严重。从另一个角度来说，维护金融秩序，保护公平竞争，提高金融效率也是金融业自身发展的需要。没有良好的金融秩序，就谈不上金融业的健康发展。因此，保证金融机构按照有关法律规定进行规范经营，就需要通过金融监管来实现。

一般而言，金融监管是指监管当局对金融失衡的监督和管理。金融监管有狭义和广义之分：狭义金融监管指金融监管当局依法对整体金融业实施的监督和管理；广义金融监管还包括金融机构内部控制、行业协会等自律组织的监管、中介机构监管以及大众的监督。在具体实践中，狭义概念运用较广。金融监管的主体是政府监管当局；金融监管的客体是各类金融机构；金融监管的依据主要是与监管相关的各类法律法规。

金融监管的目标是金融监管当局所要达到的最终效果。时代背景不同，国家体制不一，都会使金融监管目标有所差别。总体而言，金融监管目标包括维护金融体系安全、提高金融体系整体效益、保证金融市场健康发展、促进经济和金融发展等。

（一）金融监管内容

1. 市场准入的监管

市场准入监管是对金融机构在进入金融市场时所设限制条件的监管。市场准入是一个获得认证许可的过程，对市场准入监管的本质就是要从源头上限制不合格的金融机构、不规范的金融业务、不成熟的金融产品以及不具有从业资格或职业操守不端的人员进入金融市场，避免其带来潜在的金融风险。市场准入监管是实施有效金融监管的首要环节，各国对金融机构实行监管都是从实行市场准入管制开始，因为它直接关系到金融业的健康发展。

2. 市场运营的监管

金融机构经批准运营后，监管当局还要对金融机构的运营过程进行有效监管。业务运营监管主要是对金融机构经营行为与过程的监管，既包括合规性监管，例如通过稽核检查手段，对经营业务的合法性、业务范围的合规性以及金融机构执行金融法规、制度和规章等进行监管，也包括风险性监管，例如通过制定各种比例和风险管理，制约金融机构资产规模、资产结构和风险程度，以达到资产的安全性、流动性和营利性的统一。

3. 市场退出的监管

一些金融企业由于变更、兼并、破产、违规等引起其退出金融行业的行为，市场退出监管就是指监管当局对这些机构和行为的监管。金融机构市场退出，一般是金融机构由于不能偿还到期债务，或者发生了法律法规和公司章程规定的必须退出事由，不能继续经营，而必须进行拯救或破产清算。金融机构退出市场意味着其金融活动的终止，必须对其市场退出进行严格审查，防止其退出对其他金融市场参与者造成损失。金融机构市场退出的监管都通过法律予以明确，并且有很细致的技术性规定。归纳起来有三类处理方式。

（1）危机金融机构的拯救。对于陷入困境的大型金融机构，一般先通过各种救助方式予以拯救，破产清算是竭力避免的市场退出方式。主要的救助方式有重新注资、接管、收购或合并。

（2）金融机构完全退出市场。在市场经济条件下，少量金融机构的倒闭不仅符合优胜劣汰的市场经济原则，也对提高社会资源配置效率具有重要意义。在这种情况下，政府和金融监管部门应当考虑如何减少金融机构市场退出对社会政治经济和金融的冲击，以及充分保证广大债权人的权益等问题。

（3）放宽对危机金融机构的监管标准。如果通过评估，金融监管部门认为陷入危机的大型金融机构经营管理稳健、人力资本雄厚，为了减少金融机构重组或倒闭带来的负面影响，可以考虑放松对危机金融机构的管制。在分支机构的设立、跨业经营、存贷款利率以及国内外资金流动等方面，为该机构提供带有一定偏向性和垄断性的"特许经营"制度安排。

（二）金融监管手段

1. 法律手段

法律手段即国家通过立法和执法，将金融市场运行中的各种行为纳入法制轨道，金融活动中的各参与主体按法律要求规范其行为。运用法律手段进行金融监管，具有强制力和约束性，各金融机构必须依法行事，否则将受到法律制裁。

2. 技术手段

监管部门采用先进的技术手段实施金融监管，如运用电子计算机和先进的通信系统实现全系统联网。这样监管当局不仅可以加快和提高收集、处理信息资料及客观评价监管对象的经营状况的速度和能力，而且可以扩大监管的覆盖面，提高监管频率，及时发现问题和隐患，快速反馈监控结果，遏制金融业的不稳定性和风险性。

3. 行政手段

行政手段是指政府监管当局采用计划、政策、制度、办法等进行直接的行政干预和管理。运用行政手段实施金融监管，具有见效快、针对性强的特点。特别是当金融机构或金融活动出现波动时，行政手段甚至是不可替代的。但行政手段只能是一种辅助性的手段。从监管的发展方向看，各国都在实现非行政化，逐步放弃用行政命令的方式来管理金融业，而更多地用法律手段、经济手段。因行政手段和市场规律在一定程度上是相抵触的，虽收效迅速，但震动大，副作用多，缺乏持续性和稳定性，但完全摒弃行政手段也是不现实的。即使是市场经济高度发达的国家，在特殊时期仍然需要它。

4. 经济手段

经济手段是指监管机构以监管金融活动和金融机构为主要目的，采用间接调控方式影响金融活动和参与主体的行为。例如，运用金融货币政策对证券市场的影响颇为显著。在股市低迷之际放松银根、降低贴现率和存款准备金率，可增加市场货币供应量，从而刺激股市回升；反之，则可抑制股市暴涨。金融信贷手段可以有效地平抑股市的非理性波动和过度投机，有助于实现稳定金融市场的预期管理目标。

（三）我国的金融监管体制

我国现行的金融监管体制是根据分业经营、分业管理的原则，形成由中国人民银行、中国银行业监督管理委员会、中国证券监督管理委员会和中国保险监督管理委员会构成的"一行三会"的金融监管格局。中国人民银行负责宏观金融调控；银监会负责银行、信托业的监管；证监会负责证券业、投资基金的监管；保监会负责保险业的监管。监管权限高度集中于中央政府。

这种"一行三会"的金融监管体制有利于管理机关集中精力对各自负责的对象进行更高的专业化监管，强化监管力度。但监管机构自成系统、事权被条块分割、监管工作缺乏配合，留下监管空白，从而出现分业监管与跨业违规的矛盾。有鉴于此，近些年来学术界对金融监管改革的呼声越来越高，建议从分业监管向统一监管逐渐过渡，从原来的机构型监管向功能型监管转型。

功能型监管是指在一个统一的监管机构内，由专业分工的管理专家和相应的管理程序对金融机构的不同业务进行监管。功能型监管是混业经营环境下金融监管体制变化的一个新趋势。

在功能型监管体制下，同一金融机构的商业银行业务由银行监管机构进行监管，其证券业务则由证券监管机构进行监管，相应的保险业务则由保险监管机构进行监管。它的优点有：第一，可以根据各金融业务监管机构最熟悉的经济功能来分配法律权限。第二，以功能为导向的金融监管体系可以大大减少监管职能的冲突、交叉重叠和监管盲区。

二、国内移动金融监管

移动金融服务在我国迅速出现并不断演进，带有强烈的自发性，正因如此，其法律框架建设相对落后。管理部门面对快速变化的情况，不得不对出台新的管理措施持慎重态度。这就导致了目前对移动金融的管理规则仍然较少、管理体系也还不明确的现状。

总体上，我国的移动金融受到两类部门的监管：业务主管部门——银监会、证监会、保监会和中国人民银行与信息主管部门——工信部；若考虑提供新闻资讯的移动金融，则其还需要接受公安部和新闻出版总署的管理。在这些部门中，银监会、证监会、保监会和中国人民银行等金融监管机构是移动金融的主要监管部门；而工信部、公安部和新闻出版总署主要负责信息技术和新闻管理，对移动金融起辅助监管的作用。

（一）移动金融监管要点

从监管角度来看，我国尚未出台针对移动金融的专门监管规则。如何对移动金融实施适当的监管，始终是监管当局需要认真考虑的问题。从我国的实际情况来看，对移动金融进行监管需要对以下部分予以关注。

1. 金融竞争力与监管抑制

不恰当的金融监管策略，可能会影响到我国的金融竞争力。如果从一开始就对移动金融实施较为严格的监管，虽然有可能有效地降低移动金融乃至整个金融体系的风险，但却会对移动金融的演进与变化，以及移动金融业务的发展起到一定的抑制作用。

2. 金融创新与标准统一

监管的"公平性"要求被监管者应该遵守统一规范和标准，但是由于各项移动金融服务本身发展方向和阶段的差异，强行执行某一规范，一方面会使一些移动金融服务丧失创新的主动性和热情；另一方面自然加大了竞争者的进入成本，导致市场竞争的减弱。

3. 监管成本与监管效率

一旦确定某一规范和标准，就有可能造成高昂的监管成本或无效监管。高昂的监管成本是指如果这一规范或标准被事后证明并不适用，不仅整个行业要花费巨大的重置成本，而且会丧失千载难逢的发展机会。无效监管则是指某些规则由于缺乏可操作性，出现"有法难依"的情况，其结果会比"无法可依"更糟。

4. 社会福利损失

移动金融服务模糊了地域的疆界，同时又具有相对较低的转移成本，使其监管也形成了一个竞争性的市场。世界经济论坛于2011年《世界移动金融服务发展报告》对国际范围内移动金融服务的发展研究表明，移动金融中的资金和客户，都会向"软"规则的地区或国家迁移。过分侧重保护某一区域金融发展的监管政策，会造成社会资源和福利的损失。

上述问题的存在，迫使监管当局不得不慎重考虑监管的策略和程序，但这却不等于放弃监管。从我国的情况来看，对移动金融进行适当的监管是非常必要的。

首先，移动金融的概念、范围、今后可能的发展方向等，都需要我国监管机构有一个较明确的规定或表示，特别是关于是否允许非金融机构经营移动金融服务、银行经营证券交易平台、券商和保险公司通过移动平台开展类似于储贷的业务等问题，如果等到企业进行相关投资后，再进行监管，不仅监管阻力加大，而且会使先期使用的消费者面临损失的风险。

其次，监管也并非对移动金融的发展没有促进作用，特别是就我国目前的情况来看，对移动金融的基本服务行为进行一些必要的规范，更利于取得消费者的信任，扩大市场，避免不必要的交易摩擦。

最后，必要的监管规则还有利于形成一个相对公平的竞争环境，为传统金融机构的转型和发展提供一个机会，从而降低金融体系的总体风险。

（二）移动金融监管体系构建

国际上并不存在一套标准的监管规则，尽管有一些国家和机构正在试图制定一个统一的范本，但多数学者认为，制定国际统一的技术标准是可行的，制定国际统一的制度标准不现实。一个国家在实施移动金融监管时，必须从本国移动金融市场发展的状况、通信网络使用状况、发展速度等客观条件出发。配合移动金融服务在我国的发展情况，构建移动金融监管体系时有如下考虑因素。

移动金融

1. 制度框架与监管次序

传统上，我们对新机构或业务的管理，习惯于制定一个包含各个主要方面的全面条例或规则，对于移动金融，这种做法失之灵活。尤其是我国移动金融的规模、运行平台、业务范围等都处于刚刚起步阶段，更不适合采取这种策略。较适宜的办法是，就移动金融的不同方面制定不同的规则或条例，这也是国际上较通行的做法。在具体业务的监管次序上，移动银行的监管也并不一定要与移动证券或移动保险的监管在时间上保持一致性。建议我国移动金融的监管框架由以下几部分组成：

（1）管理条例。管理条例的制定原则不宜过细、过全、过准，不宜包含具体的技术细节。过细会偏离现有移动金融的发展状况，反而失去可操作性；过全必然涉及目前还根本没有定案的技术规范和标准；过准会使今后的包容能力减弱，不得不反复修改，对技术设备、系统的过准要求，还会导致人为障碍或资源浪费。条例应主要界定移动金融的概念和范围，市场进入的基本要求，交易行为的基本规范，一般的风险管理、站点管理、客户保护措施、信息报告制度等。

（2）指引公告。对于已基本认定但仍未成熟，或者可推广的技术操作系统、标准、系统设置、风险管理手段等，或者那些如不加以适当的管理就可能形成系统性风险的业务流程、项目和规范，以及计划的检查项目、检查手段等，以指引公告的方式发布，随情况的变化及时调整。

（3）风险警示。对于一些偶然性的网络、信息安全问题，一些潜在的、有可能扩展但不确定的风险因素，采用警示的方式，为移动金融服务提供方传达必要的信息。

2. 市场准入

大部分国家对依附于银行账户的移动金融账户设立，按新设电子账户管理规则进行管理，一般不要求重新注册或审批。纯粹独立的移动金融服务按照新银行机构的程序，需要审批注册，并要满足其他特定的要求。目前，在我国兴办纯粹独立的移动金融服务可能性不大。设立一个纯移动金融提供方，除了设备、技术等条件以外，起码还需要满足三个市场条件：电子商务达到一定规模、较发达的现金处理辅助设施和利率自由化，否则纯移动金融难以吸引足够的客户维持其生存。相比之下，适当的审批管理，更有利于移动金融市场环境的形成和保护消费者利益。在审批标准上可以把握以下原则。

（1）严制度，宽标准。对于移动金融公示、移动金融信息发布、交易风险揭示、系统安全机制设计等制度性安排，必须严格管理。对于设备装备、技术投入、系统应用等技术性标准，宜采用较为灵活、宽松的策略，这样可以使既有的移动金融服务提供方避免二次投入和设备资源冗余，又与我国目前移动金融的发展格局相适应。

（2）严风险防范，宽业务审批。移动金融应该具有较为完备的风险识别、鉴定、管理、处置方案、应急处理措施和辅助替代手段。在业务上，不进行过多的限制，鼓励移动金融根据自身的特点和发展战略，突出发展某一类甚至某一种业务，形成局部优势。

（3）严跨境业务，宽国内业务。跨境业务涉及洗钱问题，在我国，可能还涉及逃汇、走私、转移国有资产等问题。严格跨境业务管理，既与我国目前的监督水平、外汇制度相适应，也为国内移动金融未来的发展提供一个相对公平的竞争环境。

3. 日常监管

除技术问题外，移动金融的日常监管相对来说要比传统银行监管容易。中央银行不仅容易获得相关的信息，而且其准确性、及时性和真实性都大大提高。因而，在移动金融的日常监管中，一般强调交易数据的安全性检查和统计分析、消费者保护措施和风险管理制度等。技术的演进以及由此引起的相关风险，因为无法事先预计，就成为移动金融日常监管的主要任务。鉴于我国移动金融技术水平参差不齐的状况，对于技术相关风险的监管，应成为日常检查的主要内容。

4. 市场退出

通信网络信息传播速度快、范围广，使移动金融易受突发事件的影响，并有可能导致经营失败。网络经济的低变动成本、积累效应、先发优势等特点，使将来的移动金融市场必然是几家高市场份额移动通信运营商的市场。部分移动金融提供商不得不放弃或退出这一领域。与传统金融机构不同，移动金融的市场退出，不仅涉及存贷款等金融资产的损失或转移，而且长期积累的客户交易资料、消费信息、订制资讯等，也面临着重新整理、分类和转移的命运。当出现意外时，还有可能遭受损失。因此，可以考虑要求移动金融服务提供方参加储蓄保险计划，制订可靠的信息备份方案，以市场兼并作为主要的退出措施。

电子支付系统的效率性、安全性与稳定性是困扰移动金融的重要问题。根据《中国人民银行法》第四条规定："中国人民银行具有维护支付系统、清算系统正常运行的职责。"这就对我国中央银行如何保证移动金融支付清算系统正常高效安全运行提出了新要求。另外，移动金融服务中的信息传递涉及通信网络与金融网络的交会，在通信网和金融专用网之间会出现交易当事人如何拿到并确认对方的公共密钥等问题，这势必需要一个具有权威性和公正性的第三方充当中介人和担保人。中央银行在当前可能是最佳选择。

电子货币的运用使得金融机构成为直接参与交易的主要环节，而移动金融更为其增添了一条低成本、高效益的发展之路。中央银行如何监管移动金融的行为已成为当务之急。中央银行是我国的金融监管部门，它对移动金融的监管必然涉及电子货币发行管理、金融认证管理、电子货币工具管理、安全电子交易管理、电子货币运行监管管理等方面。现阶段尚存在诸多环节和因素需要中央银行进行规范和监管。

本章案例

谁动了我的3万元

在石排做小生意的陈某因轻信路人派发的无担保贷款的小广告，3万元存款"人间蒸发"。为此，陈某一纸诉状将银行告上法庭，陈某认为自己的存款被盗是由于银行管理疏忽所致。日前，东莞市第一人民法院一审判决银行胜诉，而所涉及的诈骗案目前仍未侦破。

一、轻信贷款小广告，用他人手机开通业务

陈某被骗始于他在今年初看到的一份某担保公司关于无担保贷款的广告信息。陈某因做生意需要周转资金，于是就与广告上所谓的"担保公司"联系上了。

"担保公司"要求陈某开设一个新的银行账户，并用其指定的手机号码开通手机银行渠道服务及短信通服务。陈某按其要求办理了银行卡，并开通了短信通和手机银行业务。

次日，陈某往该账户存入了3万元，但当他立即到旁边的ATM上查询账户余额时，竟发现该账户的款项已被一分不剩地转走了。陈某此时才醒悟可能上当受骗了。

银行提供的交易流水清单显示，2011年1月13日12时左右，原告账户的3万元通过手机银行渠道转入到一个户名为"邓小聪"的银行账户里。随后，这3万元款项就被他人通过ATM支取走了。

二、状告银行败诉

陈某认为，银行在其开户时没有详细告知注意事项和进行安全义务提示，于是将开户银行告上法庭，希望法院判令被告赔偿其存款损失3万元。

对此指控，银行辩称，银行已经向陈某出示了《电子银行个人客户服务申请回执》等材料，多次通过"客户确认"、"客户须知"和"温馨提醒"等方式告知陈某确保手机为本人使用，要妥善保管个人账号、密码等重要个人信息。

移动金融

陈某的账户存款被盗，是因为他没有使用真实的个人电话号码，而且未能妥善保管自己的账户信息。因此对陈某存款被盗的事件，银行不存在任何过错。

三、法院提醒：慎用他人手机开通服务

东莞市第一法院经过审理认为，案件的争议焦点是被告是否对原告存款丢失事件承担赔偿责任。

法官认为，陈某无视银行方面的多次提醒，不按被告的要求正确填写个人信息，使用了非本人的手机号码开通手机银行渠道服务和短信通服务，并将开户、存款的情况一一告知他人，让他人可以在第一时间得知其账户变动信息和通过手机进行手机银行相关业务操作，最终导致3万元存款在极短时间内被取走。

银行履行保障客户账户安全义务应以客户提供真实的个人资料和妥善保管个人信息为前提，陈某未按要求提供真实的个人资料、未妥善保管个人信息才是导致存款被盗取的直接原因。据此，法院判决陈某败诉。案件的主审黄法官提醒市民要妥善保管银行账户上的身份号码、联系方式、密码资料等信息。

资料来源：钟达文.用他人手机开通手机银行3万元存款"人间蒸发"[N].广州日报，2011-07-19.

问题讨论：

1. 手机银行与银行账户绑定带来便利的同时，会产生哪些法律问题？
2. 在完善移动金融法律的基础上，个人在规避移动金融风险中应承担何种责任？

本章小结

无线通信技术为移动金融服务带来了全天候的快捷便利的同时，也不可避免地带来了传统金融服务未曾出现的法律问题。这些问题的产生与移动金融创新发展密不可分，却也阻碍了移动金融服务市场的扩张与深化，从而限制移动金融的发展，因此，必须有与移动金融发展阶段相适应的法律框架与监管体系，一方面保障移动金融的健康发展，另一方面保护移动金融参与各方的权益。

通过本章的介绍，对我国移动金融面临的法律问题、法律规制与监管状况有了一个基本了解。在世界范围内针对移动金融法律框架与监管体系普遍缺失的大背景下，我国也是主要依托于既有的金融法律框架与监管体系作为移动金融的法律与监管依据。其中，《电子签名法》、《电子支付指引》、《电子银行业务管理办法》、《网上证券委托暂行管理办法》等，配合《银行法》、《证券法》《保

移动金融

险法》起到了主要的法律规制作用。移动金融的主要监管机构为银监会、证监会、保监会和中国人民银行，另外，工信部、公安部与新闻出版总署也起到了辅助监管作用。

移动金融在我国处于初级发展阶段的事实决定了其法律环境与监管体系尚未能成形，本章也提出了未来法律框架与监管体系建立的基本原则。

本章复习题

1. 我国移动金融服务的相关法律法规有哪些？
2. 我国移动金融的监管机构是什么？
3. 移动金融在我国的发展面临哪些法律问题？
4. 如何看待移动金融发展与法律监管的关系？
5. 我国移动金融监管的难点是什么？

参考文献

[1] 艾瑞咨询集团. 中国移动电子商务市场研究报告 [R]. 北京：2010.

[2] 陈斯. E道争锋, 兴业铺路"移动金融" [J]. 三联生活周刊, 2011 (3).

[3] 成杨. 移动电子商务安全问题研究 [D]. 沈阳：沈阳理工大学, 2007.

[4] 崔金红, 王旭. 移动商务在金融信息化中的应用分析 [J]. 改革与战略, 2009 (2).

[5] 戴鑫. 手机支付明年规模将超千亿 [N]. 通信信息报, 2011-04-06.

[6] 杜杏兰. 移动支付业务架构探讨 [J]. 信息通信技术, 2008 (2).

[7] 范国荣. 无线构筑移动证券 [N]. 中国计算机报, 2002-06-17.

[8] 方丽. 中国移动支付市场发展趋势预测 [J/OL]. 易观国际（www.analysys.com.cn）, 2010.

[9] 费伟伟, 金伟组. 现代手机银行的SMS模式架构研究 [J]. 硅谷, 2009 (19).

[10] 冯清. 基于移动商务价值链的移动银行现状分析及对策研究 [D]. 上海：上海大学, 2008.

[11] 冯一萌. 作为移动金融的重要渠道, 运营商和银行都准备好了吗 [J/OL]. 中国移动通信公司官网（http://chinamobile.com）, 2011-05-25.

[12] 付荣辉, 李丞北. 保险原理与实务 [M]. 北京：清华大学出版社, 2010.

[13] 桂玉蓉, 周林. 移动银行概述 [J]. 电脑开发与应用, 2004 (5).

[14] 吉晓辉. 移动金融代表未来方向 [J/OL]. 新浪财经（www.finance.sina.com.cn）, 2011-03-11.

[15] 计世资讯. 移动支付市场需进一步完善 [J/OL]. 计算机世界网（www.ccw.com.cn）, 2006-11-10.

[16] 纪旭. 太平洋保险创新开发移动视频查勘系统提高车险理赔速度 [J/OL]. 中国保险网（www.china-insurance.com）, 2010-12-22.

[17] 贾歌. 无线数据构筑移动证券交易——联通国脉进军无线电子商务 [N]. 中国电子报, 2002-06-11.

[18] 江颉, 赖梅, 蔡家楣. 基于 J2ME 技术的移动证券研究与实现 [J]. 计算机工程与应用, 2004 (6).

[19] 姜勇. 基于博弈论分析的我国移动支付产业链研究 [D]. 北京: 北京邮电大学, 2008.

[20] 金晖. 网络时代我国证券经纪业务的变革与发展研究 [D]. 上海: 复旦大学, 2002.

[21] 贺朝晖. 金融电子化风险及其监管问题研究 [D]. 长沙: 湖南大学, 2002.

[22] 胡翠华. 基于业务流程分析的移动证券产业价值链 [J]. 图书情报知识, 2006 (3).

[23] 兰红, 王建雄. 无线应用平台及其手机银行软件的设计与实现 [J]. 电子工程师, 2004 (7).

[24] 兰红, 王建雄, 刘书龙. 基于 WAP 的手机证券系统的设计与实现 [J]. 科技情报开发与经济, 2006 (20).

[25] 黎华练, 刘良刚, 唐强. 移动证券交易系统安全的分析与实现 [J]. 中山大学研究生学刊, 2001 (1).

[26] 李本亮. 手机证券——移动梦网新宠 [J]. 邮电企业管理, 2001 (16).

[27] 李冰峰, 应超平. 警惕有人借手机银行诈骗 [N]. 金华日报, 2010-12-21.

[28] 李海东, 杨社堂. 移动电子商务——手机钱包实现方案的研究 [J]. 科技情报开发与经济, 2005 (23).

[29] 李洪心, 马刚. 电子支付与结算 [M]. 北京: 电子工业出版社, 2010.

[30] 李佳艳. 联通新缴费方式有助于培养手机支付使用习惯 [J/OL]. 中国经济网 (www.ce.cn), 2006-06-30.

[31] 李明, 冷荣泉. 我国手机用户数超 9 亿, 手机安全问题亟待解决 [J/OL]. C114 中国通信网 (www.c114.net), 2011-07-08.

[32] 林丹明, 王斌. 证券电子商务经营模式与创新 [J]. 经济理论与经济管理, 2004 (12).

[33] 林家宝, 鲁耀斌, 章淑婷. 网上至移动环境下的信任转移模型及其实证研究 [J]. 南开管理评论, 2010 (3).

[34] 刘达. 移动证券轻松拥有随身大户室 [N]. 通信产业报, 2004-04-19.

[35] 刘刚, 范昊. 网上支付与金融服务 [M]. 武汉: 华中师范大学出版

社，2007.

[36] 刘浩，邵培基. 证券电子商务平台研究 [J]. 科技与管理，2006（1）.

[37] 刘鲁晶. 财产保险 [M]. 北京：清华大学出版社，2008.

[38] 刘英赫. 移动证券改变投资生活 [N]. 中国电子报，2004-04-27.

[39] 刘媛. 手机世博票首次应用 [N]. 新华日报，2010-05-17.

[40] 鲁耀斌，邓朝华，陈致豫. 移动商务的应用模式与采纳研究 [M]. 北京：科学出版社，2008.

[41] 马凌. 移动证券：撬动微利冰山 [J]. 数字财富，2003（8）.

[42] 蒙德丽. STK、SIM 卡的手机证券业务是如何实现的 [J]. 经济生活，2010（8）.

[43] 孟威. 中国移动发力移动证券商务应用 [N]. 中国质量报，2004-04-13.

[44] 孟昭亿. 人寿保险多元化行销渠道及其监管 [M]. 北京：中国金融出版社，2008.

[45] 苗哲，张嚓宁. 移动证券交易的设计与实现 [J]. 电脑知识与技术，2009（6）.

[46] 秦成德. 移动金融的法律问题 [C]. 第三届中国电子金融年会. 北京：2009.

[47] 秦成德，王汝林. 移动电子商务 [M]. 北京：人民邮电出版社，2009.

[48] 秦成德. 电子商务法高级教程 [M]. 北京：对外经济贸易大学出版社，2010.

[49] 秦利. 马明哲和他的平安移动销售王国 [N]. 证券时报，2010-10-21.

[50] 时务. 用友移动首推移动交易支付产品和服务 [J/OL]. 泡泡网（www.pcpop.com），2008-11-18.

[51] 帅青红. 电子支付与安全 [M]. 成都：西南财经大学出版社，2009.

[52] 帅青红. 网上支付与电子银行 [M]. 北京：机械工业出版社，2010.

[53] 宋广宇. 移动支付平台的设计与实现 [D]. 大连：大连理工大学，2008.

[54] 孙晓霞. 做中国优秀的移动证券交易商——专访信达证券总经理助理张辉 [N]. 证券时报，2010-03-10.

[55] 谭茗. 试论移动证券交易的风险和民事责任的分配 [J]. 产业与科技论坛，2008（12）.

[56] 唐元春. 手机银行，挑战便捷的极限 [J]. 金融经济，2009（12）.

[57] 托米·T.艾荷南. 如何从 3G 业务中获利 [M]. 钱峰译. 北京：清华大学出版社，2010.

[58] 王碧兰.我国券商的电子商务模式分析［J］.现代管理科学，2004（4）.

[59] 王静一.无纸化证券与证券法的变革［M］.北京：中国法制出版社，2009.

[60] 王汝林.移动商务理论与实务［M］.北京：清华大学出版社，2007.

[61] 王瑞花.移动电子商务价值链及其商务模式［J］.经济导刊，2010（11）.

[62] 王薇.保险：追赶移动电子商务浪潮［J/OL］.中国日报（www.chinadaily.com.cn），2011-08-02.

[63] 王有为，胥正川，杨庆.移动商务原理与应用［M］.北京：清华大学出版社，2006.

[64] 王禹清.联通一卡通在京正式上线［J/OL］.天极网（www.yesky.com），2011-01-12.

[65] 文凤.移动证券 投资方式的革命［N］.中国经营报，2004-06-28.

[66] 吴茂林.2010年中国手机支付市场规模近29亿元［J/OL］.腾讯数码（digi.tech.qq.com），2010-07-01.

[67] 吴卫群.手机丢了，"手机钱包"就没了？［N］.解放日报，2010-12-12.

[68] 吴奕琳，曹奇英.移动银行架构的设计研究［J］.技术交流，2010（2）.

[69] 肖锋.移动支付发展策略研究［D］.北京：北京邮电大学，2008.

[70] 晓轩."移动证券"助力证券市场［N］.中国改革报，2003-08-08.

[71] 解相吾.移动通信技术与设备［M］.北京：人民邮电出版社，2008.

[72] 辛树森.电子银行［M］.北京：中国金融出版社，2007.

[73] 胥光辉，徐永森.移动证券业务中的安全机制研究［J］.电信科学，2001（12）.

[74] 轩文.移动证券引领效率炒股——传统股民又有新选择［N］.中国改革报，2004-04-21.

[75] 徐建民.移动证券 经纪业务的全新革命者［N］.证券日报，2003-07-26.

[76] 徐建民.移动证券——颠覆你的炒股方式［N］.证券日报，2003-08-09.

[77] 徐勇.网络支付与结算［M］.北京：北京大学出版社，2010.

[78] 许玲.利用信息资源的开发与整合挖掘未来移动商务潜力［D］.上海：华东师范大学，2008.

[79] 许猛.移动支付业务发展综述［J］.信息通信技术，2009（2）.

[80] 杨国明. 网络金融 [M]. 北京：中国金融出版社，2006.

[81] 杨青. 电子金融 [M]. 上海：复旦大学出版社，2009.

[82] 杨速炎. 移动电子商务：银行 VS 电信 [J]. 上海经济，2010（9）.

[83] 杨兴丽，刘冰，李保升，傅四保. 移动商务理论与应用 [M]. 北京：北京邮电大学出版社，2010.

[84] 杨秀清. 移动通信技术 [M]. 北京：人民邮电出版社，2009.

[85] 泽华. 移动证券——手机变成交易平台 [N]. 国际商报，2003-08-03.

[86] 曾志耕. 网络金融风险及监管 [M]. 成都：西南财经大学出版社，2006.

[87] 翟玉忠，鲍友斌. "手机钱包"引发支付革命 [J]. 电脑爱好者，2005（17）.

[88] 张德斌，鲁孝年. "移动证券"卷起千堆雪 [N]. 中国证券报，2004-06-10.

[89] 张劲松. 网络金融 [M]. 北京：机械工业出版社，2010.

[90] 张润彤，朱晓敏. 移动商务概论 [M]. 北京：北京大学出版社，2008.

[91] 张思光，刘进宝. 电子商务概论 [M]. 北京：清华大学出版社，2008.

[92] 张伟. 3G 时代电子商务中的移动支付研究及管理思考 [D]. 北京：北京邮电大学，2009.

[93] 张中文，张景中. 移动证券交易系统的设计及实现 [J]. 微电子学与计算机，2002（4）.

[94] 赵干辅. 我国移动电子商务的价值链研究 [D]. 北京：北京邮电大学，2006.

[95] 赵晓强. 移动金融业务发展前景广阔，主动顺应就可能抢占市场 [J/OL]. 中国经济网（www.ce.cn），2010-12-03.

[96] 钟达文. 用他人手机开通手机银行 3 万存款"人间蒸发" [N]. 广州日报，2011-07-19.

[97] 中国平安人寿保险公司. 移动展业（MIT）新流程操作手册 [J/OL]. 百度文库（wenku.baidu.com），2010-9.

[98] 中国移动通信公司. 手机钱包业务培训文档，2009.

[99] 中国移动通信公司. 保险移动信息化解决方案 [J/OL]. 智客网（www.21ask.com），2010-6.

[100] 周海峰. 手机证券的成败得失 [J]. 互联网天地，2005（7）.

[101] 垃圾变宝——移动证券引领效率炒股时代 [J]. 北京电子，2004（4）.

[102] 都市"白骨精"的八小时生活 [J/OL]. 北方新闻网（www.northnews.

cn），2010-10-22.

［103］手机银行，股市宅男的贴身CFO［J/OL］.硅谷动力网站（www.enet.com.cn），2010-01-07.

［104］我与手机银行不得不说的故事［J/OL］.口碑理财网（www.kblcw.com），2010-08-23.

［105］移动金融遭遇安全掣肘，招行网秦开辟协同防护新模式［J/OL］.中华网（www.china.com），2009-10-20.

［106］移动证券——自由投资新生活［J］.北京电子，2004（4）.

［107］AIG Car Insurance Discount Programs［J/OL］. http：//www.carinsurancequotescomparison.com.

［108］Comarch Mobile Solutions［J/OL］. http：//www.comarch.com.

［109］Mobile Financial Account Developing Rapidly［J/OL］. http：//www.accountingtoday.com，2011.

［110］Mobile Financial Services Development Report［R］. World Economic Forum，2011.

［111］RAC Promotes Mobile Tracking with Vinnie［J/OL］. http：//www.aviva.co.uk，2007.